FiNALEonline.de

FiNALEonline ist die digitale Ergänzung zu deinem Abiturband. Hier findest du eine Vielzahl an Angeboten, die dich bei deiner Prüfungsvorbereitung zusätzlich unterstützen.

W0075194

Das Plus für deine Vorbereitung:

→ Original-Prüfungsaufgaben mit Lösungen (bitte Code von Seite 4 eingeben!)

→ EXTRA-Training Rechtschreibung
So kannst du einem möglichen Punktabzug bei deinen Abi-Klausuren vorbeugen.

→ Videos zur mündlichen Prüfung

→ Tipps zur stressfreien Prüfungsvorbereitung

→ Abi-Checklisten mit allen prüfungsrelevanten Themen

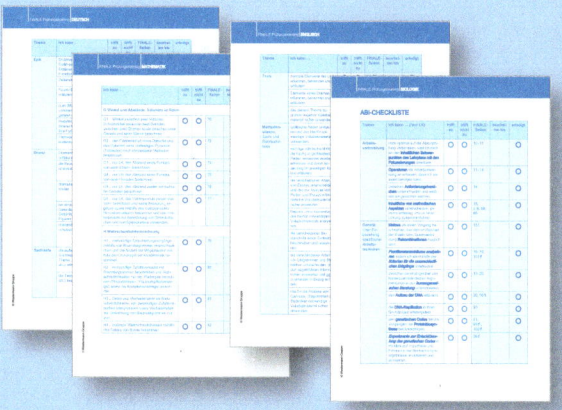

Abi-Checklisten
Sie helfen dir, den Überblick über den Prüfungsstoff zu behalten.

Foto: © Peter Wirtz, Dormagen

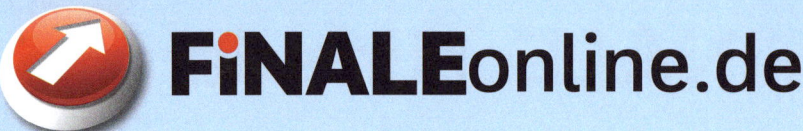 FiNALEonline.de

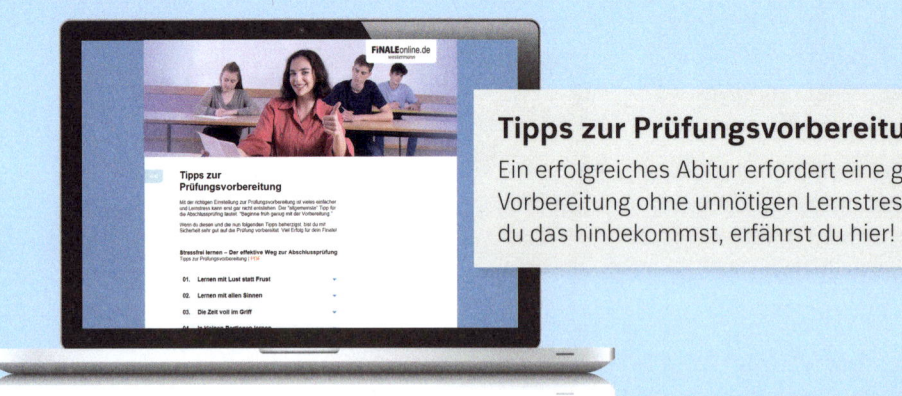

Tipps zur Prüfungsvorbereitung

Ein erfolgreiches Abitur erfordert eine gezielte Vorbereitung ohne unnötigen Lernstress. Wie du das hinbekommst, erfährst du hier!

Videos zur mündlichen Prüfung

Nur wenige Abiturienten wissen genau, wie sie abläuft, die „Mündliche". Die Videos geben dir Einblick in den Ablauf der Prüfung und Tipps für die richtige Vorbereitung.

Die Kombination aus FiNALE-Buch und FiNALEonline bietet dir die optimale Vorbereitung für deine Prüfung und begleitet dich sicher zu einem erfolgreichen Abitur 2024!

www.finaleonline.de

westermann

FiNALE
Prüfungstraining

Nordrhein-Westfalen

Abitur 2024
Biologie

Anna Lena Peckrun
Tessa Rautenberg
Ulrich Stauch

sowie
Thomas Bremer
Dieter Feldermann
Philipp Klein
Dr. Rüdiger Lutz Klein
Dr. Karl Pollmann
Dr. Ursula Wollring

FiNALEonline.de

Liebe Schülerin, lieber Schüler,

sobald die Original-Prüfungsaufgaben zur Veröffentlichung freigegeben sind, können sie unter **www.finaleonline.de** zusammen mit ausführlichen Lösungen kostenlos heruntergeladen werden. Gib dazu einfach diesen Code ein:

BI4S9T2

Einfach mal reinschauen: www.finaleonline.de

© 2023 Westermann Lernwelten GmbH, Georg-Westermann-Allee 66, 38104 Braunschweig
www.westermann.de

Druck A[1]/Jahr 2023
Alle Drucke der Serie A sind im Unterricht parallel verwendbar.

Redaktion: Sabine Klonk
Kontakt: finale@westermanngruppe.de
Layout: LIO Design GmbH, Braunschweig
Umschlaggestaltung: Gingco.Net, Braunschweig
Umschlagfoto: Peter Wirtz, Dormagen
Illustrationen: Wolfgang Herzig, Karin Mall, Tom Menzel, newVISION! GmbH, Bernhard A. Peter, Brigitte Karnath
Druck und Bindung: Westermann Druck GmbH, Georg-Westermann-Allee 66, 38104 Braunschweig

ISBN 978-3-07-**172419**-8

1 Arbeiten mit FiNALE

2 Unterrichtsvoraussetzungen

3 Basiskompetenzen

Inhaltsfeld Genetik

Inhaltsfeld Neurobiologie

Inhaltsfeld Ökologie

Inhaltsfeld Evolution

4 Übungsaufgaben

5 Lösungen der Original-Prüfungsaufgaben

Grundkurs

Leistungskurs

1 Arbeiten mit FiNALE

Liebe Abiturientin, lieber Abiturient,

vor dem Hintergrund der Erfahrungen aus den vorausgegangenen Jahren sowie unter exakter Beachtung der offiziellen Vorgaben für das Abitur 2024 im Fach Biologie wurde FiNALE passgenau für die Vorbereitung auf diese Prüfung entwickelt.

Zur gezielten Vorbereitung auf das Zentralabitur bietet Ihnen FiNALE:
- präzise und übersichtlich angeordnete Informationen zu den Vorgaben für das Abitur 2024 im Fach Biologie sowie zum Aufbau, zur Gestaltung und zu den Bewertungskriterien der schriftlichen Abiturprüfungsaufgaben;
- zahlreiche Aufgabenbeispiele mit vielfältigen, unterschiedlich gestalteten Materialien und Aufgabenformulierungen, die nur die Operatoren enthalten, die in den einheitlichen Prüfungsanforderungen für das Abitur definiert und vorgeschrieben sind, sowie die dazugehörigen ausformulierten Musterlösungen;
- Selbstdiagnosebögen am Ende jeder Übungsaufgabe, die Ihre individuellen Stärken und Schwächen aufdecken, sodass Sie eine direkte Hilfe zum passgenauen Lernen der biologischen Inhalte und Methoden erhalten und diese wiederholen und vertiefen können;
- Hinweise zum strukturierten Umgang mit den Abituraufgaben, vor allem den Materialien, sodass Sie zusätzliche Handlungssicherheit in Ihrem Vorgehen beim Lösen der Aufgaben erwerben;
- Tipps zum Sammeln von Zusatzpunkten;
- deutliche Hinweise (Balken am Rand) auf Inhalte und Methoden, die für Ihre Abiturprüfung 2024 aufgrund der Vorgaben besonders wichtig sind;
- ausformulierte Lösungen der Original-Prüfungsaufgaben aus dem Jahr 2022 zu Grund- und Leistungskursen sowie Lösungstipps im Buch ab Seite 181;
- ausformulierte Lösungen der Original-Prüfungsaufgaben aus dem Jahr 2023 zu Grund- und Leistungskursen sowie Lösungstipps auf **www.finaleonline.de** (Zugangscode siehe Hinweis S. 4)
- eine Checkliste auf **www.finaleonline.de** zur eigenen Bearbeitung und Absicherung ihres Kenntnisstandes.

FiNALE ermöglicht eine individuelle Vorbereitung. Je nach persönlichen Stärken und Schwächen in den verschiedenen Lern- und Kompetenzbereichen, z.B. Neurobiologie, Planen und Auswerten von Experimenten, Umgang mit Grafiken oder Stammbäumen, können einzelne Kapitel und Teilkapitel nachgeschlagen und gezielt durchgearbeitet werden. Inhalts- und Stichwortverzeichnis sowie zahlreiche Querverweise erleichtern dabei die Orientierung. Der systematische Aufbau und die komprimierte Form fördern eine zeitökonomische und effektive Abiturvorbereitung, auch in Ergänzung des Fachunterrichts.

Tipps zum Umgang mit FiNALE

Sowohl Kapitel 3 (Basiskompetenzen) als auch Kapitel 4 (Übungsaufgaben) sind streng nach den inhaltlichen Schwerpunkten der offiziellen Vorgaben für das Zentralabitur strukturiert. Daher wäre es nützlich, sich zunächst einen Überblick über die inhaltlichen Schwerpunkte in Kapitel 2 zu verschaffen und diese parallel dazu mit dem ausgewählten Basiskompetenzen in Kapitel 3 zu vergleichen. Bei diesem Vorgehen können Sie leicht feststellen, in welchen Lernbereichen Sie noch Defizite aufweisen.

Sodann suchen Sie sich passend zu diesem Lernbereich eine Übungsaufgabe heraus und bearbeiten diese.

Gemäß dem ausführlichen Lösungsschlüssel notieren Sie sich dann im Selbstdiagnosebogen (siehe Seite 9 f.), den Sie am Ende einer jeden Übungsaufgabe finden, die entsprechende Punktzahl zu den Teilaufgaben.

Beim Vergleich Ihrer erreichten Punktzahl mit der Höchstpunktzahl ergeben sich möglicherweise größere Abweichungen. Dies kann verschiedene Ursachen haben. Danach richtet sich Ihr weiteres Vorgehen:

- Haben Sie die Teilaufgabe aufgrund des Operators (im Aufgabentext fett hervorgehoben) nicht verstanden, so schlagen Sie im Kapitel 2.2 „Operatoren" die Definition für den entsprechenden Operator nach und prägen sie sich ein.
- Liegen Ihre Schwierigkeiten im methodischen oder inhaltlichen Bereich, so finden Sie in der Spalte Förderung im Selbstdiagnosebogen Stichworte und Verweise zu Kapitel 3 Basiskompetenzen. Dort arbeiten Sie dann die entsprechenden Abschnitte durch, um so Ihre Lücken zu füllen.

Nachdem Sie auf diese Weise möglichst ökonomisch gelernt haben, beschäftigen Sie sich mit den Originalarbeiten (auf www.finaleonline.de). Beachten Sie zudem die im Kasten hervorgehobenen Punktesammeltipps und die deutlichen Hinweise zum offiziellen Vorgabenbezug 2024 (s. Hinweis am Außenrand).

Beschreibung der verschiedenen Kapitel

1   **Arbeiten mit FiNALE:** Hier erhalten Sie Tipps, wie Sie aufgrund Ihrer persönlichen Stärken und Schwächen möglichst ökonomisch mit dem Buch arbeiten können.
    In diesem Kapitel wird Ihnen auch der Selbstdiagnosebogen vorgestellt, der bei der Bearbeitung der Übungsaufgaben nicht nur Ihre Stärken und Schwächen diagnostiziert, sondern Ihnen auch gleichzeitig zielgenaue Hilfen für die Auswahl weiterer Teilkapitel und Abschnitte zur Verfügung stellt.

2   **Unterrichtsvoraussetzungen:** Inhaltliche Vorgaben: An der strukturierten Übersicht der Schwerpunkte können Sie sich beim Wiederholen der Basiskompetenzen orientieren.
    Operatoren: Die Bedeutung der Operatoren wird Ihnen in Erinnerung gerufen, damit Ihnen keine Fehldeutungen der Aufgabenstellung unterlaufen.

3   **Basiskompetenzen:** Hier finden Sie in einer Kurzfassung die im Biologieunterricht für das Abitur vermittelten Inhalte, z. T. mit Definition wichtiger Fachbegriffe. Die Inhalte werden miteinander vernetzt und sind durch dieses Ordnungsprinzip leichter zu lernen. Zudem werden sie mit den Fachmethoden wie Diagramme lesen und

erstellen, Experimente planen und Auswerten verknüpfen und mithilfe von Aufgabenbeispielen trainiert. Dazu erhalten Sie Tipps, wie Sie möglichst schnell die Aussagen der Materialien erfassen und zu einer Lösung führen. Weiterhin erhalten Sie Tipps zum Erreichen von Zusatzpunkten.

4   **Übungsaufgaben:** Die Übungsaufgaben mit ihren Musterlösungen ermöglichen Ihnen aufgrund der beigefügten Selbstdiagnosebögen die Einschätzung Ihrer Stärken und Schwächen und leiten Sie dazu an, mit den für Sie relevanten Aufgaben und Kapitelabschnitten weiterzuarbeiten. So lernen Sie individuell und zielgenau.

Umgang mit dem Selbstdiagnosebogen

Am Ende einer jeden Übungsaufgabe finden Sie einen Selbstdiagnosebogen. Dieser Bogen hilft Ihnen, Ihre ganz persönlichen Stärken und Schwächen zu identifizieren, um sich so zielgerichtet und effizient auf das Zentralabitur im Fach Biologie vorbereiten zu können. Neben dem Wissen, in welchen Bereichen Sie besonders stark sind, ist es wichtig, herauszufinden ob und warum Sie einzelne Aufgaben nur teilweise gelöst haben. Liegt es eher daran, dass Ihnen Fachwissen oder Fachmethoden fehlen, lesen Sie die entsprechenden Abschnitte in Kapitel 3 Basiskompetenzen oder Ihrem Biologiebuch nach. Vielleicht erkennen Sie aber auch, dass Sie bei der Lösung einer Aufgabe Schwierigkeiten im Verständnis der Operatoren hatten. In diesem Fall hilft Ihnen im Kapitel 2 das Unterkapitel *Operatoren*, Sicherheit darüber zu gewinnen, was z. B. unter skizzieren zu verstehen ist. Wo auch immer Ihr Förderbedarf liegt, mit dem Selbstdiagnosebogen finden Sie es heraus. Die folgende Abbildung zeigt den Selbstdiagnosebogen einer Aufgabe zu *Krebs*:

Selbstdiagnosebogen

Aufgabe Nr.	Kernkompetenzen	AFB	Punkte	erreichte Punkte	Förderung
1	Beschreiben von Mutationen aufgrund einer Abbildung	II	4		S. 56 Umgang mit Abbildungen Kap. 3, S. 26
	Definition Mutation	I	3		
	Benennen der Mutationen	I	4		
	Beschreibung der Folgen	III	2		
2	Abläufe in den Zellzyklusphasen	I	8		Kap. 3, S. 17
	Dauer der Interphase	II	3		
3	Funktion des *Ras-Gens* aufgrund einer Abbildung	II	6		S. 56 Umgang mit Abbildungen
	Hypothese Bedeutung des *Ras-Gens*	III	2		S. 71 f. Umgang mit Hypothesen

4	p53 Wirkmechanis-mus, Begründung der Funktion	II III	6 2		S. 56 Umgang mit Abbildungen
5	Antagonismus p53- und Ras-Proteine	II	4		S. 56 Umgang mit Abbildungen
6	Hypothesen Krebs-entstehung über *Ras-Gen*-Mutation, *p53-Gen*-Mutation	III II	4 2		S. 71 Umgang mit Hypothesen
7	Epigenetische Mecha-nismen aufgrund einer Abbildung Hypothesen Krebs-entstehung durch Epigenetik				Kap. 3, S. 29 S. 71 f. Umgang mit Hypothesen

Gesamtpunkte: davon AFB I: 15 Punkte (30 %); AFB II: 25 Punkte (50 %); AFB III: 10 Punkte (20 %)

Nachdem Sie die Übungsaufgabe zum Thema Krebs in Kapitel 4 gelöst haben, ver-gleichen Sie Ihre Ausführungen mit der Musterlösung. Sie können direkt in die fünfte Spalte im Diagnosebogen Ihre erreichte Punktzahl eintragen. In der zweiten Spalte finden Sie die Kernkompetenz der entsprechenden Aufgabe. Die Aufgaben sind noch einmal in kleinere Bausteine zerlegt, sodass für Sie erkennbar ist, welche Kernkompe-tenzen zur Lösung der gesamten Aufgabe nachgewiesen werden müssen. Anhand der Kernkompetenzen können Sie auch nachvollziehen, ob die Aufgabe eher einen fach-wissenschaftlichen oder methodischen Schwerpunkt hat. In der dritten Spalte des Di-agnosebogens sehen Sie, welchem Anforderungsbereich die Lösung der Teilaufgaben zugeordnet werden kann; in der vierten Spalte finden Sie die Punkte, die für die korrekte Lösung einer Teilaufgabe erreicht werden können. Nachdem Sie die Punkte, die Sie in den verschiedenen Teilaufgaben gesammelt haben, in die fünfte Spalte des Diagnose-bogens eingetragen haben, können Sie Ihre Stärken und Schwächen analysieren und damit beginnen, ausgehend von Ihren Stärken, die Lücken systematisch aufzuarbeiten.

Haben Sie zum Beispiel in der ersten Aufgabe 4 Punkte für die zutreffende Beschreibung der Mutationen bekommen, so können Sie daraus ableiten, dass Sie einfache grafische Darstellungen beschreiben können. Im zweiten Teil der Aufgabe wird gefordert, Kennt-nisse über die Definition einer Mutation oder auch über Bezeichnungen verschiedener Mutationstypen nachzuweisen.
Falls Sie Schwierigkeiten mit dem zweiten Teil dieser Aufgabe hatten, folgen Sie dem Vorschlag in der 6. Spalte und eignen sich das benötigte Fachwissen in Kapitel 3 an.
Im dritten Teil sollen Sie Aussagen machen über Folgen einer solchen Mutation. Hinweise darauf, wie Sie diese Aufgabe lösen, finden Sie sowohl im Kapitel 3 als auch in ähnlichen Übungsaufgaben und Originalaufgaben (www.finaleonline.de).
Anschließend suchen Sie sich mithilfe der Aufgabenstellungen oder Selbstdiagnose-bögen Aufgaben heraus, mit deren Hilfe Sie Ihre neu erworbenen Kompetenzen unter

Beweis stellen können. Durch die Analyse ihrer ganz persönlichen Stärken und Schwächen können Sie sich viel effizienter auf die Abiturprüfung vorbereiten.

Unter dem Selbstdiagnosebogen sehen Sie, für welche Bereiche Sie viele Punkte und für welche Sie weniger erhalten haben. Die Anforderungsbereiche werden in den Prüfungen des Zentralabiturs immer in etwa derselben Verteilung gewichtet: AFB I 30 %, AFB II 50 %, AFB III 20 %.

TIPP

Für Leistungen im anspruchsvollen AFB III erhalten Sie nur 20 % der vorgesehenen Gesamtpunktzahl. Daher sollten Sie sich auch bei einfachen Aufgaben bzw. bei den Anforderungsbereichen I und II Mühe geben. Häufig erhält man schon für einfache Beschreibungen und Textzusammenfassungen relativ viele Punkte.

2 Unterrichtsvoraussetzungen

2.1 Inhaltliche Vorgaben

Warum sollten Sie sich mit den „Inhaltlichen Vorgaben" beschäftigen?

Grundlage für die schriftlichen Aufgaben der zentralen Abiturprüfung in Biologie sind die verbindlichen Kernlehrpläne für die gymnasiale Oberstufe für Nordrhein-Westfalen (Kernlehrplan für die Sekundarstufe II – Gymnasium/Gesamtschule in Nordrhein-Westfalen Biologie, herausgegeben vom Ministerium für Schule und Weiterbildung des Landes Nordrhein-Westfalen, Düsseldorf 2014, Heft 4722). In der Abiturprüfung werden grundsätzlich alle Kompetenzerwartungen vorausgesetzt, die der Lehrplan für das Ende der Qualifikationsphase der gymnasialen Oberstufe vorsieht.

Darüber hinaus werden für das Zentralabitur 2024 in Biologie Fokussierungen in Bezug auf die inhaltlichen Schwerpunkte vorgenommen. Diese vorgegebenen Schwerpunkte sind daher eine besonders gute Orientierungsgrundlage für die Wiederholung der fachlichen Inhalte vor der Prüfung. So ist in diesem Buch das Kapitel Basiskompetenzen (S. 17 ff.) um diese Schwerpunktsetzung erweitert und enthält zudem darauf abgestimmte Übungsaufgaben (S. 91 ff.), auf die weiter unten gesondert verwiesen wird.

Inhaltliche Schwerpunkte des Lehrplans mit den Fokussierungen (grün)

Inhaltsfeld Genetik
- Meiose und Rekombination
- Analyse von Familienstammbäumen
- Proteinbiosynthese
- Genregulation
  (LK) – Entwicklung eines Modells zur Wechselwirkung von Proto-Onkogenen und Tumor-Suppressorgenen: p53 und Ras (ÜA 4 Krebs, S. 108)
  (LK) – epigenetische Modelle: DNA-Methylierung und RNA-Interferenz (S. 29, S. 31)
- Gentechnik (im Grundkurs Gentechnologie)
  – Molekulargenetische Werkzeuge:
    - Restriktionsenzyme (S. 32, ÜA 4 S. 108)
    - Vektoren (S. 33)
- Bioethik

Inhaltsfeld Neurobiologie
- Aufbau und Funktion von Neuronen
- Neuronale Informationsverarbeitung und Grundlagen der Wahrnehmung
- Leistungen der Netzhaut (nur LK)
- Plastizität und Lernen
- Methoden der Neurobiologie

Inhaltsfeld Ökologie
- Umweltfaktoren und ökologische Potenz
- Dynamik von Populationen
- Stoffkreislauf und Energiefluss
  (LK) – Kohlenstoffkreislauf (S. 62)
- Fotosynthese (nur LK)
- Mensch und Ökosysteme
  – Neobiota (S. 75)

Inhaltsfeld Evolution
- Entwicklung der Evolutionstheorie (nur LK)
- Grundlagen evolutiver Veränderung
- Art und Artbildung
- Evolution und Verhalten
- Stammbäume
- Evolution des Menschen

2.2 Operatoren

In den Klausuren der Oberstufe werden gemäß der einheitlichen Prüfungsvorschriften für das Abitur definierte Arbeitsvorschriften verwendet. Dadurch werden Sie schon in der Qualifikationsphase mit den Operatoren vertraut und somit auf das Abitur vorbereitet. Da sie schon im Unterricht in ihrer Bedeutung an verschiedenen Beispielen geübt werden, können Fehldeutungen von Aufgabenstellungen im Zentralabitur vermieden werden. So erfolgen Bewertung und Beurteilung objektiv, gerecht und landesweit vergleichbar. Bei der Formulierung der Arbeitsanweisungen von Prüfungsaufgaben werden in der Regel nur die folgenden festgelegten Operatoren benutzt, die Ihnen damit in Erinnerung gerufen werden.

Die Operatoren schließen zwar nicht den Anforderungsbereich mit ein, je nach Schwierigkeitsgrad der Aufgabe kann ein Operator auch einen anderen Anforderungsbereich betreffen. Die folgende Tabelle listet die wichtigsten Operatoren auf und gibt Fundstellen in den Übungs- und Abituraufgaben dieses Buches an.

Operatoren	AFB	Definition	Beispiele	Ver-weise (S.)
ableiten	II–III	auf der Grundlage wesentlicher Merkmale sachgerechte Schlüsse ziehen	Leiten Sie eine Hypothese aus dem Arbeitsmaterial ab.	71
analysieren/ untersuchen	II–III	wichtige Bestandteile oder Eigenschaften auf eine bestimmte Fragestellung hin herausarbeiten, untersuchen beinhaltet ggf. zusätzlich praktische Anteile	Analysieren Sie die Abbildung zur Cytoplasma-Hypothese.	147, 160, 166, 188, 196
angeben / nennen	I	Elemente, Sachverhalte, Daten ohne Erläuterung aufzählen	Benennen Sie die mit Pfeilen gekennzeichneten Bauteile des Neurons.	96, 101, 108, 139
auswerten	II	Daten, Einzelergebnisse oder andere Elemente in einen Zusammenhang stellen und ggf. zu einer Gesamtaussage zusammenführen	Werten Sie die Versuchsergebnisse aus.	132
begründen	II–III	Sachverhalte auf Regeln und Gesetzmäßigkeiten bzw. kausale Beziehungen von Ursachen und Wirkung zurückführen	Begründen Sie, welches der angegebenen Restriktionsenzyme für die gestellte Aufgabe geeignet ist.	101, 108, 115, 139, 160,
beschreiben	I	Strukturen, Sachverhalte oder Zusammenhänge strukturiert und fachspezifisch richtig mit eigenen Worten wiedergeben	Beschreiben Sie die Versuchsdurchführung.	101, 108, 115, 121, 126, 139, 154, 166, 189
beurteilen	III	zu einem Sachverhalt ein selbstständiges Urteil unter Verwendung von Fachwissen und Fachmethoden formulieren und begründen	Beurteilen Sie die Effizienz der durchgeführten Abwasserreinigungsmethode.	101, 121, 132, 206
bewerten	III	einen Gegenstand an erkennbaren Wertkategorien oder an bekannten Beurteilungskriterien messen	Bewerten Sie die Vor- und Nachteile der angewandten Methode der Gentechnologie.	160

Operatoren	AFB	Definition	Beispiele	Ver-weise (S.)
darstellen	I	Sachverhalte, Zusammenhänge, Methoden etc. strukturiert und gegebenenfalls fachsprachlich wiedergeben	Stellen Sie die angegebenen Messergebnisse grafisch dar.	115, 121, 182
deuten	II-III	fachspezifische Zusammenhänge im Hinblick auf eine gegebene Fragestellung begründet herausstellen	Fassen Sie die in Abbildung 1 gezeigten Daten zusammen und deuten Sie diese im Hinblick auf die ökologischen Beziehungen.	
diskutieren / erörtern	II	Argumente und Beispiele zu einer Aussage oder These einander gegenüberstellen und abwägen	Diskutieren Sie die Möglichkeiten und Grenzen der Pränataldiagnostik.	154
erklären	II	einen Sachverhalt mithilfe eigener Kenntnisse in einen Zusammenhang einordnen sowie ihn nachvollziehbar und verständlich machen	Erklären Sie auf neuronaler Ebene, wie aus einem leichten Räuspern im Hals ein Husten entsteht.	101, 154, 202
erläutern	I-II	einen Sachverhalt veranschaulichend darstellen und durch zusätzliche Informationen verständlich machen	Erläutern Sie auf molekularer Basis, wie durch Behandlung mit salpetriger Säure aus einer Kultur eines Wildtypstammes von *E. coli* Mangelmutanten entstehen können.	101, 108, 115, 121, 126, 132, 139, 147, 160, 198
ermitteln	II	einen Zusammenhang oder eine Lösung finden und das Ergebnis formulieren	Ermitteln Sie aufgrund des Stammbaums der Familie X den Erbgang der Bluterkrankheit.	101, 199
Hypothesen entwickeln / aufstellen / herausarbeiten	III	begründete Vermutung auf der Grundlage von Beobachtungen, Untersuchungen, Experimenten oder Aussagen formulieren	Arbeiten Sie anhand der Federlinge eine Hypothese aus, die die Entwicklung zum heutigen Zustand des Parasitenbefalls der Ibisse erklärt.	101, 108, 115, 126, 132, 139, 147
skizzieren	I	Sachverhalte, Strukturen oder Ergebnisse auf das Wesentliche reduziert übersichtlich grafisch darstellen	Skizzieren Sie einen Versuchsaufbau.	121, 205

Operatoren	AFB	Definition	Beispiele	Ver-weise (S.)
Stellung nehmen	II	zu einem Gegenstand, der an sich nicht eindeutig ist, nach kritischer Prüfung und sorgfältiger Abwägung ein begründetes Urteil abgeben	Nehmen Sie Stellung zu der Aussage, dass Schlachttiertransporte mit dem Tierschutzgesetz nicht vereinbar sind.	121, 147,
vergleichen	I–II	Gemeinsamkeiten, Ähnlichkeiten und Unterschiede ermitteln	Vergleichen Sie die Abbildungen 1 und 2 miteinander und stellen Sie Gemeinsamkeiten und Unterschiede heraus.	121, 160, 166, 190
zeichnen	I–II	eine möglichst exakte grafische Darstellung beobachtbarer oder gegebener Strukturen anfertigen	Zeichnen Sie anhand der Messwerttabelle einen Grafen.	108
zusammen-fassen	I	das Wesentliche in konprimierter Form herausstellen	Fassen Sie die Aussagen der Abbildung in einem kurzen Text zusammen.	173, 184, 186,

Mit AFB sind die Anforderungsbereiche gemeint:

Anforderungsbereich I betrifft die Reproduktion, also die Wiedergabe von Kenntnissen über fachliche und fachmethodische Sachverhalte.

Anforderungsbereich II umfasst die Reorganisation, im Wesentlichen selbstständiges Erklären und Anwenden des Gelernten und Verstandenen.

Anforderungsbereich III betrifft Transfer und Problemlösen, im Wesentlichen also problembezogenes Denken, Begründen und Urteilen.

Die Anforderungsbereiche werden in den Prüfungen des Zentralabiturs in folgender Weise gewichtet: AFB I 30 %, AFB II 50 %, AFB III 20 %.

TIPP

Für Leistungen im AFB III erhalten Sie etwa 20 % der vorgesehenen Gesamtpunktzahl. Mit den Aufgaben der Anforderungsbereiche I und II können Sie also 80 % der vorgesehenen Gesamtpunktzahl erreichen. Häufig erhält man schon für einfache Beschreibungen und Textzusammenfassungen relativ viele Punkte. Berabeiten Sie diese Aufgaben daher sehr sorgfältig und antworten Sie exakt.

3 Basiskompetenzen

Einleitung

Im Kapitel Basiskompetenzen können Sie sich einen Überblick verschaffen über abitur- und klausurrelevante Inhalte sowie über fachmethodische Fertigkeiten. Im Vordergrund steht grundlegendes Fachwissen, das an prüfungsrelevanten Stellen schwerpunktmäßig erweitert und inhaltsbezogen ergänzt wird. Dabei werden z. B. der Umgang mit Hypothesen, die Planung von Experimenten und die Auswertung gewonnener Daten wiederholt. Auch wird die Erfassung von Textinhalten, die Analyse und das Aufstellen von Stammbäumen sowie der Umgang mit Grafiken und Diagrammen vorgestellt. Abweichungen und Grenzen bestimmter Gesetzmäßigkeiten (z. B. LOTKA-VOLTERRA, BERGMANNsche Regel) werden erläutert. All diese von Ihnen in den Prüfungen erwarteten Fähigkeiten können Sie zudem in den Übungsaufgaben (Kap. 4) und in den Originalabiturarbeiten (auf www.finaleonline.de) anwenden. Anhand der beispielhaften Lösungen können Sie Ihre erworbenen Kompetenzen überprüfen. Verstehen Sie beim Durcharbeiten alle angesprochenen Sachverhalte, dürfen Sie sicher sein, die wesentlichen Schwerpunkte zu beherrschen. Andererseits können Sie so Ihre inhaltlichen und methodischen Lücken aufspüren, die Sie dann mithilfe eines Schulbuchs (z. B. Linder Biologie oder Biologie heute) schließen können. Die Komprimierung des biologischen Fachwissens auf ca. 80 Seiten, wie es im folgenden Kapitel versucht wird, kann ja nicht die gleiche Vollständigkeit haben wie ein 500-seitiges Schulbuch für die Oberstufe.

Genetik

Meiose und Rekombination

Eltern und ihre leiblichen Kinder können sich sehr ähneln, können aber auch ganz verschieden sein. Das liegt daran, dass die Gene der Eltern völlig neu zusammengestellt, also rekombiniert wurden, und jeweils nur die Hälfte der väterlichen bzw. mütterlichen Gene im Kind vorhanden sind. Bei der Bereitstellung der Keimzellen (Gameten = Samenzellen bzw. Eizellen) für die Befruchtung muss der doppelte Chromosomensatz der diploiden Körperzellen auf den einfachen, haploiden Chromosomensatz reduziert werden. Diese Reduktion findet in der ersten Reifeteilung der Meiose statt. Dabei paaren homologe Chromosomen, d. h. strukturgleiche Chromosomen väterlicher und mütterlicher Herkunft spiralisieren sich in der Prophase, legen sich während der Metaphase der Meiose nebeneinander und werden dann in der Anaphase von Zugfasern des Spindelapparates auseinandergezogen. Jede Tochterzelle erhält so jeweils ein Chromosom eines jeden Chromosomenpaares und ist deshalb haploid. In der sich anschließenden zweiten Reifeteilung werden die Chromosomen in Chromatiden gespalten. Die dadurch entstehenden Keimzellen bleiben haploid.
Bei der Paarung der homologen Chromosomen liegen die beiden Chromosomen sehr eng zusammen, verschiedene Proteine vermitteln diese Paarung. Bei der Bildung der Tetra-

den der gepaarten Chromosomen kommt es gelegentlich vor, dass die nicht besonders stabilen DNA/Histon-Komplexe der Chromosomen an bestimmten Stellen aufbrechen und dann wieder von besonderen Enzymen verknüpft werden. Brechen homologe Stellen der Chromatiden einer Tetrade auf, kann es vorkommen, dass nicht die ursprünglichen DNA-Stücke einer Chromatide wieder miteinander verknüpft werden, sondern homologe Stücke von Nichtschwesterchromatiden. Dadurch kommt es zum Austausch unterschiedlicher Gene zwischen homologen Chromosomen. Die zugrundeliegenden Vorgänge bezeichnet man als Crossing-over. Natürlich können auch homologe DNA-Stücke von Schwesterchromatiden ausgetauscht werden. Doch das ist für eine Rekombination unbedeutend, da Schwesterchromatiden identisches Genmaterial besitzen.

Man unterscheidet somit zwei Möglichkeiten, Erbinformationen neu zu kombinieren:

Bei der **interchromosomalen** Rekombination entscheidet in der 1. Reifeteilung der Meiose der Zufall darüber, welches der homologen Chromosomen, also entweder väterliches oder mütterliches, in die Keimzelle gelangt.

Bei der **intrachromosomalen** Rekombination können am Ende der Prophase der 1. Reifeteilung Genabschnitte zwischen Nichtschwesterchromosomen durch Crossing-over ausgetauscht und somit innerhalb eines Chromosoms neu kombiniert werden.

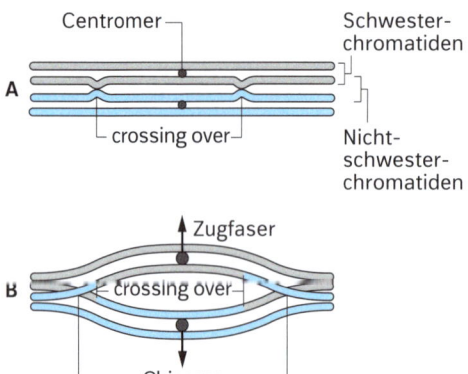

Intrachromosomale Rekombination (schematisch):

A Crossing-over zwischen Nichtschwesterchromatiden homologer Chromosomen am Ende der Prophase I, also der 1. Reifeteilung der Meiose.

B Beim Auseinanderrücken der homologen Chromosomen werden Chiasmata als Folge des Crossing-over im Lichtmikroskop als Chromatidenüberkreuzungen sichtbar

Analyse von Familienstammbäumen

a. Familienstammbäume (ÜA 3)

In der Genetik geben Stammbaumschemata nicht nur das Verwandtschaftsverhältnis der erfassten Personen wieder, sondern zeigen auch das Vorkommen bestimmter Merkmale, meistens Krankheiten, in der Generationenfolge. Immer gilt: Männliche Personen werden durch die Symbole ♂♂ oder durch Quadrate, weibliche durch ♀♀ oder durch Kreise symbolisiert. Sind die Symbole gefüllt, handelt es sich um Merkmalsträger. Geschwister werden gemäß ihrem Alter von links nach rechts angeordnet. Bei der Analyse von Stammbäumen wird in der Regel von Phänotypen auf Genotypen geschlossen, z.B. vom Phänotyp der Nachkommen auf den Genotyp der Eltern und weiterer Verwandten oder vom Phänotyp der Eltern auf mögliche Genotypen des Kindes.

In der humangenetischen Beratung zielen Erstellung und Analyse von Stammbäumen meistens darauf, eine Prognose für das Auftreten einer bestimmten Erbkrankheit bei der ratsuchenden Person und deren Kinder abzugeben. Die so erstellten Stammbäume orientieren sich häufig nur am Phänotyp, weil die Genotypen für Familienmitglieder aus vorangegangenen Generationen meist nicht mehr bekannt oder zu ermitteln sind. Der Genotyp von Ratsuchenden wird häufig über molekulargenetische Verfahren abgeklärt. Auch aufgrund von Kenntnissen über die Erblichkeit einer bestimmten Erkrankung kann ein Stammbaum mit Angabe der Genotypen erstellt werden.

Um auf Basis eines Familienstammbaums den Erbgang eines veränderten Merkmals zu ermitteln, muss gezielt nach aussagekräftigen Konstellationen im Stammbaum gesucht werden. Für Erbgänge, die den Mendelschen Regeln folgen, können eine Reihe von Analysekriterien aufgestellt werden, die Ihnen helfen, alle Informationen zu erkennen, die in einem Stammbaum enthalten sind.

METHODISCHE HINWEISE ZUR ANALYSE VON FAMILIENSTAMMBÄUMEN

Kriterien für autosomal-dominante Erbgänge:

1) Jede von dem Merkmal (meist: Krankheit) betroffene Person hat mindestens einen betroffenen Elternteil.

2) Für jedes Kind eines heterozygot betroffenen Elternteils besteht eine 50%ige Wahrscheinlichkeit, ebenfalls von dem Merkmal betroffen zu sein.

3) Personen, die das Merkmal phänotypisch nicht zeigen, geben das merkmalsbedingende bzw. krankmachende Gen nicht weiter. Die Krankheit kann keine Generation überspringen.

4) Weibliche und männliche Personen sind statistisch gesehen phänotypisch und genotypisch gleich häufig betroffen.

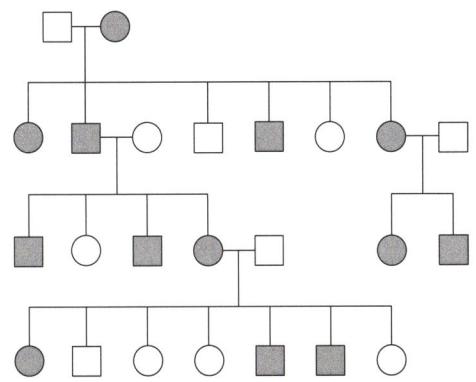

Beispiel eines Stammbaums für Kurzfingrigkeit (autosomal-dominant)

Kriterien für autosomal-rezessive Erbgänge:

1) Personen, die das Merkmal bzw. die Krankheit phänotypisch aufweisen, kommen selten in aufeinanderfolgenden Generationen vor. Ausnahme: Vereinzelt kann es vorkommen, dass zwei nicht verwandte Überträger (Heterozygote) aufeinandertreffen und aus ihrer Verbindung homozygot kranke Kinder hervorgehen. Diese Möglichkeit ist bei Verwandtenehen leichter gegeben.

2) Autosomal-rezessive Krankheiten treten statistisch gehäuft bei Familien mit Verwandtenehen auf, da bei diesen die Wahrscheinlichkeit des „Aufeinandertreffens" krankmachender rezessiver Gene höher ist.

3) Die Erkrankungswahrscheinlichkeit für ein Kind von phänotypisch gesunden, aber heterozygoten Eltern ist 25 %.

4) Weibliche und männliche Personen sind statistisch gesehen phänotypisch und genotypisch gleich häufig betroffen.

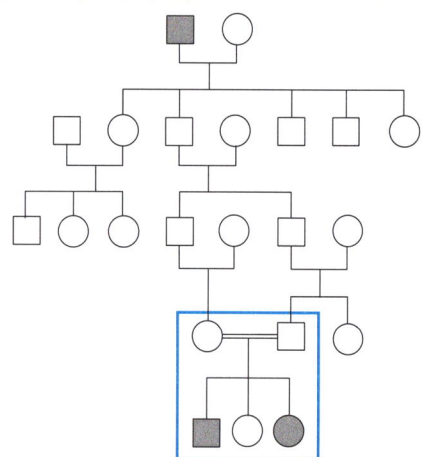

Beispiel eines Stammbaums mit erblicher Taubstummheit (autosomal-rezessiv); Verwandtenehe

Kriterien für gonosomal (X-chromosomal) gebundene rezessive Erbgänge:

1) Merkmalsträger sind statistisch gesehen zumeist männliche Personen.

2) Frauen können nur dann Merkmalsträger sein, wenn der Vater phänotypisch betroffen und die Mutter Überträgerin (Konduktorin) oder ebenfalls betroffen ist.

3) Alle Töchter von betroffenen Vätern und homozygot nicht betroffenen Müttern sind auf jeden Fall Konduktorinnen und können das Gen für das Merkmal an ihre Kinder weitergeben.

4) Söhne von Konduktorinnen, also heterozygoten Müttern, die phänotypisch gesund sind, (und nicht betroffener Väter) sind mit einer Wahrscheinlichkeit von 50 % betroffen.

5) Töchter von Konduktorinnen und nicht betroffenen Vätern können nie das Erscheinungsbild entwickeln und sind mit einer Wahrscheinlichkeit von 50 % auch genotypisch gesund.

6) Eine Vererbung des Merkmals von Vätern auf Söhne ist nicht möglich, da die Söhne von den Vätern nur das Y-Chromosom erhalten.

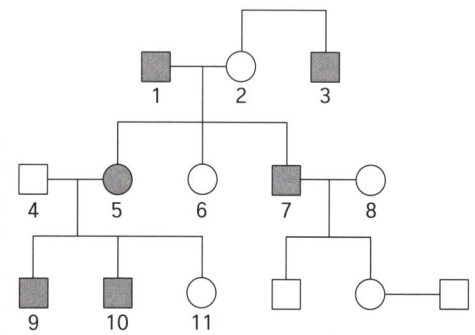

Beispiel eines Stammbaums mit Rot-Grün-Sehschwäche (gonosomal-rezessiv)

PUNKTESAMMELTIPP

Y-chromosomal gebundene Erbgänge gibt es kaum (das Y-Chromosom enthält fast keine Information), trotzdem sollte ein solcher Erbgang ausgeschlossen werden, da es dafür eventuell einen Punkt geben kann.

Mögliche Aufgabenstellung:

Bestimmen Sie die Genotypen der Personen 1 bis 11 der Abb. Seite 20 unten.

Lösung: Gen für die Sehschwäche f (rezessiv), Gen eines Gesunden F (dominant); Genotyp f0 bei Person 1, 3, 7, 9 und 10 (0 steht dafür, dass auf dem zweiten Gonosom, also dem Y-Chromosom, kein Gen für das Merkmal vorhanden ist, Männer sind also bezüglich des Gens für die Farbtüchtigkeit hemizygot), Person 2 Ff (die Frau muss Konduktorin sein, weil ihr Sohn 7 die Sehschwäche zeigt), 5 ff, 6 Ff (die Frau muss Konduktorin sein, weil ihr Vater die Sehschwäche hat), 8 FF oder Ff (mit geringerer Wahrscheinlichkeit gegenüber FF, weil in der Bevölkerung die Genfrequenz für f kleiner ist als die für F), 11 Ff (die Frau muss Konduktorin sein, weil ihre Mutter betroffen ist und sie selbst bzw. ihr Vater nicht).

Abweichungen von den Kriterien

Ausnahmen von den genannten Kriterien sind durch Neumutationen, Spätmanifestationen (wenn die Krankheit erst im fortgeschrittenen Alter wie bei Chorea Huntington auftritt) und Penetranzunterschiede möglich. Als Penetranz bezeichnet man die Wahrscheinlichkeit, mit der ein Genotyp im Phänotyp ausgebildet wird. Eine unvollständige Penetranz kann durch modifizierende Gene oder auch durch Umwelteinflüsse zustande kommen.

b. Beurteilung von Familienkonstellationen und Bewertungen von Entscheidungssituationen in der humangenetischen Beratung

Für die Bewertung eines Sachverhalts, eines Dilemmas oder zur ethischen Einordnung von Alternativen bei einer Entscheidungssituation gibt es gängige Verfahren, die unterschiedlich intensiv angewendet werden. Sowohl eine Stammbaumanalyse wie auch die humangenetische Beratung dienen der Abschätzung von Risiken und Chancen für alle Beteiligten.

Dabei ist eine rein **utilitaristische** Kalkulation in ihrer Argumentation wenig geeignet, denn handlungsorientierte Versionen des Utilitarismus machen keinen Unterschied zwischen negativen und positiven Pflichten, zwischen Unterlassen und Tun. Wenn nur die Folgen und die Gesamtnutzensteigerung zählten, dann ist einzig die Nutzenmaximierung maßgeblich. Kantische Ansätze und Ansätze der Tugendethik differenzieren dagegen. Bei der Bewertung eines Sachverhaltes sollten also deontologische Ansätze und konsequenzialistische Argumentationen unterschieden werden. Während deontologische Begründungsmuster und Argumentationsreihen „letzte Wahrheiten", also tiefste Überzeugungen und Glaubenssätze, absolut gesetzte Werte und Normen eine Handlung unabhängig von ihren Folgen beurteilen, orientiert sich eine konsequenzialistische Argumentation an den Folgen einer Handlung. Sie entspricht einer sogenannten „Verantwortungsethik" wie sie von dem Philosophen Hans Jonas insbesondere für die Gentechnologie und die Informations- und Kommunikationstechnologien entworfen wurde. Für die ethische Bewertung wird häufig eine Abfolge von sechs methodischen Schritten empfohlen:

1. Definieren des Dilemmas oder der Problematik
2. Aufzählen möglicher Handlungsoptionen
3. Sammeln von Pro- und Contra-Argumenten zu den Handlungsoptionen
4. Zuordnen von Werten, die hinter den jeweiligen Argumenten stehen
5. Formulieren eines persönlichen und begründeten Urteils; ggf. Diskussion andersartiger Urteile
6. Feststellen der Folgen, die das eigene Urteil und andere Urteile nach sich ziehen; ggf. Revision des eigenen Urteils.

Proteinbiosynthese

a. Aufbau und Replikation der DNA

Um die Proteinbiosynthese erläutern zu können, muss der Aufbau der DNA bekannt sein. Sollten die Kenntnisse über den Aufbau zur Erläuterung der unteren Abbildung nicht mehr ausreichen, müssen diese zuerst erlangt werden. Wichtig ist hier, dass die Nukleotide in der DNA miteinander zu einem Strang verbunden sind, indem Phosphatgruppe und Desoxyribose jeweils miteinander verknüpft werden. Dabei sind diese Bausteine, die sich in der Nukleinbase voneinander unterscheiden können, frei kombinierbar und gewährleisten somit die Fähigkeit, Informationen zu speichern. Dieser Einzelstrang ist mit einem weiteren über die Wasserstoffbrücken zwischen den korrespondierenden Nu-

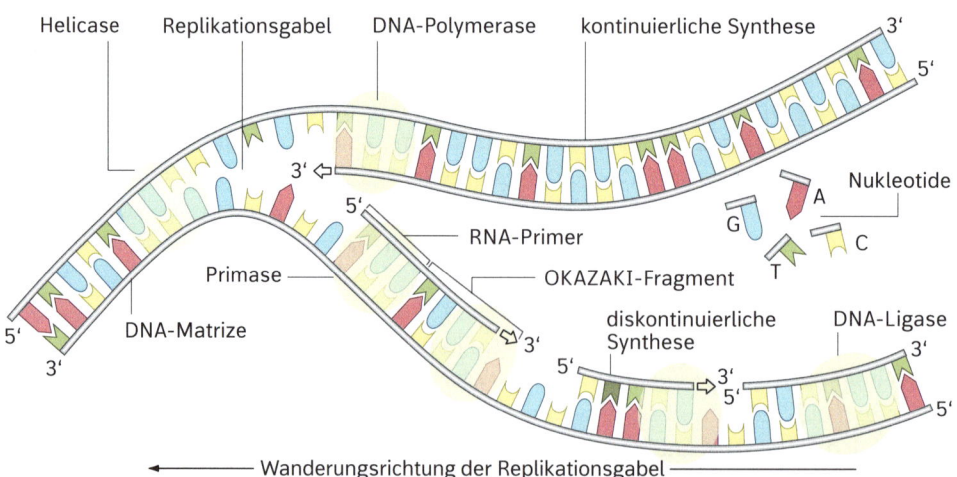

Schema der DNA-Replikation

kleinbasen beider Stränge zu einem Doppelstrang verbunden. Die Basen A und T paaren mit zwei, G und C mit drei Wasserstoffbrücken. Dadurch ist die identische Verdopplung möglich. Sie findet in der S-Phase statt und wird in der G2-Phase des Zellzyklus u. a. durch Bereitstellung von benötigten Enzymen und der Proteine für den Spindelapparat vorbereitet.

Nach Öffnung des DNA-Strangs lagern sich an beide offenen Einzelstränge die passenden Nukleotide an. Somit enthält jeder Doppelstrang einen elterlichen Strang und einen Strang aus Einzelnukleotiden, die aus dem Cytoplasma stammen (semikonservative Replikation). Da die Synthese des neuen Einzelstrangs nur in 5'›3' Richtung möglich ist, kann nur einer der Einzelstränge kontinuierlich gebildet werden, die Synthese des anderen muss diskontinuierlich erfolgen. Die so entstehenden Teilstücke werden OKAZAKI-**Fragmente** genannt und durch das Enzym Ligase zusammengefügt.

b. Abläufe der Proteinbiosynthese

Die Umsetzung der Information der DNA in Lebensvorgänge steuernde Proteine (z. B. Enzyme, Carrier, Tunnelproteine, Myofibrillen usw.) wird Proteinbiosynthese genannt. In diesem Verfahren werden entsprechend der Basensequenz der DNA spezifische Aminosäuren zu einer Kette verknüpft. Dabei entspricht ein bestimmtes Basentriplett (eine Folge dreier Basen) einer bestimmten Aminosäure in der zu bildenden Kette. Dieser Zusammenhang wird genetischer Code genannt (s. Code-Sonne und Tabelle, S. 24). Er gilt für fast alle Lebewesen und ist somit universell. Da bei vier verschiedenen Basen und einer Informationseinheit aus insgesamt drei Basen insgesamt $4^3 = 64$ Kombinationsmöglichkeiten bei nur 20 existierenden Aminosäuren zur Verfügung stehen, codieren teilweise mehrere Tripletts für die gleiche Aminosäure: „Der Code ist degeneriert".

Die Proteinbiosynthese läuft bei den Prokaryoten (Zellen ohne Zellkern, z. B. Bakterien) einfacher ab als bei den Eukaryoten (Zellen mit Zellkern). Bei den Prokaryoten geschieht die Umsetzung der Information der DNA in den Aufbau von Proteinen in zwei Schritten: der Transkription, also dem Überschreiben der Information von der DNA in die der mRNA und der Translation, d. h. der „Übersetzung" der mRNA-Information in die entsprechende Aminosäuresequenz, die dann z. B. als Katalysator (Enzym) oder als Baustein für Zell- und Gewebestrukturen (z. B. Actin, Keratin) fungiert.

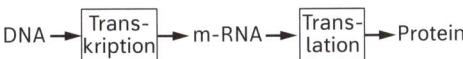

Schematische Darstellung der Proteinbiosynthese bei Prokaryoten

Der genetische Code

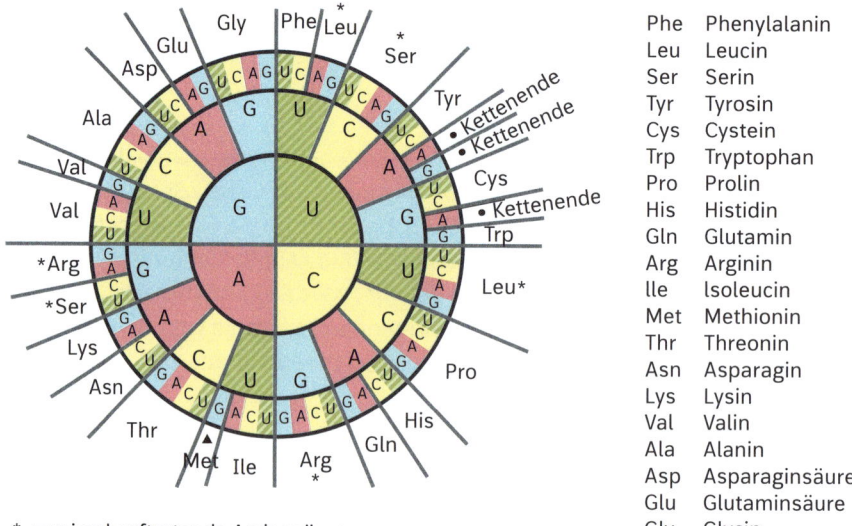

Phe	Phenylalanin
Leu	Leucin
Ser	Serin
Tyr	Tyrosin
Cys	Cystein
Trp	Tryptophan
Pro	Prolin
His	Histidin
Gln	Glutamin
Arg	Arginin
Ile	Isoleucin
Met	Methionin
Thr	Threonin
Asn	Asparagin
Lys	Lysin
Val	Valin
Ala	Alanin
Asp	Asparaginsäure
Glu	Glutaminsäure
Gly	Glycin

* zweimal auftretende Aminosäuren
• Stopp-Codon
▲ Start-Codon

Der genetische Code als Code-Sonne (Leserichtung von innen nach außen) mit der Liste der Aminosäuren und ihren Abkürzungen

Erste Base	Zweite Base				Dritte Base
5'	U	C	A	G	3'
U	Phe	Ser	Tyr	Cys	U
	Phe	Ser	Tyr	Cys	C
	Leu	Ser	Stopp	Stopp	A
	Leu	Ser	Stopp	Trp	G
C	Leu	Pro	His	Arg	U
	Leu	Pro	His	Arg	C
	Leu	Pro	Gln	Arg	A
	Leu	Pro	Gln	Arg	G
A	Ile	Thr	Asn	Ser	U
	Ile	Thr	Asn	Ser	C
	Ile	Thr	Lys	Arg	A
	Met (Start)	Thr	Lys	Arg	G
G	Val	Ala	Asp	Gly	U
	Val	Ala	Asp	Gly	C
	Val	Ala	Glu	Gly	A
	Val	Ala	Glu	Gly	G

Der genetische Code in Tabellenform

Transkription

Die DNA öffnet sich nach Bindung der RNA-Polymerase an dem Promotor (Abschnitt mit einer spezifischen Nukleotidsequenz), die Doppelhelixstränge liegen jetzt getrennt vor. An einem der beiden Stränge (codogener Strang) werden die zu diesem Strang komplementären Nukleotide in 5'›3' Richtung angelagert. Danach löst sich der neugebildete Nukleotidstrang (mRNA) von der DNA und wandert zu den Ribosomen.

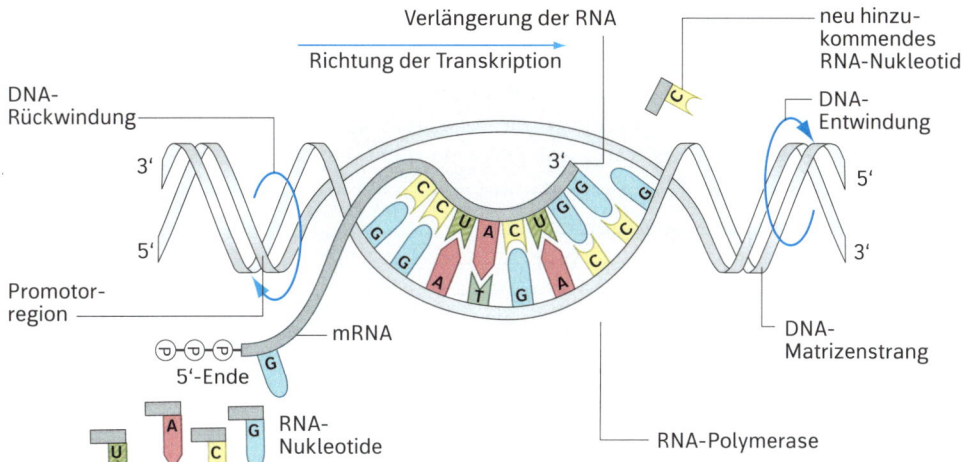

Transkription

Translation

Die Translation findet an den aus einer kleineren und einer größeren Einheit bestehenden Ribosomen statt. Nachdem durch ein Erkennungstriplett die Anlagerung der mRNA gesichert wurde, wandert die kleinere Einheit des Ribosoms in Richtung 3'-Ende der mRNA. Am Startcodon (AUG) beginnt die Synthese des Proteins (stets mit der Amino-

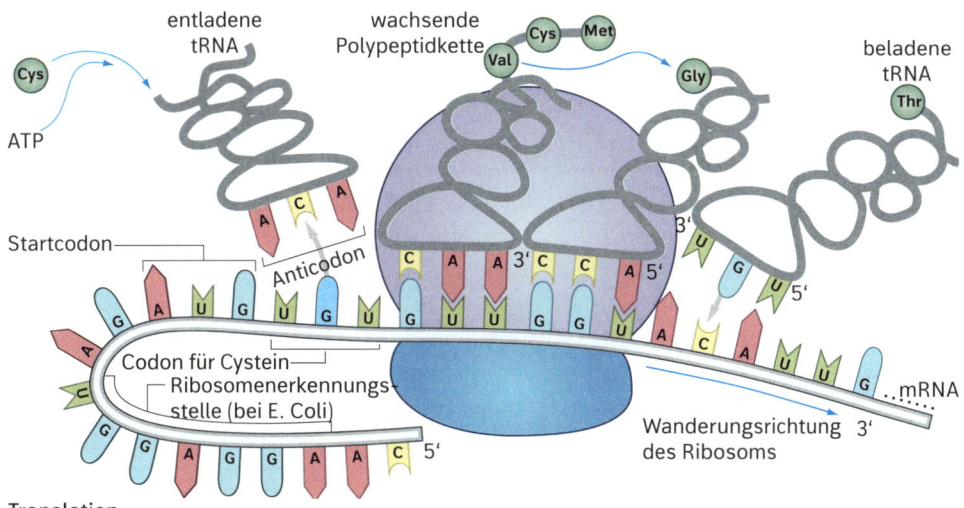

Translation

25

säure Methionin), hier kommt die größere Einheit des Ribosoms hinzu. Als Lieferanten der Aminosäuren und Übersetzer der Nukleotidkette in die Aminosäurekette dienen aktivierte tRNA-Moleküle. Diese besitzen an einer Stelle ein spezifisches Basentriplett (Anticodon) und auf der gegenüberliegenden Seite des Moleküls eine Bindestelle für eine spezifische Aminosäure. Spezifische Enzyme des Ribosoms bewirken die Bindung des Anticodons mit dem entsprechenden Triplett der mRNA (Codon) und die Ablösung der Aminosäure von der tRNA sowie die Verknüpfung der Aminosäure mit der vorherigen Aminosäure entsprechend der Codierung auf der DNA.

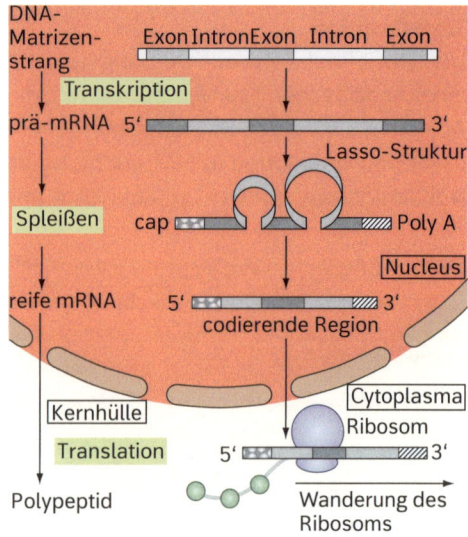

Proteinbiosynthese bei Eukaryoten

Unterscheidung bei Pro- und Eukaryoten

Die Proteinbiosynthese bei Eukaryoten unterscheidet sich von der bei Prokaryoten im Wesentlichen durch einen zusätzlichen Prozess, nämlich den des Spleißens, der zwischen der Transkription (im Zellkern) und der Translation (im Cytoplasma) an der Zellkernmembran abläuft.

Die DNA der Eukaryoten enthält für die Codierung eines Enzyms eine wesentlich längere Nukleotidkette, als sie eigentlich notwendig wäre. Die prä-mRNA enthält nicht nur die Information für die Realisierung eines Proteinmoleküls, sondern zusätzlich eine Reihe von mRNA-Abschnitten, die z. B. für Regulierungsvorgänge verwendet werden. Dann folgt der Prozess des **Spleißens**, bei dem die für die Translation nicht benötigten Abschnitte (Introns) durch Bildung von Schleifen herausgeschnitten werden. Folglich verlassen nur die Exons als reife mRNA den Zellkern. Weil beim Spleißen nicht immer dieselben Abschnitte herausgeschnitten werden, können bei Eukaryoten unterschiedliche Proteine vom gleichen DNA-Abschnitt gebildet werden. Dies wirft Fragen mit dem veralteten Genbegriff (ein Gen – ein Polypeptid-Hypothese) auf und macht eine neue Definition des Genbegriffs notwendig. Daneben ergeben sich zusätzliche Möglichkeiten für die Bildung von RNA-Abschnitten, die für Regulationsprozesse verwendet werden können (s. u. epigenetische Mechanismen).

c. Mutationen

Sprunghafte Veränderungen des Erbgutes werden **Mutationen** genannt. Chemische oder physikalische Faktoren, die diese Veränderungen verursachen, werden **Mutagene** genannt. Physikalische Faktoren, die mutagen wirken, sind z. B. radioaktive oder auch UV-Strahlen, chemische Faktoren sind z. B. aggressive Stoffe wie salpetrige Säure, die mit den Nukleotiden reagieren und sie verändern.

Mutationen werden unterschieden in:

- **Genommutationen** – Veränderungen des Genoms, also der Chromosomenzahl in einer Zelle,
- **Chromosomenmutationen** – Veränderungen des Chromosoms (seiner Länge, Form etc.),
- **Genmutationen** – Veränderungen eines Gens.

Allerdings gibt es auch Übergänge: Z. B. lassen sich Deletionen (Bruchstückverluste innerhalb eines Gens) sowohl als Genmutationen (Verkürzung eines Gens) als auch als Chromosomenmutation (Verkürzung eines Chromosoms) auffassen. Eine Fusion (Verknüpfung von Chromosomen) kann als Chromosomenmutation (Verlängerung eines Chromosoms) oder auch als Aneuploidie (Veränderung des Chromosomensatzes um ein Chromosom: 2n-1) bezeichnet werden.

Bei den Genmutationen kann man wie bei den Chromosomenmutationen Inversion (ein DNA-Abschnitt wird nach Schlaufenbildung in umgekehrter Reihenfolge wieder eingebaut), Insertion (Hinzufügen eines Nukleotids) und Deletion (Entfernen von Nukleotiden) unterscheiden.

Häufigste Form der Genmutationen ist die **Punktmutation**, bei der in der DNA nur ein Nukleotid eines Gens verändert, entfernt oder hinzugefügt wird. Entsprechend ihrer Folgen für den Organismus können Punktmutationen als stumm bzw. neutral oder als **Missense-** oder als **Nonsense-Mutationen** bezeichnet werden.

Bei einer stummen Mutation kann aufgrund des degenerierten Codes die gleiche Aminosäure eingebaut werden oder der Einbau einer anderen Aminosäure in ein Protein findet nicht im aktiven Zentrum statt und bleibt für die Funktion des Proteins folgenlos. Missense-Mutationen führen immer zum Einbau einer anderen Aminosäure. Diese Mutationen haben je nach Lage der Aminosäure im Protein und Unterschied der neuen Aminosäure zur vorher eingebauten leichte oder schwere Folgen für das Individuum. Nonsense-Mutationen sind solche, die z. B. zum Abbruch der Aminosäurekette führen, indem sich ein Triplett zum Stopp-Codon wandelt. Auch sie haben fast immer weitreichende Folgen für den Organismus.

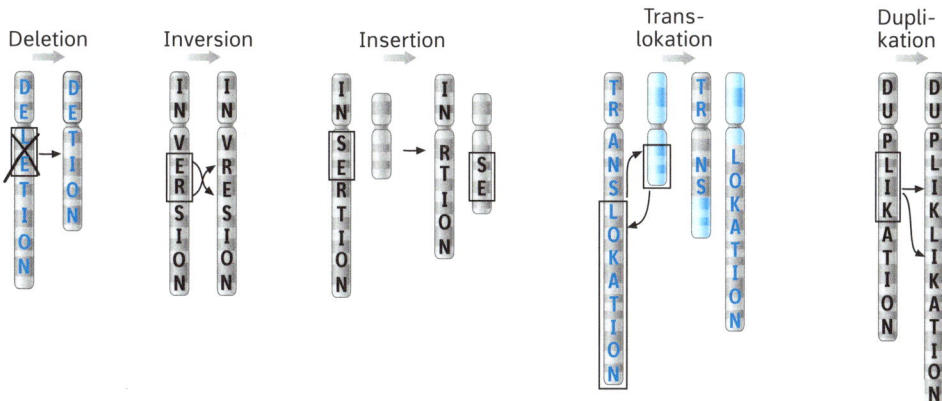

Mutationstypen

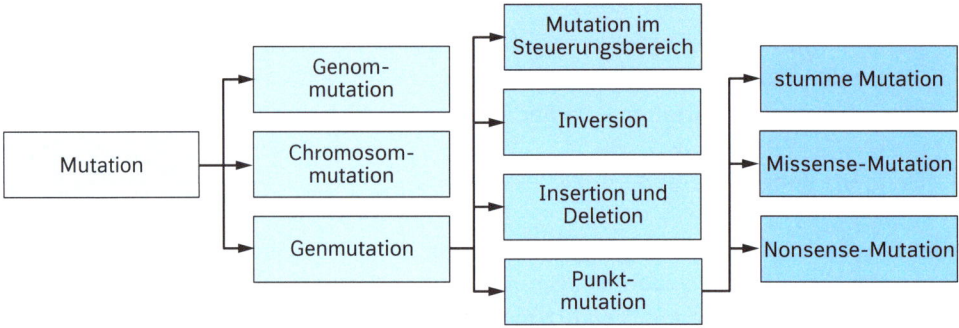

Übersicht über die Formen der Mutationen

Eine Sonderform der Punktmutation kommt durch die Umwandlung von Cytosin bzw. Methylcytosin durch Desaminierung zustande, für die ein Enzym verantwortlich ist. Wird Cytosin desaminiert, entsteht Uracil. Das hat keine weiteren Folgen, weil diese DNA-Veränderung (Basenpaarung GC wird zu GU) vom Reparatursystem der Zelle erkannt wird, d. h. das nicht in der DNA vorkommende Uracil wird sogleich wieder durch Cytosin ersetzt. Aufgrund epigenetischer Mechanismen wird jedoch häufig die Base **Cytosin** methyliert (S. 29). Dies stellt noch keine Mutation, sondern nur eine DNA-Modifikation dar. Wird nun aber Methylcytosin desaminiert, entsteht Thymin. Weil das Reparatursystem Thymin nicht als fremd erkennt, wandeln nun die Reparaturenzyme das entstandene „falsche" Basenpaar GT entweder in GC (repariert) oder in AT um. Die so entstandene Punktmutation kann weitreichend sein.

Genregulation

a. Operon-Modell
Für die Genregulation bei Prokaryoten (z. B. Bakterien) existiert seit vielen Jahren ein Modell von JAKOB und MONOD. Im Operon-Modell wird ein Abschnitt der DNA, der die Information für eine Genwirkkette bzw. Stoffwechselkette (zur Ausbildung eines Merkmals) enthält, als Operon bezeichnet. Es besteht aus Strukturgenen, die die Aminosäureketten der für den Stoffwechselvorgang benötigten Enzyme codieren. Ihnen vorgelagert ist ein Abschnitt aus DNA verbunden mit einem Protein (Operatorgen mit Repressor-Protein), der wie ein Schloss funktioniert und mithilfe dieses Repressors (Schlüssel) die Gentätigkeit ein- oder ausschaltet. Der Repressor wird als Protein an einer anderen Stelle der DNA, dem Regulatorgen, codiert. Die Produktion dieses Repressors unterliegt einer vom Operon unabhängigen Steuerung.

Das Operon-Modell unterscheidet für die Regulation der Gentätigkeit bei Bakterien zwei Typen von Genregulationen, die Substratinduktion und die Endproduktrepression. Bei der Substratinduktion löst das Vorhandensein des umzusetzenden Substrats durch Inaktivierung des Repressors die Produktion der zum Abbau notwendigen Enzyme aus. Bei der Endproduktrepression stoppt das Vorhandensein des Endproduktes durch Aktivierung des Repressors die Produktion der Enzyme.

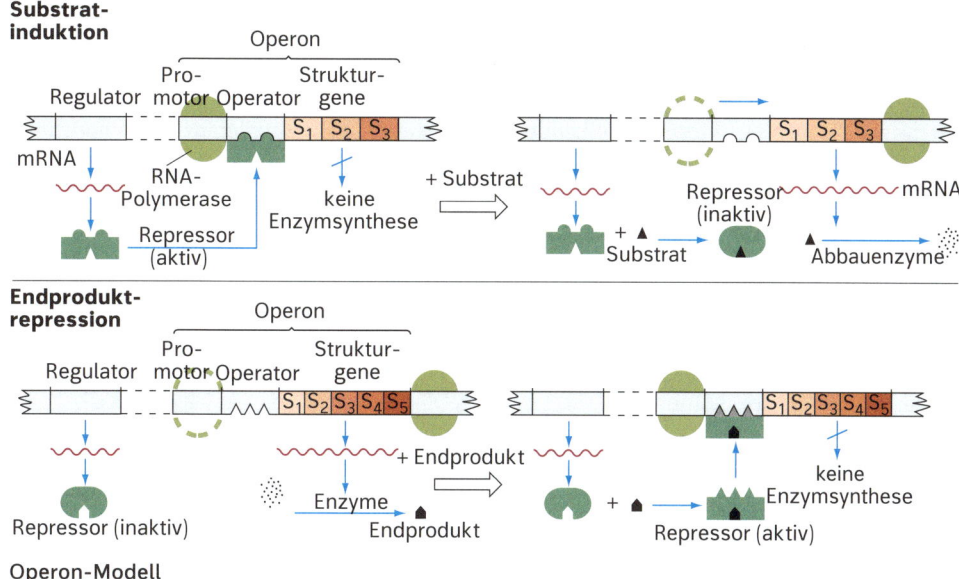

Operon-Modell

b. epigenetische Mechanismen

Neben der Substratinduktion und der Endproduktrepression nach dem Operonmodell gibt es weitere Arten der Genregulation. Man nennt sie epigenetisch, weil sie nicht unmittelbar mit den Genen und ihren Basensequenzen verbunden sind, sondern diesen sozusagen aufsitzen.

Methylierung. Bei den Eukaryoten z. B. hängen bestimmte Enzyme (Methyltransferasen) eine Methylgruppe ($-CH_3$) an Nukleinbasen der DNA an, in der Regel an Cytosin, das der Nukleinbase Guanin benachbart ist. Solche CpG-Stücke (p steht für die Phosphatgruppe des Guanins) befinden sich überhäufig in der Promotorregion eines Gens. Man spricht von CpG-Inseln. Hier werden besonders oft Cytosin-Moleküle methyliert oder bereits methylierte Cytosin-Basen demethyliert, also von ihrem Methylrest befreit. Während Methylierungen in der Regel die Transkription eines Gens verhindern, ermöglichen Demethylierungen das Ablesen des entsprechenden Gens durch die RNA-Polymerase.

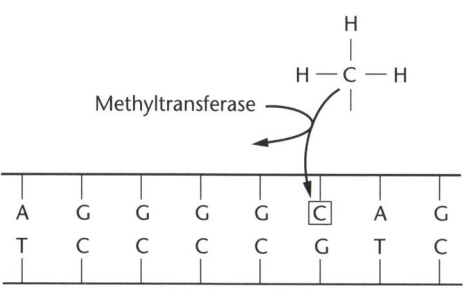

Im Zellzyklus laufen diese Regulationsmechanismen an bestimmten Kontrollpunkten ab, z. B. dann, wenn nach der S-Phase die DNA doppelt vorliegt. Die neu synthetisierte DNA enthält im Gegensatz zum alten Strang dann noch keine Methylgruppen. Damit auch in den Tochterzellen die Gene inaktiv bleiben, die in der Mutterzelle durch Methylierung deaktiviert waren, müssen in den Promotorregionen Nukleinbasen methyliert werden, damit das Methylierungsmuster der alten DNA auf die Tochter-DNA übertragen wird. An diesen Kontrollpunkten des Zellzyklus kann es auch zu zusätzlichen Methylierungen kommen. Hinzu kommt, dass viele Umweltfaktoren wie Nahrungsmangel, Luftschadstoffe etc. das Methylierungsmuster eines Menschen verändern können. So werden bestimmte Gene blockiert, andere aktiviert.

Die Bedeutung der Acetylierung von Histonen bei der DNA-Methylierung.

Der Packungsgrad des DNA-Histon-Komplexes in den Chromosomen bestimmt die Transkriptionsrate vieler Gene. Ist die DNA sehr dicht gepackt, werden überhaupt keine Gene abgelesen, während an den Stellen, an denen sie recht locker verpackt ist, Transkription stattfinden kann, falls die Gene nicht gerade durch Repressormoleküle blockiert werden. Histone bilden den Proteinanteil eines Chromosoms, dessen kleinste Einheit Nukleosom genannt wird. Um diesen Proteinkomplex ist der DNA-Doppelstrang mit exakt 147 Nukleotidpaaren gewickelt. Weil die Histone aufgrund

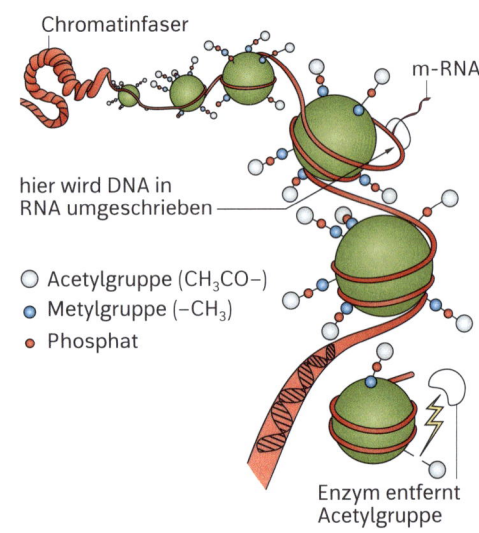

Chromatinfaser

m-RNA

hier wird DNA in RNA umgeschrieben

○ Acetylgruppe (CH_3CO-)
● Metylgruppe ($-CH_3$)
● Phosphat

Enzym entfernt Acetylgruppe

bestimmter Aminosäuren positiv und die DNA aufgrund der Phosphatreste negativ geladen sind, sorgt die gegensätzliche Ladung für eine enge Bindung und kompakte Wicklung der DNA innerhalb des Chromosoms. Wenn ein Abschnitt der DNA abgelesen, also transkribiert werden soll, verbindet ein Enzym (Histonacetyltransferase) bestimmte Aminosäuren der Histonseitenketten – häufig ist das Lysin – mit Actetylgruppen (-CH_3-COOH). Durch die Acetylierung verliert das Lysin seine positive Ladung, sodass die Bindung zwischen Nukleosom und DNA gelockert und das Ablesen bestimmter Gene begünstigt wird.

Auch Enzyme, die für die Methylierung oder auch Demethylierung der DNA zuständig sind, können nun am Acetylierungsmuster der Histone andocken und beginnen dann, die um die Histone gewickelte DNA an bestimmten Stellen zu methylieren oder umgekehrt Methylgruppen zu entfernen. Während durch Methylierung die Transkription behindert wird, wird durch das Entfernen von Methylgruppen die Histon-DNA-Struktur aufgelockert und somit die Transkription der entsprechenden Gene erleichtert bzw. aktiviert.

RNA-Moleküle in der Epigenetik (RNA Inteferenz, ÜA 2). Als RNA-Interferenz bezeichnet man eine Reihe von Mechanismen eukaryotischer Lebewesen mithilfe kurzer RNA-Stücke zielgerichtet eigene Gene abzuschalten oder sich gegen fremde Erbsubstanz zu wehren.

pRNA bestimmt, welche Gene zu methylieren sind. Der Anstoß dazu kann von ganz unterschiedlichen Signalen ausgehen, von bestimmten Transkriptionsfaktoren oder auch nichtcodierenden RNA-Schnipseln, die sich z. B. an Promotor- oder an Operatorregionen anheften. Hier können dann z. B. Methyltransferasen andocken und die DNA gezielt methylieren. Nicht-codierende RNAs enthalten keine Proteinrezepte. Sie sind wichtige Regulatoren. Die pRNA ist dafür ein Beispiel. Sie passt genau („komplementär") zur DNA-Sequenz eines Genschalters und bildet mit der DNA in einer Promotorregion an bestimmten Stellen eine Dreifach-Helix aus, die in ihrer Struktur einem Zopf ähnlich ist. Methyltransferasen können spezifisch an diesen Zopf andocken und werden dadurch genau an die Stelle dirigiert, wo ein Gen blockiert werden soll. Wird nämlich ein bestimmter Genschalter mit Methylmarkierungen versehen, können die dahinter liegenden Gene nicht mehr abgelesen werden.

siRNA wird zum Beispiel zur Abwehr von pathogenen Stoffen wie Viren genutzt. Dabei wird die eingedrungene virale RNA enzymatisch in Sequenzen von 20 – 23 Nukleotiden geschnitten, die mit einem Protein zum sogenannten RISC-Komplex (RNA-induced silencing complex) verbunden werden. Dieser Komplex bindet an die vom Virus induzierte mRNA und verhindert deren Translation.

microRNA reguliert die Translation bei vermutlich mehr als der Hälfte aller menschlichen Gene. microRNA wird im Kern gebildet. Aus ihr werden ebenfalls enzymatisch Nukleotidsequenzen mit einer Länge von 20 – 23 Nukleotiden herausgeschnitten und mit einem Protein zu einem RISC-Komplex zusammengefügt. Dieser Komplex muss nur in sechs bis acht Nukleotiden mit der Zielsequenz auf der mRNA übereinstimmen. So kann sich eine microRNA an viele verschiedene proteinkodierende RNA-Moleküle anlagern und damit die Aktivität einer Reihe von Genen gleichzeitig regulieren.

Riboswitch-RNA reguliert die Genexpression auf andere Weise. Sie faltet sich zu einem doppelsträngigen RNA-Molekül. Sobald dieses RNA-Molekül mit einem passenden Protein Kontakt bekommt (Schlüssel-Schloss-Prinzip), wird das Molekül so geändert, dass die Riboswitch-RNA ein freies Ende erhält. Dieses hat die Funktion einer regulären mRNA, das die Synthese eines bestimmten Proteins bewirkt. Nur im Kontakt mit dem passenden Protein kann der codierende Abschnitt der Riboswitch-RNA also die Synthese einer Aminosäurekette veranlassen. Die Riboswitch-RNA besitzt folglich für die in ihr enthaltene Information einen „An- und Ausschalter".

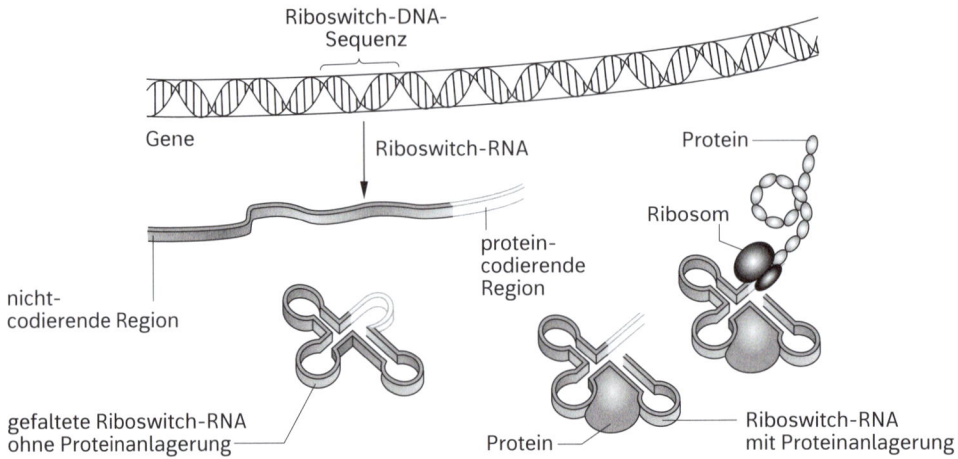

Riboswitch-RNA ermöglicht das An- und Abschalten von Genen

Über epigenetische Mechanismen wird z. B. das Tumorsuppressorgen p53 aktiviert, wenn im Zellzyklus unmittelbar vor der S-Phase die DNA mutiert ist. Dann wird verstärkt das Protein p53 produziert. Der Zyklus wird verlangsamt und die Reparatur der DNA eingeleitet, sodass die Aktivierung des Tumorsupressorgens abnimmt. Also sinkt die Konzentration von p53 und der Zellzyklus nimmt wieder Fahrt auf, d. h. die Verdoppelung der nun reparierten DNA wird eingeleitet. Gelingt die DNA-Reparatur nicht, steigt die Konzentration von p53 und die Zelle mit der defekten DNA stirbt ab (Apoptose). Antagonist in dieser Zellzyklus-Regulation ist das Ras-Gen (ÜA 4).

Gentechnik

a. Restriktionsenzyme, PCR und genetischer Fingerabdruck (ÜA 1, 3)

Unter Gentechnik versteht man technische Verfahren, die gezielte Eingriffe in das Genom von Lebewesen ermöglichen. U. a. können bestimmte DNA-Abschnitte, die aus artfremden Nukleoidsequenzen mithilfe von Restriktionsenzymen gezielt herausgeschnitten wurden in ein Genom eingebaut werden. Zu diesem Zwecke sind unterschiedliche Werkzeuge und Verfahrensschritte entwickelt worden.

Restriktionsenzyme schneiden je nach Typ an definierten Basenfolgen, die man als Palindrome bezeichnet, eine DNA auf. Geschieht dies bei Spender- und bei Empfänger-DNA mit dem gleichen Enzym, entstehen „sticky ends", sodass Spender- und Empfänger-DNA passgenau miteinander verbunden werden können (vgl. Abb. Insulinsynthese S. 34 f.).

Mit der **PCR-Methode** können geringe Mengen DNA vervielfältigt werden. Dazu wird die DNA zusammen mit einer hitzestabilen Polymerase, zwei DNA-Primern und DNA-Nukleotiden inkubiert. Die DNA-Polymerasen stammen aus Organismen. Beispielsweise stammt die Taq-DNA-Polymerase von dem Bakterium *Thermus aquaticus*, das in heißen Quellen lebt. Durch die Wahl der Primer (für jede Syntheserichtung einen) wird der DNA-Bereich bestimmt, der vervielfältigt werden soll. Die Vervielfältigung von DNA-Abschnitten mithilfe der PCR-Methode erfolgt in drei Schritten: Mittels Erwärmung der DNA auf über 94 °C wird durch Auflösung der Wasserstoffbrücken die Doppelhelix in zwei Einzelstränge getrennt (Denaturierung). Danach wird auf 56 °C abgekühlt, sodass die Primer sich an den beiden entstandenen DNA-Einzelsträngen anlagern können (Primer-Anlagerung). Nun wird auf 72 °C (Optimum der *Taq*-DNA-Polymerase) erwärmt, sodass die DNA-Synthese mithilfe der Polymerase erfolgen kann (DNA-Synthese). Die drei Schritte der PCR werden im Thermocycler zyklisch wiederholt. Um zum Beispiel 1 Millionen gleiche DNA-Abschnitte (ca. 220 Kopien) zu erhalten, muss das Verfahren 20 Mal hintereinander ablaufen.

Der **genetische Fingerabdruck** von Personen dient der Identifizierung mit einer Sicherheit von nahezu 100 %. Dazu verwendet man die Introns. Das sind die Abschnitte der DNA, deren Transkriptionsprodukte beim Spleißen herausgeschnitten werden. Abschnitte, die stets herausgeschnitten werden, stellen die nicht codierenden Teile der DNA dar und bestimmen somit kein einziges äußeres Merkmal oder gar eine Charaktereigenschaft. In diesen Abschnitten der DNA kommt es häufig zu Wiederholungen von bestimmten Nukleotidsequenzen. Solche Abschnitte werden STRs (short tandem repeats) genannt. Die Anzahl dieser Wiederholungen von je 2 bis 7 Basen sind sehr individuell und sind daher für den genetischen Fingerabdruck geeignet. Geeignete STRs werden zuerst durch die oben beschriebene PCR-Methode angereichert, dann durch das Gelelektro- bzw. Kapillarelektrophoreseverfahren entsprechend ihrer Größe getrennt und z. B. in einem Autoradiogramm sichtbar gemacht. Das dann entstehende Muster der unterschiedlichen STRs ist bei jedem Menschen anders. Die Sicherheit der Identifizierung wird dadurch erhöht, dass nicht nur ein einzelner DNA-Abschnitt untersucht wird, sondern viele; z. B. untersucht das FBI stets 13 definierte Intron-Abschnitte.

b. Vektoren in der Bakteriengenetik

Mithilfe der Gentechnik können Lebewesen zur besseren Nutzung durch den Menschen gezielt verändert werden. Dabei wird das Erbgut der Organismen direkt verändert oder gewünschtes Erbgut häufig mithilfe von Vektoren in die Zellen eingeschleust. **Vektoren** sind Genfähren, die genetisches Material übertragen können. Aufgrund eines mitgelieferten Replikationsursprungs kann die übertragene genetische Information vielfach repliziert werden. Als Vektoren kommen u. a. in Frage: Plasmide, kurze ringförmige DNA, in die mithilfe von Restriktionsenzymen Fremd-DNA eingebaut werden kann und die sich als Plasmidvektoren vielfach replizieren lassen. Künstliche Minichromosomen (z. B. Yacs – Yeast Artificial Chromosomen) mit Fremd-DNA, die sich in bestimmten Lebewesen, z. B. Hefen, wie ein normales Chromosom verhalten. Künstlich veränderte Viren, auch Bakteriophagen, lassen sich ebenfalls als Vektoren nutzen. Schließlich lässt sich Fremd-DNA auch mithilfe von Liposomen in eine Zelle einschleusen. Die dabei ablaufenden Membranvorgänge ähneln der Endocytose.

Exkurs: Vermehrung von Viren

Ein Virus benötigt eine Wirtszelle und deren Replikationsapparat, um sich vermehren zu können. Es dockt an die Wirtszelle an und dringt durch rezeptorvermittelte Endocytose in sie ein. Die Virus-RNA bzw. Virus-DNA wird freigesetzt, gelangt in den Zellkern, wo sie repliziert wird. Die Translation findet im Cytoplasma statt. Die Produkte beider Vorgänge werden von einer Proteinhülle umgeben und das Virus verlässt die Wirtszelle und kann weitere Wirtszellen befallen.

Ein **Anwendungsbeispiel**: Während z. B. früher Insulin nur aus den Bauchspeicheldrüsen von Rindern und Schweinen gewonnen werden konnte, lässt es sich heute viel kostengünstiger mithilfe von Bakterien herstellen. Dazu wird das Gen für die Insulinsynthese aus der menschlichen DNA mit einem Restriktionsenzym herausgeschnitten (siehe Insulinsynthese Abbildung A). Mit dem gleichen Restriktionsenzym wird das Plasmid eines Bakteriums, das die Gene sowohl für Ampicillin- als auch für Tetracyclinresistenz enthält, aufgeschnitten. So haben sowohl die Empfänger-, also die Bakterien-DNA, als auch die Spender-DNA des Menschen die gleichen „sticky ends", sodass sie leicht miteinander verkleben können. Empfänger- und Spender-DNA werden gemischt (siehe Insulinsynthese Abbildung B, S. 35). In der Mischung können folgende DNA-Ringe entstehen, je nachdem, welche klebrigen Enden sich finden: ursprüngliche Bakterien-Plasmide mit den Genen für Ampicillin- und Tetracyclin-Resistenz, reine menschliche DNA aus dem Insulin-Gen und eine Misch-DNA, bei der das Insulin-Gen in das Bakterien-Plasmid eingebaut wurde und zwar innerhalb des Gens für Tetracyclin-Resistenz.

Plasmid eines Bakteriums mit zwei Resistenzgenen

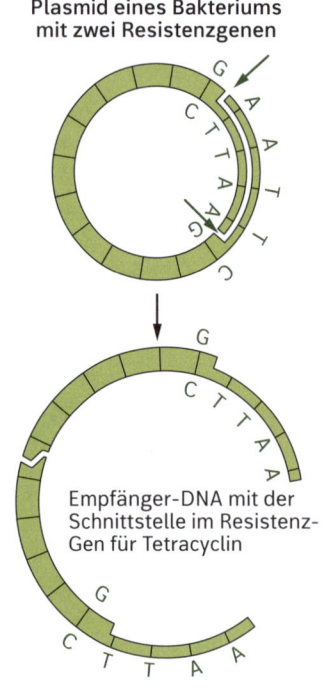

Empfänger-DNA mit der Schnittstelle im Resistenz-Gen für Tetracyclin

menschliche DNA mit dem Gen für die Insulinsynthese

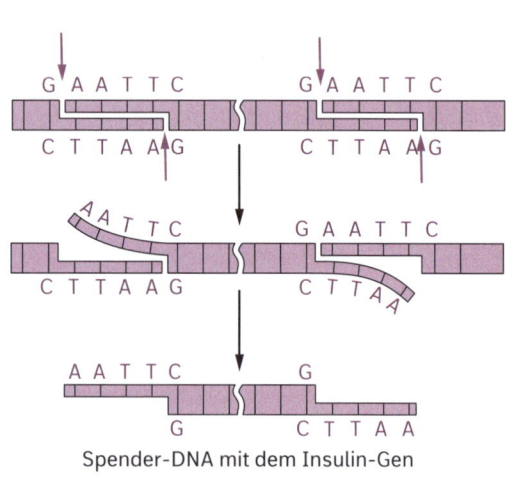

Spender-DNA mit dem Insulin-Gen

→ Schnittstellen des Restriktionsenzyms

Insulinsynthese Abbildung A

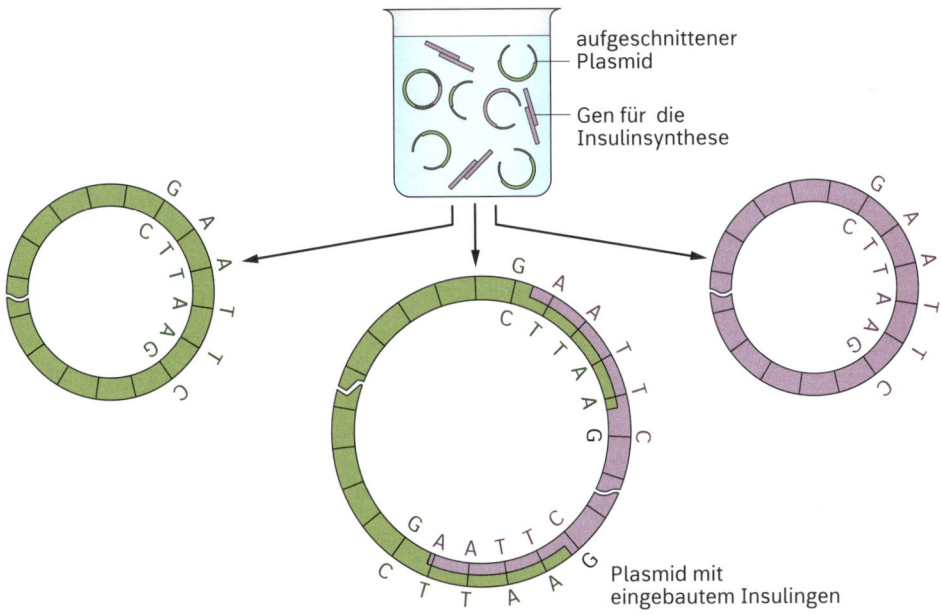

aufgeschnittener Plasmid

Gen für die Insulinsynthese

Plasmid mit eingebautem Insulingen

Insulinsynthese Abbildung B

Die DNA-Ringe dieser Mischung werden nun durch Transformation (natürliche Aufnahme der Plasmide in die Bakterienzellen, meist durch Hitzeschock unterstützt) oder Transfektion (z. B. künstlich mit sogenannten Genkanonen, durch Mikroinjektion oder auch mithilfe von Liposomen) in die Bakterien eingeschleust.

Werden nun die so behandelten Bakterien auf unterschiedliche Nährböden gegeben, so wachsen diejenigen, die nur rein menschliche Insulin-DNA aufgenommen haben, weder auf solchen Nährböden, die Ampicillin enthalten, noch auf solchen mit Tetracyclin (siehe Abbildung C). Die Bakterien, die das Plasmid mit den zwei intakten Resistenzgenen aufgenommen haben, wachsen auf beiden Nährböden und diejenigen, die das Misch-Plasmid enthalten, nur auf dem Ampicillin-Nährboden, nicht aber auf dem mit Tetracyclin.

Überträgt man die Bakterien vom Ampicillin-Nährboden mithilfe der Stempeltechnik auf den mit Tetracyclin, kann man durch Vergleich die Bakterienkolonien, die das Gen für die Insulinsynthese im Bakterienplasmid enthalten, identifizieren, gezielt vermehren und somit Insulin großtechnisch in Fermentern gewinnen.

Auftragen der gentechnisch veränderten (transgenen) Bakterien auf verschiedene Nährmedien

Übertragung auf Ampicillin-Böden

Wachstum

Übertragung auf Tetracyclin-Böden

kein Wachstum

Wachstum

Insulinsynthese Abbildung C

Bioethik (ÜA 3)

Die Ethik ist eine philosophische Disziplin, in der Richtlinien aufgestellt werden, die den Umgang der Menschen untereinander regeln und bewerten. Die Bioethik ist ein Teilbereich der angewandten Ethik. Sie umfasst ethische Fragen, die sich aus der Medizin, dem Umgang mit unserer Umwelt, der Tierhaltung und -zucht sowie aus der Forschung in diesen Bereichen ergeben.

Neben mittlerweile klassischen Fragestellungen zur Fortpflanzungsmedizin, zur Pränataldiagnostik und zur Organtransplantation rückt als neue Forschungsdisziplin die Gentechnik immer stärker in den Fokus der Ethik. Sie berührt alle aufgeführten Gebiete der Bioethik, wobei ihre Einsatzmöglichkeiten durch das Gentechnikgesetz eingeschränkt werden. Hier wird das Risiko eines durch die Gentechnik verursachten Schadens und seine Auftrittswahrscheinlichkeit berücksichtigt. So sind bei der Arbeit mit transgenen Mikroorganismen für die industrielle Produktion oder den Umweltschutz (weiße Gentechnik) z. B. spezielle Sicherheitslabors vorgeschrieben. Der Anbau transgener, z. B. schädlingsresistenter oder vitamin- und proteinreicherer, Pflanzen in der Landwirtschaft (grüne Gentechnik) setzt einen dreistufigen Test voraus. Nach der Prüfung im Sicherheitslabor folgt der Anbau im geschlossenen Gewächshaus. Sodann werden die Pflanzen auf Versuchsfeldern unter kontrollierten Bedingungen im Freiland aufgezogen und untersucht, welchen Einfluss die transgene Kulturpflanze auf Flora und Fauna ihrer Umgebung hat.

Bei der Erzeugung transgener Tiere (rote Gentechnik) und ihre Reproduktion durch Klonen steht neben medizinischen Aspekten (z. B. Medikamentenproduktion) oft auch die Ertragssteigerung im Vordergrund. Diese kann sich wegen ökologischer Folgen problematisch auswirken. Wenn transgene schnellwüchsige Tiere in die Umgebung entweichen, können sie dort die natürlich vorkommenden Populationen durch Konkurrenz oder höheren Nahrungsbedarf verdrängen. Das ist z. B. bei Lachsen zu befürchten, die in riesigen Käfigen im Meer gehalten werden. Beim Menschen wird versucht, Erkrankungen oder auch die Folge von Erbkrankheiten durch Gentherapie z. B. mithilfe von Stammzellen zu heilen (rote Gentechnik).

Mit dem Einfügen eines vollständig künstlich hergestellten Genoms in eine Bakterienzelle rückt nun auch die Möglichkeit der Erschaffung „künstlichen Lebens" zunehmend in den Focus bioethischer Fragestellungen.

Gentechnisch veränderte Lebensmittel werden laut Umfragen in Deutschland von der Mehrheit der Verbraucher nicht akzeptiert, obwohl bislang keine schädlichen Wirkungen beschrieben wurden. Seit 2004 herrscht laut EU-Recht eine Kennzeichnungspflicht für gentechnisch veränderte Lebensmittel.

Will man gentechnische Verfahren ethisch beurteilen, kann man vom Utilitätsprinzip (Nützlichkeitsprinzip) ausgehen, dass möglichst vielen Menschen zum größtmöglichen Glück verholfen werden soll. Diesem Nutzen eines gentechnischen Verfahrens ist dann das mögliche Schadensrisiko gegenüberzustellen (vgl. auch die sechs Schritte einer ethischen Beurteilung, S. 22). Bei Anwendung auf den Menschen spielt darüber hinaus das Prinzip der Menschenwürde eine wichtige Rolle. Der Mensch darf nicht willkürlich zum Objekt der Forschung werden.

Neurobiologie

Aufbau und Funktion eines Neurons (ÜA 5, 6, 7, 8)

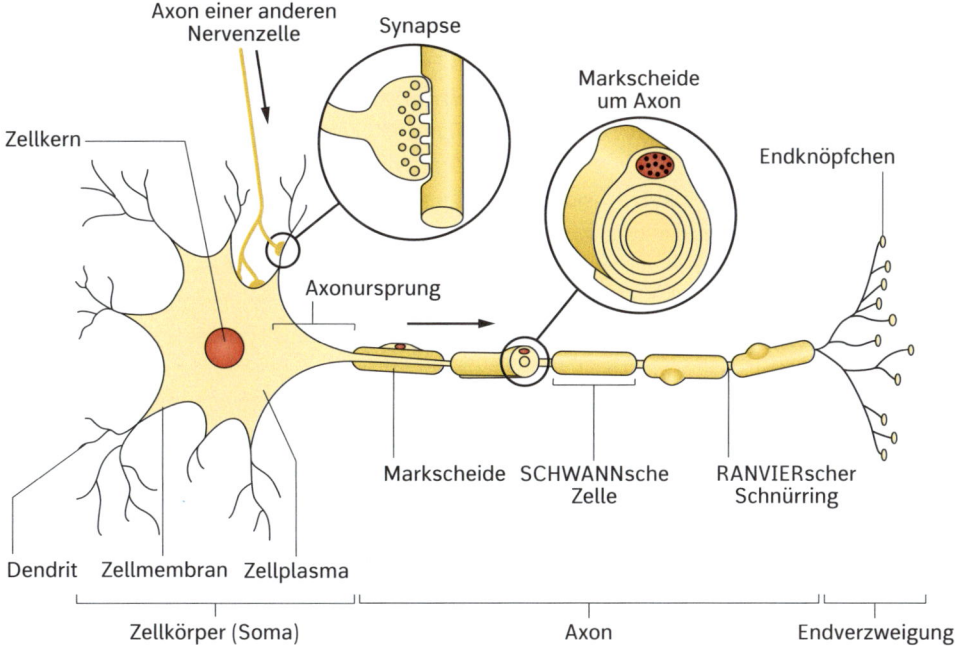

Bau eines Neurons

a. Bauelemente eines Neurons mit ihren Definitionen

Ein Neuron besteht aus **Dendriten**, Zellkörper (**Soma**) und **Axon** (auch als Neurit bezeichnet). Dendriten und Soma leiten die eingehenden Erregungen zum **Axonhügel** (Axonursprung).

Am Axonhügel entstehen Aktionspotenziale, welche die Erregung über das Axon bis in sein verbreitertes Ende, die Endknöpfchen, leiten. Viele Axone von Wirbeltieren enthalten eine **Mark-** bzw. **Myelinscheide**, d. h. eine schützende Hülle aus der Zellmembran von **Gliazellen** (auch **SCHWANNsche Zellen** genannt), die auch Stütz- und Versorgungsfunktionen übernehmen. Diese Hülle wird von den **RANVIERschen Schnürringen** unterbrochen. Nur an diesen Stellen markhaltiger Axone können Aktionspotenziale auftreten.

Die Endknöpfchen enthalten synaptische Vesikel, die mit Neurotransmitter gefüllt sind, mit dem die Erregung auf nachfolgende Zellen übertragen wird. Die Endknöpfchen bilden den vorderen Teil der **Synapse**, einer neuronalen Kontaktstelle. Man unterscheidet Kontaktstellen zwischen zwei Nervenzellen (neuroneuronale Synapse) bzw. zwischen einer Nervenzelle und einer Muskelzelle (neuromuskuläre Synpase) oder zwischen einer Nervenzelle und einer Drüsenzelle (neuroglanduläre Synapse). Zwischen dem Endknöpfchen und der postsynaptischen Zelle befindet sich der sogenannte synaptische Spalt.

b. Degenerative Erscheinungen bei der Alzheimer Krankheit

Bei degenerativen Hirnerkrankungen kommt es zum langsam fortschreitenden Untergang der Neuronen im Hirngewebe. Annähernd 70 % aller Fälle von degenerativen Hirnerkrankungen liegt Morbus Alzheimer zugrunde.

Bei dieser Demenzerkrankung bilden sich **Ablagerungen von Proteinen** vorwiegend in Regionen des Gehirns, die für Gedächtnis und Lernen zentral sind.

(1) Anhäufungen des Tau-Proteins bilden **Neurofibrillen-Bündel**, welche die Neuronen verstopfen und für einen Zusammenbruch des Transportsystems innerhalb des Neurons sorgen.

(2) Die **senilen Plaques** setzen sich aus kurzen Amyloid-ß-Proteinen zusammen und wirken ebenfalls neurotoxisch. Die Bildung dieser Plaques geht mit einer **Störung der Mitochondrien** (Blockade der Atmungskette) in den Neuronen einher.

Im Krankheitsverlauf nimmt daher die Hirnmasse zunehmend ab (Hirnatrophie) und es kommt zu einer **verminderten Produktion des Neurotransmitters Acetylcholin**, was ebenfalls zu einer verminderten Leistungsfähigkeit in den betroffenen Hirnregionen führt. Die Alzheimer-Erkrankung kann derzeit weder gestoppt noch geheilt werden. Nach der Diagnose beträgt die Lebenserwartung der Betroffenen durchschnittlich acht bis zehn Jahre. Zu den vermuteten Risikofaktoren gehören Alter, genetische Disposition, Schädel-Hirn-Trauma, Alkoholkonsum und Ernährung.

Neuronale Informationsverarbeitung und Grundlagen der Wahrnehmung

a. Erregungsentstehung

Die zentrale Aufgabe der Neuronen besteht in der Aufnahme, Weiterleitung und Verarbeitung von Informationen in Form von elektrischen Impulsen. Sie erfolgt durch Veränderungen des **Membranpotenzials**, also der elektrischen Spannung über der Zellmembran.

Eine zentrale Bedeutung bei der Entstehung und Veränderung des Membranpotenzials kommt der unterschiedlichen Konzentration der beteiligten Ionen im Zytoplasma des Neurons (vorwiegend K^+-Ionen und organische Anionen, wenig Na^+-Ionen) und in der extrazellulären Flüssigkeit außerhalb des Neurons (vorwiegend Na^+-, Cl^-- und Ca^{2+}-Ionen, wenig K^+-Ionen) zu.

Diese ungleiche Ionenverteilung wird durch die **Natrium-Kalium-Pumpe** aufrechterhalten. Hierbei handelt es sich um ein aktives Transportsystem, das unter ATP-Verbrauch Ionen gegen das Konzentrationsgefälle durch die Neuronmembran schleust.

Hinzu kommt die selektive Permeabilität der Membran, also ihrer Eigenschaft, nur bestimmte Ionen durchzulassen. Diese beruht auf verschiedenen Typen von Ionenkanälen. Bei einem Ionenkanal handelt es sich um ein integriertes Protein in der Zellmembran, das nur bestimmte Ionen passieren lässt. Das Öffnen eines Ionenkanals kann durch eine Spannungsänderung über der Membran (spannungsgesteuerte Ionenkanäle, z.B. Natriumionen-Kanäle), durch Bindung bestimmter Moleküle (ligandengesteuerte Ionenkanäle) oder durch mechanische Einflüsse (mechanisch gesteuerte Ionenkanäle) ausgelöst werden.

Im Ruhezustand beträgt die Spannungsdifferenz zwischen innerer und äußerer Flüssigkeit bei den meistens Nervenzellen circa –70 mV, wobei das Zellinnere aufgrund der nach außen diffundierende K^+-Ionen negativ geladen ist. Dieser stabile unerregte Zustand eines Neurons wird als **Ruhepotenzial** (RP) bezeichnet.

b. Aktionspotenzial

Durch die Erregung eines voraufgehenden Neurons oder durch Einwirkung eines Reizes verändert sich das Ruhepotenzial, das Neuron wird erregt. Überschreitet die Erregung einen bestimmten Schwellenwert, entsteht am Axonhügel ein **Aktionspotenzial** (AP), eine kurzzeitige, starr ablaufende Abfolge von Spannungsänderungen. Beim Aktionspotenzial öffnen sich mit Überschreiten des Schwellenwertes spannungsgesteuerte Na^+- und K^+-Ionenkanäle in der Axonmembran. Da sich die Na^+-Ionenkanäle sehr schnell öffnen, strömen Natriumionen aus dem Außenmedium ins Zellinnere. Dabei entsteht sogar ein Überschuss an positiver Ladung im Zellinneren. Dieser Vorgang wird als Depolarisation (Veränderung des Membranpotenzials zu Werten, die positiver als das Ruhepotenzial sind) bezeichnet. Die Na^+-Ionenkanäle werden nach 1–2 ms inaktiviert. Nun kommt es durch die langsam öffnenden K^+-Ionenkanäle zu einem erhöhten Ausstrom von K^+-Ionen aus der Zelle zur **Repolarisation**, womit das veränderte Membranpotenzial zum Ruhepotenzial zurückkehrt.

Da die spannungsgesteuerten K^+-Ionenkanäle auch nur langsam schließen, fällt das Membranpotenzial kurzzeitig unter den Wert des Ruhepotenzials. Dieser Vorgang wird als **Hyperpolarisation** bezeichnet.

Innerhalb der **absoluten Refraktärzeit** in den ersten 2 ms nach Ende eines Aktionspotenzials kann kein neues Aktionspotenzial ausgelöst werden, da die Na^+-Ionenkanäle noch inaktiviert sind. Während weiterer 3 ms, in der **relativen Refraktärzeit**, kann nur ein abgeschwächtes Aktionspotenzial ausgelöst werden, da die Natrium-Kalium-Pumpe die ursprüngliche Ionenverteilung noch nicht wiederhergestellt hat.

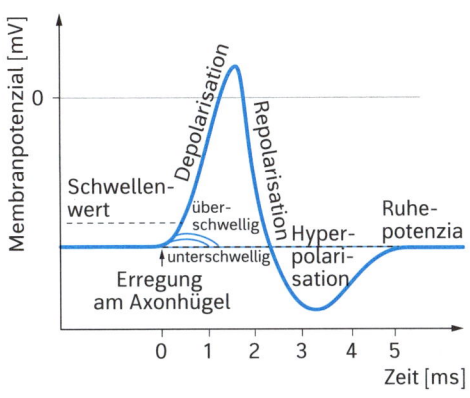

Phasen des Aktionspotenzials

c. Kontinuierliche und saltatorische Erregungsleitung

Die Depolarisation durch einströmende Na^+-Ionen breitet sich während eines Aktionspotenzials unter Abschwächung (Dekrement) auch in benachbarte Membranregionen aus, in denen der Schwellenwert somit überschritten wird. Durch die absolute Refraktärzeit wird gewährleistet, dass das Aktionspotenzial nur in Richtung der Synapsen weitergeleitet werden kann.

In Nervenfasern ohne Myelinscheide erfolgt diese Weiterleitung als kontinuierliche Erregungsleitung, in myelinisierten Nervenfasern als saltatorische Erregungsleitung, wobei Aktionspotenzialen nur an den RANVIERschen Schnürringen gebildet werden.

d. Synapsenvorgänge (ÜA 5, 6)

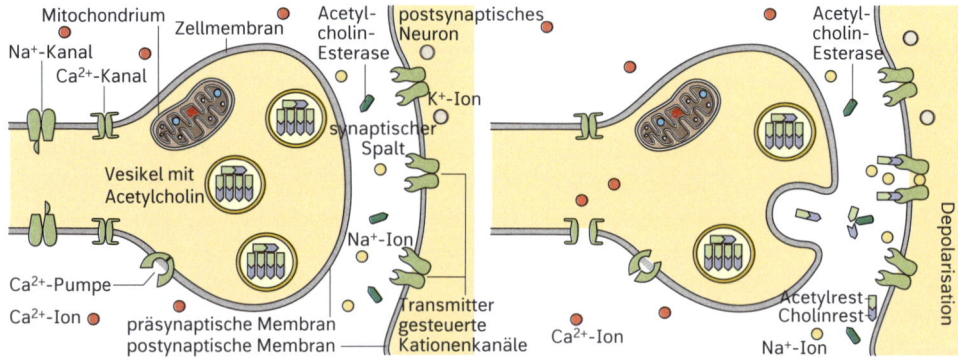

Bau einer Synapse

Ankommende APs bewirken das Verschmelzen der Vesikel mit der Membran

Erreicht ein Aktionspotenzial (AP) das Endknöpfchen, öffnen sich kurzzeitig spannungsabhängige Calciumionen-Kanäle und Calciumionen strömen in das Endknöpfchen.

Das Endknöpfchen enthält **synaptische Vesikel**, kleine, mit Neurotransmitter gefüllte Bläschen, die in den Endknöpfchen von Axonen gebildet werden.

Synaptotagmine registrieren den Calciumeinstrom und SNARE-Proteine steuern die Verschmelzung der synaptischen Vesikel mit der **präsynaptischen Membran**. Die **Neurotransmittermoleküle**, im abgebildeten Fall Acetylcholin, diffundieren durch den **synaptischen Spalt** und besetzen nach dem Schlüssel-Schloss-Prinzip die Rezeptoren ligandengesteuerter Ionenkanäle in der postsynaptischen Membran, woraufhin sich diese Ionenkanäle öffnen.

Öffnen sich wie im abgebildeten Fall Na^+-Ionenkanäle, entsteht ein erregendes postsynaptisches Potenzial (EPSP). Die einströmenden Natriumionen führen zur Depolarisation der postsynaptischen Membran, womit die Wahrscheinlichkeit für die Ausbildung eines Aktionspotenzials in der **postsynaptische Zelle** erhöht wird. Öffnen sich hingegen K^+- oder Cl^--Ionenkanäle, entsteht ein **hemmendes postsynaptisches Potenzial** (IPSP). Die einströmenden Chlorid- bzw. die ausströmenden Kaliumionen führen zur Hyperpolarisation der postsynaptischen Membran, womit die Wahrscheinlichkeit für die Ausbildung eines Aktionspotenzials in der postsynaptische Zeile erschwert wird.

Die Neurotransmittermoleküle besetzen die Rezeptoren jeweils nur für einen kurzen Zeitraum. Lösen sie sich vom Rezeptor, schließen die Ionenkanäle wieder. Die Neurotransmittermoleküle werden im abgebildeten Fall im synaptischen Spalt vom Enzym Acetylcholinesterase in Acetat und Cholin gespalten. Anschließend werden sie aktiv in die Endknöpfchen aufgenommen und recycelt.

e. Synaptische Verschaltung und Verrechnung

Die allermeisten Neurone werden nicht von einer, sondern von einer Vielzahl von Synapsen erregt oder gehemmt. Dabei kommt es am Axonhügel zur Verrechnung aller eingehenden Signale und zum Ausbleiben oder zur Bildung von einem oder – je nach Erregungsstärke – mehreren Aktionspotenzialen.

Jede einzelne mit dem Neuron verbundene Synapse beeinflusst die Bildung von Aktionspotenzialen, wobei für ihren Einfluss entscheidend ist ...

... ob es sich um eine erregende oder hemmende Synapse handelt,

... wie weit die jeweilige Synapse vom Axonhügel entfernt ist (Leitungsverluste),

... ob naheliegende Synapsen nahezu gleichzeitig ein PSP auslösen (**räumliche Summation**),

... ob die jeweilige Synapse mehrere PSPs kurz nacheinander auslöst (**zeitliche Summation**).

Postsynaptische Potenziale können also in vielerlei Abstufungen, d.h. graduiert, vorkommen. Sie stellen neben den Aktionspotenzialen die zweite Form der Erregung im Nervensystem dar und spielen eine zentrale Funktion bei Lernvorgängen und Informationsspeicherung.

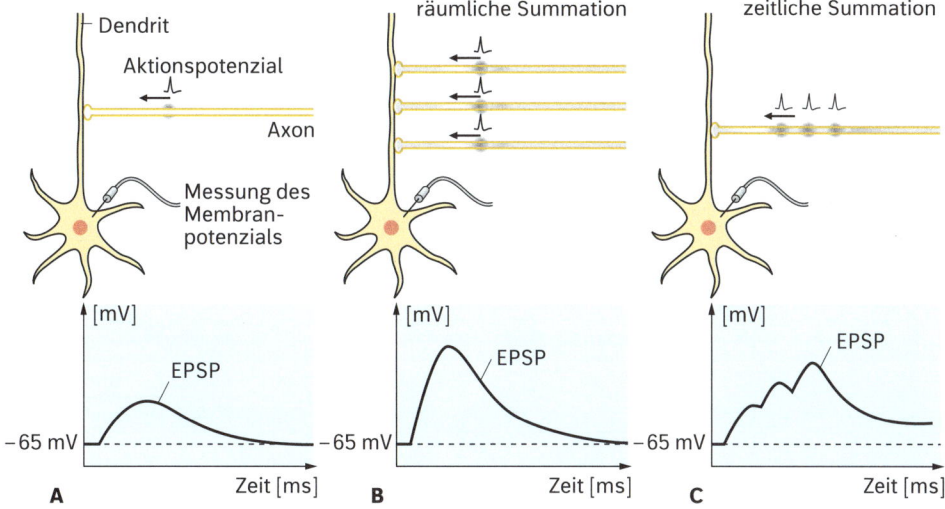

Summation

Ein einzelnes Aktionspotenzial löst ein geringeres EPSP aus (A). Wenn einzelne Aktionspotenziale an verschiedenen Synapsen gleichzeitig eintreffen (B) oder viele Aktionspotenziale rasch nacheinander an derselben Synapse (C), tritt Summation auf. **Anmerkung:** Nicht die Aktionspotenziale werden summiert, sondern deren Wirkungen, d.h. hervorgerufene PSPs.

Leistungen der Netzhaut (ÜA 7)

a. Bau der Netzhaut

Die Netzhaut (Retina) besteht aus mehreren Zellschichten. Da es sich bei ihr um eine Ausstülpung des Vorderhirns handelt, muss das Licht erst mehrere Schichten durchdringen, bevor es auf die Fotorezeptoren trifft. In der Netzhaut finden sich zwei Typen von Sehsinneszellen.

Die circa 130 Millionen **Stäbchen** finden sich vorwiegend in den Randbereichen der Netzhaut. Sie sind besonders lichtempfindlich und vermitteln Hell-Dunkel-Unterschiede (skotopisches Sehen).

Das Farbsehen erfolgt mit den **Zapfen** (fotopisches Sehen). Hier finden sich drei verschiedene Typen mit unterschiedlichen Absorptionsspektren. Die circa 7 Millionen Zapfen kommen vor allem im Zentrum der Netzhaut vor und übernehmend das Sehen bei Tageslicht, in dem die lichtempfindlichen Stäbchen kaum noch sensitiv sind.

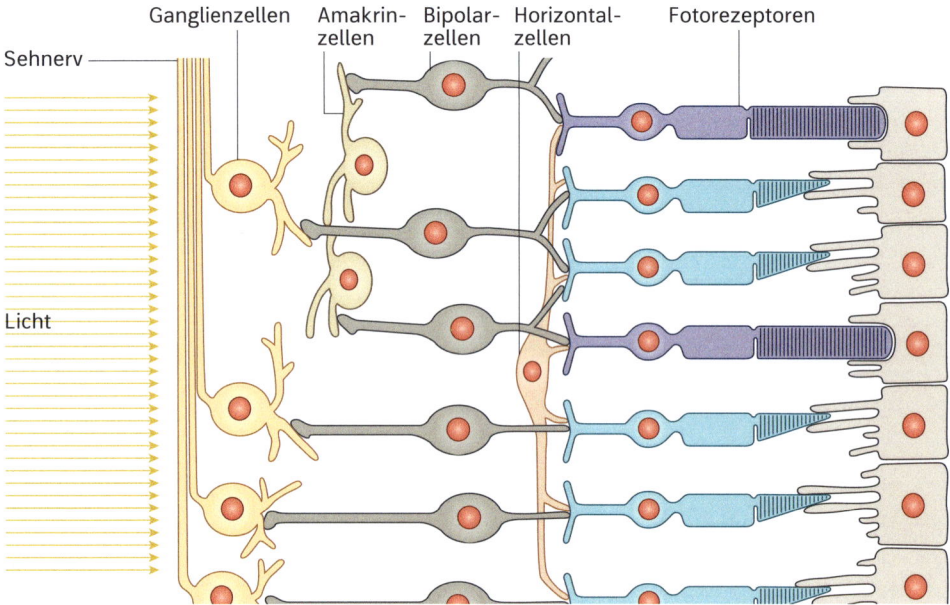

Bau der Netzhaut

b. Kontrastbetonung

Bei der lateralen Inhibition handelt es sich um ein neuronales Verschaltungsprinzip, das im Auge bereits in der Netzhaut zum Tragen kommt, da die Fotorezeptoren (Stäbchen und Zapfen) in der nachgeschalteten Ebene mittels Horizontalzellen verknüpft sind.

Im Rahmen der lateralen Inhibition („seitliche Hemmung") hemmt jeder Fotorezeptor die Erregung der um ihn herum liegenden Fotorezeptoren in dem Maße, in dem er belichtet wird. Ein hohes Maß an Belichtung führt zu einer stärkeren Inhibition als eine schwache Belichtung. Auf diese Weise kommt es an Hell-Dunkel-Übergängen zu einer

Verstärkung der Helligkeitsunterschiede, also bereits in der Netzhaut zu einer Verstärkung von Kontrasten.

c. Hell- und Dunkeladaptation

Unter der Hell-Dunkel-Adaptation versteht man die Anpassung des Auges an unterschiedliche Lichtverhältnisse.

Dunkeladaptation: In der Dunkelheit wird die Pupille weitgestellt, sodass viel Licht in das Auge fallen kann. Bei ungünstigen Lichtverhältnissen wird vom Sehen mit den Zapfen auf das Stäbchensehen umgeschaltet, da die Stäbchen eine größere Lichtempfindlichkeit besitzen als die Zapfen. Daher können Farben bei abnehmender Helligkeit schließlich nicht mehr erkannt werden und das Sehen erfolgt mit den Stäbchen in Graustufungen.

Dabei ist die Empfindlichkeit der Stäbchen für Licht von der Konzentration des fotosensiblen Moleküls Rhodopsin abhängig. In Helligkeit wird viel Rhodopsin für die Signaltransduktion in den Stäbchen benötigt, die Konzentration des Rhodopsins nimmt ab. Verschlechtern sich die Lichtverhältnisse, kommt es zur Regeneration des Rhodopsins und dieses steht wieder in größerer Menge zur Verfügung, sodass das Auge lichtempfindlicher wird. Bis zur maximalen Empfindlichkeit im Dunkeln dauert dieser Vorgang über 30 Minuten.

Helladaptation: Gute Lichtverhältnisse führen hingegen zu einer Engstellung der Pupille. In den Stäbchen zerfällt das angereicherte Rhodopsin in Sekundenbruchteilen (Blendung). Bei ausreichend guten Lichtverhältnissen wird zum Stäbchen- auch das Zapfensehen zugeschaltet. Farbsehen ist nun wieder möglich.

d. Signaltransduktion in den Fotorezeptoren der Netzhaut

Der eigentliche Sehvorgang wird hier am Beispiel der Stäbchen beschrieben. In den Zapfen fungiert statt Rhodopsin je nach Zapfentyp ein unterschiedliches Iodopsin als fotosensibles Molekül.

Die Signaltransduktion von Licht in einen elektrischen Impuls verläuft in den Stäbchen der menschlichen Netzhaut wie folgt. Trifft Licht auf *Rhodopsin*, ein Molekül, das in den Disc-Membranen des Außensegmentes eingelagert ist, ändert sich die Konformation des Rhodopsinmoleküls. Es entsteht *Metarhodopsin*, das kurz darauf spontan in Opsin und Retinal zerfällt. Metarhodopsin aktiviert Transducin-Proteine, die wiederum *Phosphodiesterase* aktivieren. Hierbei handelt es sich um ein Enzym, das cGMP (zyklisches Guanosinmonophosphat) spaltet, das mit Na^+-Ionenkanälen in der Außenmembran des Stäbchens verbunden ist. Als Folge schließen sich die betroffenen Na^+-Ionenkanäle, wodurch das Membranpotenzial im Innensegment des Stäbchens sinkt. Dies hat eine Reduzierung der Ausschüttung des Neurotransmitters Glutamat zur Folge. Da Glutamat die hemmenden Ionenkanäle der Bipolar- und Horizontalzellen nicht mehr aktivieren kann, werden nun an den Ganglienzellen Aktionspotenziale gebildet und in das Sehzentrum des Gehirns geleitet. Rhodopsin wird anschließend aus Retinal und Opsin unter Energieverbrauch recycelt.

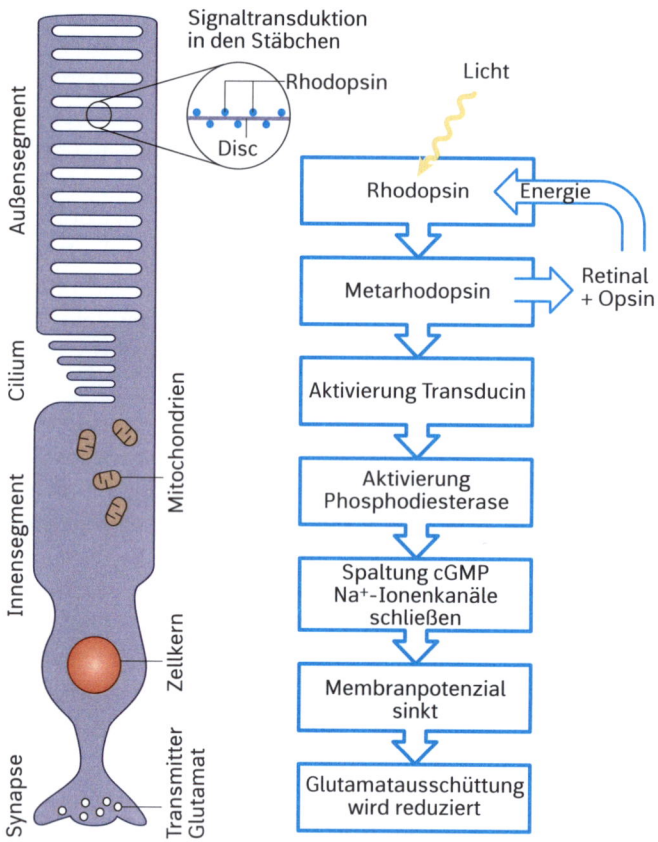

Signaltransduktion in den Stäbchen

Plastizität und Lernen

Unter Lernen versteht die Neurobiologie die Speicherung selektiv und individuell erworbener Informationen aus unserer Umwelt in abrufbarer Form.

a. Lernen

Beim Lernen übertragen die Synapsen nicht nur die Erregungen, sie fungieren auch als Informationsspeicher des Gehirns. Die elektrischen Signale werden aufgrund der Vielzahl an Möglichkeiten synaptischer Verschaltung mit unterschiedlicher Intensität von einem Neuron zum nächsten geleitet. Sie können somit also verstärkt oder abgeschwächt werden. In diesen Prozessen baut das Gehirn häufig genutzte Verbindungen zwischen Neuronen aus und reduziert die Zahl der weniger häufig genutzten. Diese synaptische Plastizität (**synaptische Langzeitpotenzierung** = LTP) bildet die Grundlage für die vielfältigen Lern- und Gedächtnisprozesse, zu denen unser Gehirn in der Lage ist.

b. Langzeitpotenzierung

Unter Langzeitpotenzierung (LTP = Long Term Potentation) fasst man die über Stunden oder Tage andauernden Reaktionen an einer Synapse auf eine vermehrte Bildung von Aktionspotenzialen zusammen.

Langzeitpotenzierung findet häufig an erregenden Synapsen mit dem Neurotransmitter Glutamat statt. In der postsynaptischen Membran finden sich dort AMPA-Rezeptoren, ligandengesteuerte Glutamatrezeptoren, die über einen Natriumionen-Einstrom in die postsynaptische Zelle ein EPSP auslösen. Bei den darüber hinaus vorhandenen NMDA-Rezeptoren handelt es sich ebenfalls um ligandengesteuerte Glutamat-Rezeptoren, die aber durch eingelagerte Magnesiumionen blockiert sind.

Erst die durch eine zeitliche oder räumliche Summation eingehender EPSPs ausgelöste stärkere Depolarisation der postsynaptischen Zelle führt zur Entfernung der Magnesium-Ionen, zur Öffnung der NMDA-Rezeptoren und dem nachfolgenden Einstrom von Calciumionen in die postsynaptische Zelle. Dieser Calciumionen-Einstrom führt z. T. über eine Aktivierung von Enzymen als Auslöser zu den folgend aufgeführten Prozessen der Langzeitpotenzierung, die letztendlich eine Verstärkung der synaptischen Übertragung bewirken:

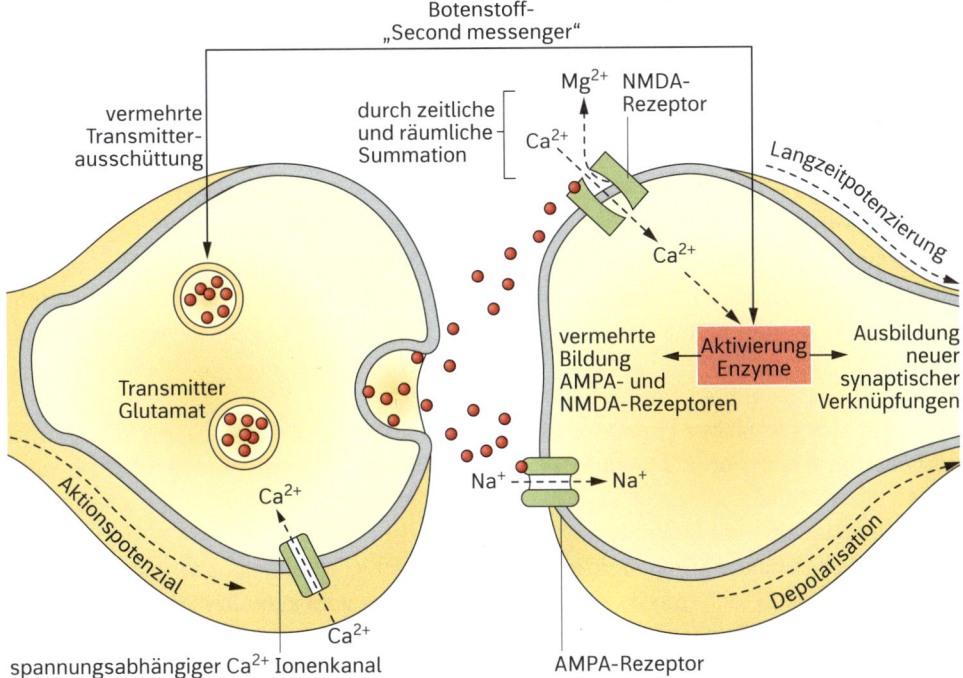

Langzeitpotenzierung an einer erregenden Synapse im Hippocampus (Schema)

- Eine Verstärkung auf postsynaptischer Ebene kann durch eine Leitfähigkeitserhöhung der AMPA-Rezeptoren, die Erhöhung der Empfindlichkeit der NMDA-Rezeptoren und über eine erhöhte Produktion von AMPA- und NMDA-Rezeptoren erreicht werden.

- Eine Verstärkung auf präsynaptischer Ebene ist durch die vermehrte Transmitterausschüttung über „second messenger" wie Stickstoff- und Kohlenstoffmonoxid, Arachidonsäure und PAF möglich.
- Schließlich können über die Aktivierung von Genen zusätzliche synaptische Verbindungen ausgebildet werden.

Analog zu diesen Prozessen werden nicht oder wenig genutzte Verbindungen im Rahmen der Langzeitdepression zurückgebildet und Gelerntes vergessen.

c. Zeitliche und funktionale Gedächtnismodelle nach Markowitsch

Die aktuelle neurowissenschaftliche Forschung nimmt eine zeitliche Unterteilung in **Kurzzeitgedächtnis**, das im Sekunden- bis Minutenbereich angesiedelt ist und 4 bis 7 Informationseinheiten speichern kann, und **Langzeitgedächtnis** vor, dem alle darüber hinausgehenden Speichervorgänge zugeschrieben werden. Beide Gedächtnisformen speisen das Arbeitsgedächtnis, in dem begrenzte Informationsmengen für den direkten Gebrauch zur Verfügung stehen.

Die inhaltliche Unterteilung geht von **expliziten** (bewussten) und **impliziten** (unbewussten) **Gedächtnisprozessen** aus und unterscheidet fünf Langzeitgedächtnissysteme, die auch entwicklungsgeschichtlich aufeinander aufbauen. Das **prozedurale Gedächtnis** speichert motorische Fähigkeiten, die wie z. B. Klavier spielen oder Fahrrad fahren – einmal eingeübt – unbewusst abgerufen werden können.

Beim **Priming** handelt es sich um eine unbewusste Bahnung oder Prägung, die bei nachfolgenden Reizen bestimmte Assoziationen oder Reaktionen hervorruft. So fällt vielen Menschen der Text zu einem Lied bereits ein, wenn sie nur die Melodie hören. Das **perzeptuelle Gedächtnis** ist ebenfalls ein unbewusstes Gedächtnissystem, das zur Kategorisierung von Objekten genutzt wird. Mit ihm können wir z. B. auch ein Blatt eines uns unbekannten Baumes, in jeder Größe und Form sicher als Blatt identifizieren. Zu den bewussten Langzeitgedächtnisformen gehört das Wissenssystem, auch **semantisches Gedächtnis** genannt, in dem Fakten-, Allgemein- und Weltwissen, wie z. B. $2^3 = 8$, kontextfrei gespeichert werden.

Während sich die bisher genannten Gedächtnissysteme auch bei vielen Vögeln und Säugetieren finden, ist das bewusste **episodisch-autobiografische Gedächtnis** eine typisch menschliche Gedächtnisform. Es beinhaltet Erinnerungen an Ereignisse und Erlebnisse der eigenen Biografie.

Dabei zeigen insbesondere neuere neurowissenschaftliche Forschungsergebnisse, dass das menschliche Gedächtnis dynamisch und sehr stark vom aktuellen Zustand der Persönlichkeit (z. B. depressive Phasen oder euphorische Zustände) abhängig ist.

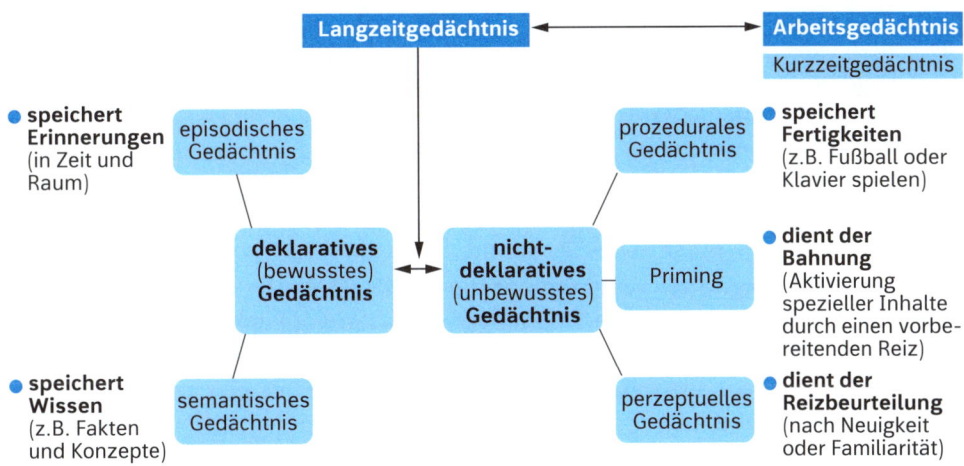

Gedächtnismodell nach MARKOWITSCH

d. Das vegetative Nervensystem

Das vegetative Nervensystem wird vom Hypothalamus gesteuert und versorgt Drüsen, die glatten Muskeln der inneren Organe und das Herz mit Informationen. Es ist der bewussten Beeinflussung weitgehend entzogen und wird daher oftmals auch als autonomes Nervensystem bezeichnet. Das vegetative Nervensystem besteht aus drei Teilstrukturen, den Gegenspielern *Sympathikus* und *Parasympathikus* (siehe Abbildung) sowie dem *enterischen Nervensystem*.

Parasympathikus Acetycholin	Transmitter	Sympathikus Adrenalin und Noradrenalin
Pupillen verengen sich	Auge	Pupillen weiten sich
weiten sich	Blutgefäße	verengen sich
sinkt	Blutdruck	steigt
Frequenz sinkt	Herz	Frequenz steigt
Bronchien verengen sich	Lunge	Bronchien weiten sich
Verdauung wird gefördert	Magen/Darm	Verdauung wird gehemmt
Harnproduktion	Niere	verminderte Harnproduktion
Harnentleerung	Harnblase	Zurückhalten des Harns
Entspannung und Regeneration		**Flucht- bzw. Verteidigungsbereitschaft**

Das enterische Nervensystem (ENS) bildet mit seinen über 100 Millionen Nervenzellen im Magen-Darm-Trakt, vor allem zwischen den Muskelschichten der Darmwand, die größte Ansammlung von Neuronen außerhalb des zentralen Nervensystems (ZNS). Es besteht aus einem komplexen System von erregenden und hemmenden motorischen Neuronen, die mit sensiblen Neuronen und Interneuronen verknüpft sind.

Das enterische Nervensystem reguliert die Umsetzung der Nahrung, steuert die Darmbewegungen und sorgt dafür, dass sich der Darm spätestens alle 72 Stunden regelmäßig leert. Das ENS verleiht dem Verdauungstrakt zwar eine weitgehende funktionelle

Selbstständigkeit, untersteht aber dem Einfluss des vegetativen Nervensystems (siehe Abbildung).

Erkrankungen im Magen-Darm-Trakt sind häufig mit Stress und Alltagsproblemen assoziiert und äußern sich in Durchfall oder Verstopfung, Bauchschmerzen oder Blähungen.

Methoden der Neurobiologie

a. Funktionelle Magnetresonanztomografie (fMRT; ÜA 8)

Um Gehirnbereichen z. B. bei der Informationsspeicherung Funktionen zuordnen zu können, setzt die Hirnforschung in den letzten Jahren verstärkt die **fMRT** ein. Die **funktionelle Magnetresonanztomografie** misst mittels des „BOLD-Effektes" den Sauerstoffgehalt im Gewebe.

Sind Neuronen im Gehirn aktiv, benötigen sie mehr Sauerstoff als die nicht aktiven Neuronen im Nachbargewebe. In diesem Fall weiten sich die Blutgefäße, sodass verstärkt sauerstoffreiches Blut in die aktive Region fließen kann. Dieser Unterschied im Sauerstoffgehalt zu den Nachbarregionen ist mittels fMRT messbar. Das Niveau der Aktivierung wird auf den entstehenden Bildern in einer abgestuften Farbskala dargestellt. Untersuchen oder überprüfen Forscher ein Hirnareal auf seine Funktion, reizen sie es gezielt durch motorische, optische, akustische oder elektrische Reize von außen und messen gleichzeitig im fMRT den Aktivierungsgrad der betroffenen Region.

b. Positronen-Emissions-Tomografie (PET)

Eine weitere Methode, um die Aktivität von Geweben bildgebend darzustellen, ist die **Positronen-Emissions-Tomografie** (PET). Zu Beginn der Untersuchung wird dem Patienten ein radioaktiver Stoff injiziert, der im Aufbau z. B. der Glucose ähnelt. Da besonders aktive Gewebe einen erhöhten Bedarf an Glucose aufweisen, sammeln sich dort die radioaktiven Abbauprodukte vermehrt an. Die Darstellung der radioaktiven Zerfallsprozesse liefert dann ein Bild der Aktivität der verschiedenen Gewebe in den untersuchten Regionen.

Die Positronen-Emissions-Tomografie wird daher zur Diagnose von Krebserkrankungen (Tumorzellen haben einen besonders hohen Stoffwechsel) und Demenzerkrankungen genutzt, bei denen Gehirngewebe sich durch eine unterdurchschnittliche Stoffwechselrate auszeichnen.

c. Patch-Clamp-Technik

Um die Ionenströme über einen eng begrenzten Membranbereich bzw. im Idealfall in einem einzigen Ionenkanal darstellen zu können, bedient sich die Neurobiologie der Patch-Clamp-Technik.

Hierbei wird eine extrem feine Pipette bis auf die Membran vorgeschoben, ohne dass diese durchstochen wird. Nun können die Ionenströme in dem von der Pipettenöffnung umschlossenen Membranbereich mittels zweier Elektroden (innerhalb der Zelle und innerhalb der Pipette) gemessen werden.

Ökologie

Umweltfaktoren und ökologische Potenz (ÜA 9)

a. Toleranzbereich und ökologische Potenz

Einen Lebensraum, der durch charakteristische Umweltfaktoren gekennzeichnet ist, bezeichnet man als Biotop, die in ihm vorkommende Lebensgemeinschaft von Organismen als Biozönose. Biotop und Biozönose bilden zusammen ein Ökosystem. Die Gesamtheit aller Ökosysteme auf der Erde ist die Biosphäre. Die Lebewesen eines Ökosystems sind abhängig von biotischen (belebten, z. B. Nahrung, Konkurrenten, Krankheitserreger usw.) und abiotischen Umweltfaktoren (unbelebten, z. B. Temperatur, Wasser, Licht, pH-Wert usw.).

Werden Umweltfaktoren variiert und die Lebensaktivität der Organismen gemessen, erhält man eine Toleranzkurve. Diese ist für ein bestimmtes Lebewesen hinsichtlich eines bestimmten Umweltfaktors charakteristisch.

Erträgt eine Art größere Schwankungen eines Umweltfaktors, ist sie hinsichtlich dieses Faktors euryök. Erträgt sie nur geringe Schwankungen, ist sie stenök. Innerhalb des Toleranzbereichs nennt man den Bereich, in dem ein Organismus gedeiht, also auch Nachkommen hat, ökologische Potenz. Den Bereich, den ein Lebewesen ohne den Einfluss von Konkurrenten auswählt, nennt man Vorzugsbereich oder Präferendum. Hier liegt das physiologische Optimum der Art. Im Pessimum kann ein Lebewesen nur überdauern. Hat man die ökologische Potenz und das Präferendum einer Pflanze unter Laborbedingungen bestimmt, trifft man sie in der Natur häufig nicht dort an, wo man sie aufgrund ihres Vorzugsbereichs vermutet. An ihrem natürlichen Standort steht sie mit anderen Pflanzen in Konkurrenz. So findet man die

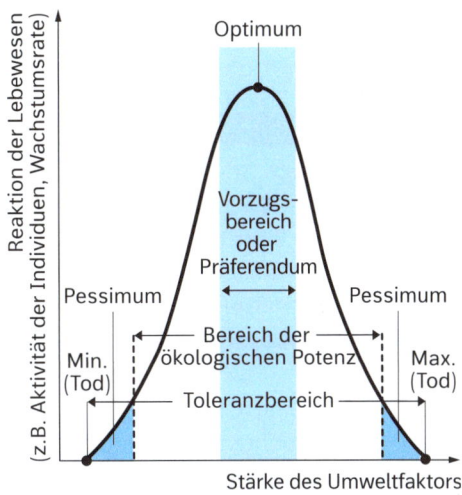

Reaktionen der Lebewesen auf einen Umweltfaktor: Toleranzbereich mit ökologischer Potenz und Vorzugsbereich.

Kiefer häufig an trockenen oder auch nassen Stellen, d. h. an ihrem ökologischen Optimum, obwohl sie mittelfeuchten Untergrund bevorzugen würde. Den machen ihr aber andere Bäume streitig. Lebewesen sind nicht nur von einem Umweltfaktor abhängig, sondern von vielen, die sich in ihrer Wirkung sogar noch gegenseitig beeinflussen können. Die Gesamtheit der Ansprüche einer Art an ihre Umwelt wird ökologische Nische genannt.

b. Angepasstheit an Temperatur und Feuchtigkeit bei Tieren

Hinsichtlich der **Temperatur** unterscheiden sich die Toleranzkurven wechselwarmer (poikilothermer) Tiere, d.h. alle außer den Vögeln und Säugern, von denen gleichwarmer (homoiothermer) Tiere, also Vögeln und Säugern.

Für die homoiothermen Tiere gilt die Bergmannsche Regel: Individuen einer Art oder nahe verwandter Arten sind in kalten Gebieten größer als in warmen. Große kompakte Tiere mit einer im Verhältnis zu ihrem Volumen kleinen Wärme abgebenden Oberfläche verlieren relativ weniger Wärme als kleine Tiere.

Physikalischer Hintergrund: Die Oberfläche nimmt mit zunehmender Körpergröße in der zweiten (a^2), das Volumen in der dritten Potenz (a^3) zu.

Temperatur-Toleranzkurven von poikilothermen und homoiothermen Tieren

---

TIPP Ausnahmen

Es gibt aber auch Ausnahmen von der BERGMANNschen Regel, wenn z. B. verwandte Fledermausarten im gleichen Habitat vorkommen und sich aufgrund der Größe ihrer Nahrung in ihrer Körpergröße unterscheiden (Kontrastbetonung). Wichtig dabei ist auch die Unterscheidung zwischen gleichwarm und wechselwarm (poikilotherm). Die größeren wechselwarmen Tiere findet man eher in warmen als in kalten Regionen.

Eine zweite ökologische Regel, die auch nur für gleichwarme Tiere gilt, ist die ALLENsche Regel: Bei verwandten Arten sind Körperanhänge (z. B. Ohren oder Schwänze) in kalten Gebieten kleiner als in warmen. Die Wärme abgebende Oberfläche von Körperanhängen ist recht groß.

Die Elefanten nutzen diesen Umstand, wenn sie in der Hitze mit ihren Ohren wedeln und sich so Kühlung verschaffen.

Auf jahreszeitlich absinkende Temperaturen reagieren viele Säuger mit der periodischen Ausbildung von Fettschichten oder einem Winterfell. Darüber hinaus halten einige Winterschlaf (starke Absenkung der Körpertemperatur weit unter die Norm) oder auch Winterruhe (leichte Absenkung der Körpertemperatur, viele Aufwachphasen begleitet von Nahrungsaufnahme).

An die extreme Trockenheit in Wüstenregionen sind z. B. bestimmte Käferarten, aber auch einige Säugetiere dadurch angepasst, dass über 90 % ihres Wasserbedarfs über die Zellatmung gedeckt wird. Auch ist ihr Harn hochkonzentriert und der Kot sehr trocken (z. B. Kängururatte und Oryxantilope). Zudem geben diese Tiere kaum Schweiß ab.

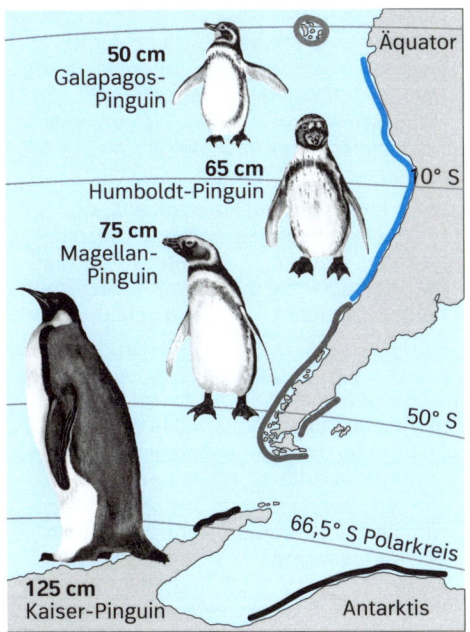

Körpergröße von verwandten Pinguinarten unterschiedlicher geografischer Breiten (BERGMANNsche Regel)

Größe der Ohren bei nahe verwandten Füchsen in unterschiedlichen Klimazonen (ALLENsche Regel)

c. Angepasstheit an Feuchtigkeit und Temperatur bei Pflanzen (ÜA 9)

Pflanzen zeigen deutliche Angepasstheiten an die Wasserführung des Standortes. Ziel dieser Angepasstheiten ist bei den Xerophyten, die an trockenen Standorten wachsen, die Herabsetzung der Transpiration über die Oberfläche (cuticulär) und über die Spaltöffnungen (stomatär). Für Hygrophyten an sehr feuchten Standorten ist es vorteilhaft, die Transpiration heraufzusetzen, sodass mithilfe des Transpirationssogs Nährsalze aus dem Boden aufgenommen werden können. Mesophyten mittelfeuchter Standorte zeigen dagegen keine besonderen Anpassungserscheinungen. Im Wasser untergetaucht lebende Hydrophyten können nicht transpirieren. Sie nehmen die Nährsalze mit dem Wasser direkt über die Blätter auf.

Pflanzen sind an die Klimazonen der Erde in ganz unterschiedlicher Weise angepasst. Temperaturen unter 0 °C werden von frostresistenten Arten häufig dadurch überdauert, dass die Zellsaftkonzentration erhöht und somit der Gefrierpunkt erniedrigt wird. Auf jahreszeitlich bedingte Temperaturabsenkungen reagieren Pflanzen z. B. mit Blattabwurf, Bildung frostresistenter Knospen und von Überwinterungsorganen im oder am Boden (z. B. Erdsprosse, Knollen, Zwiebeln). Einjährige Pflanzen überwintern als trockene Samen.

Pflanzentyp	Epidermis	Spaltöffnung	Blattdicke	Sondermerkmale
Hygrophyten z. B. *Ruellia*	dünnwandige, einschichtige Epidermis mit dünner Cuticula	empor-gehoben	große, dünne Blätter; gewellte Blattober-fläche mit lebenden Haaren; einschich-tiges Palisadenge-webe	welkt bei Was-sermangel; große Atemhöhle; kleines Wurzel-werk
Xerophyten z. B. Oleander, Krähenbeere	dicke Cuticula; mehrschichtige Epidermis, mit einem Haarfilz bedeckt	je mm² zahl-reicher als bei Hygrophyten, oft einge-senkt und mit toten Haaren bedeckt	dicke kleine Blätter; reich an Festigungs-gewebe; Palisadengewebe und Epidermis mehr-schichtig	stark ausge-prägtes Wurzel-werk; kleine Blät-ter, z. T. eingerollt und gefaltet
Sukkulenten als Sonder-form der Xerophyten	kleine, mehr-schichtige Zellen	nach innen gewölbt	dick und fleischig, mehrschichtige Epidermis, transpi-rierende Oberflä-che reduziert (z. B. wenige/keine Blätter); Wasserspeicherge-webe	Wasseraufnah-me in großen Mengen in kurzer Zeit möglich, Stammsukku-lenten (Kakteen, Euphorbien) und Blattsukkulenten (Agaven, Aloe, Mauerpfeffer)
Tropophyten Sonderform der Mesophyten	relativ dicke Cuticula, großzellige Epi-dermis, meist einschichtig	weder nach innen noch nach außen gestülpt	einschichtiges Palisadengewebe, lockeres Schwamm-gewebe	periodischer Blattabwurf, Überdauern der Frosttrocknis mit Zwiebeln, Knollen, Wurzelsprossen
Hydrophyten	fast keine Cuti-cula, dünne Zellwand	keine Spalt-öffnungen	weder Palisaden-noch Schwammge-webe	mit Luft gefüllte Hohlräume geben den Blättern Auftrieb

Dynamik von Populationen (ÜA 11)

a. LOTKA-VOLTERRA-Regeln

Zwischen Räuber und Beute (z. B. Luchse und Schneeschuhhasen in Nordamerika) oder zwischen Pflanzen und Pflanzenfressern (z. B. Tundravegetation und Lemminge) beste-hen wechselseitige Beziehungen.

Für diese Beziehungen entwickelten LOTKA und VOLTERRRA in den zwanziger Jahren ein mathematisches Modell, das sich heute in den drei LOTKA-VOLTERRA-Regeln wie-derfindet:

1. Die Individuenzahlen von Räuber und Beute schwanken periodisch. Die Maxima für die Räuber folgen phasenverschoben denen für die Beute.
2. Langfristig bleiben die Mittelwerte beider Populationen konstant.
3. Eine Ursache, die Räuber und Beute gleichermaßen dezimiert, vergrößert die Beu-tepopulation und vermindert die des Räubers.

Abweichungen: In der Natur folgen die tatsächlich erhobenen Daten in einer Räuber-Beute-Beziehungen nicht immer exakt diesen Regeln. Oft liegt es daran, dass Räuber und Beute in ein komplexes Nahrungsnetz eingebunden sind. Zudem geht die Regulation in der Räuber-Beute-Beziehung oft gar nicht vom Räuber (Top-down-Kontrolle), sondern von der Beute aus (Bottom-up-Kontrolle). Die Abweichungen von den modellhaften Beschreibungen können daher vielfältig sein. In den Abiturklausuren sind daher Aufgaben zu erwarten, in denen es um die Überprüfung der Anwendbarkeit der Regeln auf Basis konkreter Untersuchungsdaten geht.

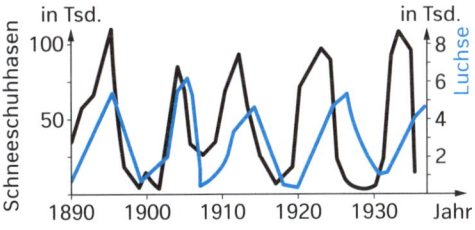

Fellverkäufe an die Hudson Bay Company in Nordamerika

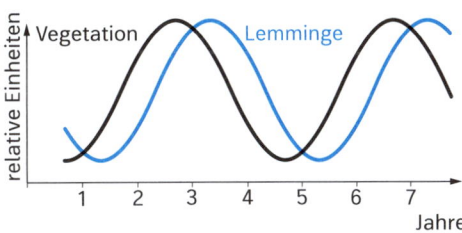

Dichteschwankungen von Lemmingpopulation und Vegetation

b. Parasitismus und Symbiose

Unter Parasitismus wird eine Wechselbeziehung zwischen zwei verschiedenen Organismen verstanden, in der ein Parasit auf Kosten des Wirts lebt (Ähnlichkeiten mit der Räuber-Beute-Beziehung).

In einer Symbiose geschieht die Beziehung zu wechselseitigem Nutzen. Hierbei wird der Partner i. d. R. nicht beschädigt, oft herrscht aber auch nur ein Kampfgleichgewicht (z. B. bei Formen der Mykorrhiza).

Mögliche Aufgabenstellung: **Beschreiben** Sie aufgrund der Abbildung die Eigenschaften einer Schaflausfliege, die diese als Parasiten kennzeichnet.

Vorgegebener Text zur Abbildung: „Schaflausfliegen leben im Fell von Schafen. Diesen saugen sie Blut durch die Haut ab. Sie ähneln eher Läusen als Fliegen. Zur Ausbreitung der Tiere gibt der enge Kontakt der Schafe in der Herde reichlich Gelegenheit."

Lösung: Schaflausfliegen besitzen lange, mit Haken versehene Beine, mit denen sie sich gut im Fell der Wirte festhalten können. Vorne am Kopf besitzen sie ein Saugorgan. Ihre Flügel sind verkümmert und ihr Körper ist abgeflacht, sodass sie sich gut im Haarkleid der Schafe vorwärts bewegen können.

c. Konkurrenz und Koexistenz, ökologische Nische

Die Gesamtheit aller Umweltfaktoren, die ein Lebewesen für seine Existenz benötigt, wird als dessen ökologische Nische bezeichnet. Leben Organismen gemeinsam in einem Biotop, ist ihre Konkurrenz um Nahrung, Licht, Feuchtigkeit usw. umso stärker, je ähnlicher ihre ökologischen Nischen, d.h. ihre gemeinsamen Ansprüche an die Umwelt sind. Bei identischen Ansprüchen setzt sich immer eine Art gegenüber einer anderen durch, dauerhaft können zwei verschiedene Arten mit identischen ökologischen Nischen nicht koexistieren (Konkurrenzausschlussprinzip).

Unter Laborbedingungen lassen sich die Pantoffeltierchen *Paramecium aurelia* und *P. caudatum* in getrennten Gefäßen gut kultivieren. Beide Arten werden mit Bakterien gefüttert. Gibt man sie allerdings zusammen in eine Mischkultur, erweist sich *P. aurelia* als konkurrenzüberlegen und *P. caudatum* stirbt aus, weil es die Nahrung schlechter nutzen kann. *P. aurelia* und *P. bursaria* lassen sich dagegen gemeinsam in einer Mischkultur über lange Zeit halten, weil *aurelia* sich von den Bakterien an der Wasseroberfläche ernährt und *bursaria* die nach unten sinkenden Bakterien frisst. Zusätzlich verfügt *bursaria* noch über endosymbiontische Grünalgen. Beide Pantoffeltierchen koexistieren folglich aufgrund von Konkurrenzvermeidung, d.h. ihre ökologischen Nischen unterscheiden sich etwas voneinander. So können in der Natur z.B. Sturmmöwenarten dadurch koexistieren, dass sie dieselben Nistplätze zu unterschiedlichen Zeiten nutzen. Wald- und Sumpfohreule können nebeneinander Moore besiedeln, weil die Sumpfohreule am Tage und in der Abenddämmerung, die Waldohreule dagegen ausschließlich nachts Beute jagt. Konkurrenz vermeiden Weibchen und Männchen vieler Greifvögel dadurch, dass die Weibchen erheblich größer sind als ihre Männchen und daher im selben Revier die größere Beute jagen.

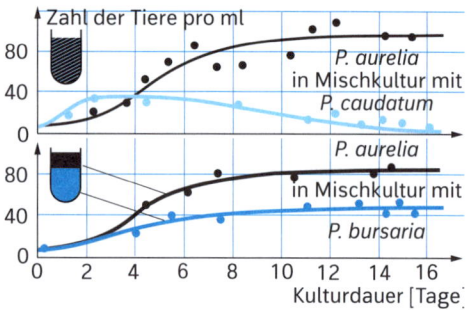

Pantoffeltierchen-Arten in Mischkultur

In den gleichen Biotopen wurden auf unterschiedlichen Kontinenten oder in abgegrenzten Gebieten wie Wüsten oder auf Inseln von unterschiedlichen Arten gleiche ökologische Nischen ausgebildet, z.B. erbeuten der Maulwurf in Europa, der Goldmull in Afrika, der Beutelmull in Australien und die Taschenratte in Nordamerika in unterirdischen Gängen u.a. Insektenlarven und Würmer. Grabehände, walzenförmiger Körper und verkümmerte Augen sind als Angepasstheiten an diese Lebensweise bei ihnen in gleicher Weise entwickelt, obwohl sie nicht näher miteinander verwandt sind. Die (konvergente) Entwicklung gleicher ökologischer Nischen bei nicht verwandten Arten bezeichnet man als Konvergenz. Beispiele dafür sind die Kolibris Südamerikas, die die gleiche ökologische Nische besetzen wie die Nektarvögel Afrikas und die Honigfresser Australiens. Die Kakteen Amerikas zeigen die gleiche Stammsukkulenz wie einige Wolfsmilchgewächse Afrikas.

Mögliche Aufgabenstellung: **Beschreiben** und **erklären** Sie die Art des Wachstums der Hefekultur.

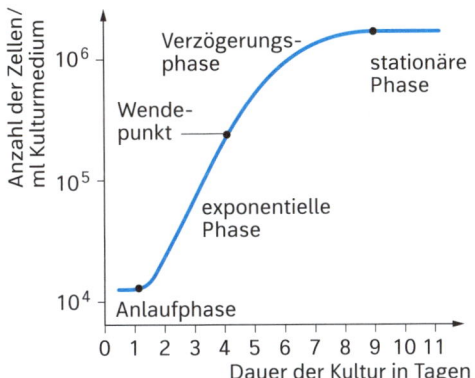

Wachstum einer Hefekultur in einer Nähr-lösung (Temperatur 22 °C)

Beschreibung: In einem Kurvendiagramm ist das Wachstum einer Hefekultur in einer Nährsalzlösung bei einer Temperatur von 22 °C über eine Dauer von elf Tagen dargestellt. Auf der Abszisse sind die Tage abgetragen, auf der Ordinate die Anzahl der Hefezellen pro ml Kulturmedium in einem logarithmischen Maßstab. Die Punkte auf der Kurve grenzen die Phasen des Wachstums voneinander ab. Am 1. Tag befinden sich in der Anlaufphase etwas über 10 000 Hefezellen in einem Milliliter des Kulturmediums. Diese vermehren sich in den nächsten drei Tagen exponentiell auf über 100 000 Zellen pro ml. Das geschieht in der exponentiellen Phase. Vom 4. Tag an verzögert sich das Wachstum der Kultur in der sogenannten Verzögerungsphase. Die Anzahl der Zellen bleibt vom 9. Tag an konstant bei über 106 Zellen pro ml Kulturmedium. Somit ist die stationäre Phase erreicht.

Erklärung: Hefezellen vermehren sich durch Teilung exponentiell. Aus einer Zelle werden so 2, daraus 4, dann 8, 16, 32 und so fort. Dies geschieht, solange die Umweltfaktoren nahezu optimal sind, also im Vorzugsbereich (Präferendum) der Art liegen. Das ist hier gegeben. Die Temperatur als abiotischer Umweltfaktor liegt konstant bei 22 °C und das Kulturmedium enthält genügend Nährstoffe, von denen sich die Hefezellen ernähren können. Allerdings verzögert sich das Wachstum nach dem 4. Tag. Das bedeutet, dass in der Kultur nicht mehr nur neue Zellen entstehen, es sterben auch einige ab. Die Kapazität des Lebensraums ist offensichtlich begrenzt, d.h. für die Gesamtheit aller Zellen steht nun nicht mehr unbegrenzt Raum und Nahrung, evtl. auch Sauerstoff zur Verfügung. Stoffwechselendprodukte grenzen das Wachstum ein. Das Wachstum stagniert in der stationären Phase: Es sterben ebenso viele Hefezellen wie neue entstehen. Hier endet die in der Grafik festgehaltene Beobachtung. Es handelt sich also um ein begrenztes Wachstum einer Hefekultur in einem Nährmedium. Allerdings ist zu vermuten, dass nach weiteren Tagen mehr Zellen absterben als neue gebildet werden, wenn keine weiteren Nährstoffe der Hefekultur zugefügt werden. Damit folgt auf die stationäre Phase die Absterbephase.

METHODISCHE HINWEISE:

UMGANG MIT ABBILDUNGEN (AUFGABE S. 53)

Zu den typischen Materialien in biologischen Aufgabenstellungen gehören Abbildungen. Sie bieten die Möglichkeit, Einzelmerkmale zu benennen, zu beschreiben oder zu analysieren.

Sieht der Arbeitsauftrag vor, Bilder zur Lösung einer Aufgabe hinzuzuziehen, erwähnen Sie zunächst **formale Aspekte**, die Sie der Quellenangabe oder der Legende entnehmen können:

- Wie ist die Abbildung entstanden? Handelt es sich z. B. um eine Grafik oder ein normales Foto, das mit einer Kamera gemacht wurde, um eine Infrarot- bzw. Röntgenfotografie, Ultraschallfotografie, Kurzzeit- oder Langzeitfotografie, um eine Satellitenaufnahme oder eine licht- oder elektronenmikroskopische Aufnahme? Abbildungen können ebenfalls Ergebnis einer Magnetresonanztomografie oder einer Positronen-Emissions-Tomografie sein. Es gibt noch weitere Möglichkeiten.
- Benennen Sie die Bilderzeugungstechnik. Diese ist häufig für die Interpretation der Abbildung wichtig. Handelt es sich z. B. um eine schwarz-weiße oder eine farbige Fotografie?

PUNKTESAMMELTIPP

Extrapunkte können Sie dadurch erreichen, dass sie kurz auf die Herstellungstechnik des entsprechenden Fotos eingehen. Beispielsweise können Sie bei elektronenmikroskopischen Abbildungen darauf eingehen, dass mit dem Elektronenmikroskop nur Schwarzweißbilder erzeugt werden können und die erkennbaren Strukturen nur indirekt die Membranen darstellen, die z. B. durch Bedampfung mit Schwermetallionen sichtbar gemacht wurden. Dabei ist es allerdings wichtig, dass Sie solche Aspekte nur kurz, z. B. in Stichworten, andeuten. Längere Ausführungen sind hier unerwünscht.

Machen Sie dann **allgemeine Aussagen zu den Inhalten der Abbildung**:

- Handelt es sich zum Beispiel um eine mikroskopische Struktur in einer Zelle, um eine Vergrößerung eines Insektenorgans oder ein Satellitenbild bei Nacht?
- Benennen Sie den Ausschnitt und die Größenverhältnisse der Ihnen vorliegenden fotografischen Abbildung.

Jetzt erst ermitteln Sie die **zentrale(n) Aussage(n)** der Abbildung. Interpretieren Sie diese in Beziehung zur Aufgabenstellung und vor dem Hintergrund Ihrer Fachkenntnisse und Fachbegriffe. Ordnen Sie die Aussage der fotografischen Abbildung in den Kontext aller weiteren Materialien ein und bewerten Sie die Aussagekraft der fotografischen Abbildung hinsichtlich ihres Lösungsbeitrags.

UMGANG MIT DIAGRAMMEN

Diagramme halten in komprimierter und übersichtlicher Form Daten aus Untersuchungen, Experimenten, Naturbeobachtungen usw. fest.

TIPP

Hilfreich ist es zunächst, den Bezug des Diagramms zur Aufgabe zu erfassen. Ist die Legende nicht aussagekräftig genug, findet man häufig im Aufgabentext einen Abbildungshinweis, der am Ende eines Satzes oder Abschnitts steht und Aufschluss gibt über den Zusammenhang der Grafik mit der Aufgabe.

Erfassen der Inhalte

- Mit welchen Größen sind die x-Achse und die y-Achse bezeichnet?
- Was sagt ein Punkt, ein Linienabschnitt oder ein Balken in dem Diagramm aus?
- Welche Besonderheiten, die Sie evtl. zunächst nicht erklären können, fallen Ihnen auf?
- Sind zusätzliche Interpretationshilfen wie z.B. Pfeile, Hervorhebungen, Beschriftungen enthalten?

Beschreiben eines Diagramms

In der Regel wird in der Aufgabenstellung die Beschreibung (s. Kap. 2, Operator beschreiben) gefordert. Aber auch wenn nur eine Erklärung gefordert wird, empfiehlt es sich, zunächst das Diagramm in der Reihenfolge zu beschreiben, wie man es erfasst hat.

- In einem einleitenden Satz geben Sie Auskunft über die Grundaussage der grafischen Darstellung, und falls angegeben, auch über Quelle und Entstehungsdatum/-zeitraum.
- Nennen Sie den Diagrammtyp (z.B. Säulendiagramm, Balkendiagramm, Kreisdiagramm, Kurvendiagramm).
- Geben Sie die Größenbezeichnungen auf den Achsen mit Skalierung (evtl. logarithmisch?) an.

PUNKTESAMMELTIPP

Verwenden Sie nicht nur die Begriffe Maßeinheit, x-Achse und y-Achse, sondern variieren Sie mit Abszisse (x-Achse), Ordinate (y-Achse) und Parameter.

- Geben Sie die Inhalte des Diagramms wieder, auch dann, wenn diese Informationen an anderer Stelle (z.B. in der Aufgabenstellung) schon erwähnt sind. Beschreiben Sie bei einem Liniendiagramm den Verlauf der Kurve mit Angaben zu Beginn, Ende, Steigung, Extremwerten (Maxima, Minima, Nullstellen) sowie Regelmäßigkeiten (periodische Schwankungen). Wenn Sie sich auf spezielle Punkte oder Bereiche einer Kurve beziehen, geben Sie bei Ihrer Beschreibung die Koordinaten an.

Schreiben Sie nicht „Von 2004 bis 2008 steigt die Kurve von 1000 auf 1500 und hat 2009 ein Maximum von 1700" sondern „In den Jahren 2004 bis 2008 nimmt die Population der Mäuse um 500 Individuen zu. Ihre maximale Größe hat sie im Jahre 2009 mit 1700 Individuen erreicht."

- Wenn möglich, geben Sie Kurven oder Kurvenabschnitten einen Namen (z. B. Wachstumskurve, Häufigkeitsverteilungskurve, Sättigungskurve, Optimumskurve, linearer Bereich, exponentieller Anstieg, Maximum). Einige Kurven kann man in spezielle Phasen einteilen, wie beispielsweise Wachstumskurven: Anlaufphase, exponentielle Wachstumsphase, Verzögerungsphase, stationäre Phase, evtl. Absterbephase.

Interpretation eines Diagramms

Nachdem Sie in der Beschreibung gezeigt haben, dass Sie Aussagen des Diagramms erfasst haben, stellen Sie nun eine Beziehung zum Kontext der Aufgabe her. Erklären Sie die von Ihnen beschriebenen Teilaspekte/Kurvenabschnitte möglichst vollständig.
- Lassen sich die Aussagen des Diagramms in Beziehung setzen zur Aufgabenstellung? Lassen sie sich für die Beantwortung von Teilaufgaben heranziehen?
- Lassen sich die Aussagen des Diagramms zur Bestätigung eines beschriebenen Phänomens oder einer aufgestellten Hypothese heranziehen oder widerlegen sie diese?
- Werden neue Fragen durch die Informationen des Diagramms aufgeworfen?
- Was sind mögliche Ursachen für die aus dem Verlauf der Kurve abgeleiteten Sachverhalte?

Können Sie bestimmte Auffälligkeiten im Diagramm nicht erklären, erwähnen Sie diese trotzdem und stellen Sie dazu Vermutungen an, die Sie vielleicht sogar (mit weiteren Materialien oder Ihrem Vorwissen) begründen können. Oder stellen Sie sich dazu Fragen, z. B.: „Diesen Sachverhalt kann ich mir (z. B. mit dem Konkurrenzausschlussprinzip) nicht erklären. Dafür muss es eine andere Erklärung geben."
Nutzen Sie für die Erklärung des Diagramms und dessen Bedeutung für die Aufgabenstellung unbedingt Fachbegriffe, Modellvorstellungen etc. Wenden Sie dabei die Fachausdrücke an, indem Sie diese im Kontext definieren.

Vergleich von Diagrammen

Häufig müssen Sie mehrere Diagramme bzw. Kurvenverläufe in einem Diagramm miteinander in Beziehung setzen, also z. B. vergleichen oder zuordnen. Suchen Sie bei dem Vergleich von Diagrammen sowohl nach Gemeinsamkeiten als auch nach Unterschieden im Kurvenverlauf (Anfang, Ende, Steigung, Maxima, Minima, Nullstellen, Symmetrieverhältnisse, periodische Schwankungen).

Achten Sie darauf, ob die zu vergleichenden Diagramme/Kurven evtl. unterschiedliche Skalen oder Achsen haben. Berücksichtigen Sie diese Unterschiede bei Ihren Aussagen.

Erstellen eines Diagramms

Gelegentlich wird Ihre Methodenkompetenz dadurch überprüft, dass Sie die Ergebnisse eines Experiments oder die Daten aus einer Tabelle in einem Diagramm darstellen sollen. Dabei wird nicht nur die inhaltliche Korrektheit, sondern auch die Darstellungsweise bewertet. Stellen Sie dazu folgende Überlegungen an:

- Welcher Diagrammtyp ist am besten geeignet?
- Welche Messgrößen sollen miteinander in Beziehung gesetzt werden, wie beschrifte ich die waagerechte und die senkrechte Achse?
- Wie skaliere ich Ordinate und Abszisse?
- Wie formuliere ich die Legende?

PUNKTESAMMELTIPP

Benutzen Sie Lineal, Zentimetermaß, Bleistift (evtl. Buntstift) und Radiergummi. Geben Sie, falls erwähnt, Quelle, Zeitpunkt sowie Ort und Methode der Datenerfassung in der Legende an.

Stoffkreislauf und Energiefluss

a. Biomasseproduktion, Trophieebenen, Energiefluss

Lebewesen eines Ökosystems lassen sich unterschiedlichen Nahrungsstufen (Trophieebenen) zuordnen:

Produzenten → Primärkonsumenten → Sekundärkonsumenten → Tertiärkonsumenten

Sekundär- oder Tertiärkonsumenten sind oft schon Endkonsumenten.
Die Verflechtungen der unterschiedlichen Trophieebenen sind in einem Ökosystem nicht linear (Nahrungskette), sondern komplex (Nahrungsnetz). Trotzdem können aus den Verknüpfungen lineare Abhängigkeiten gesondert betrachtet werden. Zwischen diesen Ebenen variieren z. B. die Individuenzahl, die Biomasse und die Energieproduktion. Die Verhältnisse werden in einer Pyramide dargestellt. Sie unterscheiden sich je nach Ökosystem.

Zahlenpyramiden

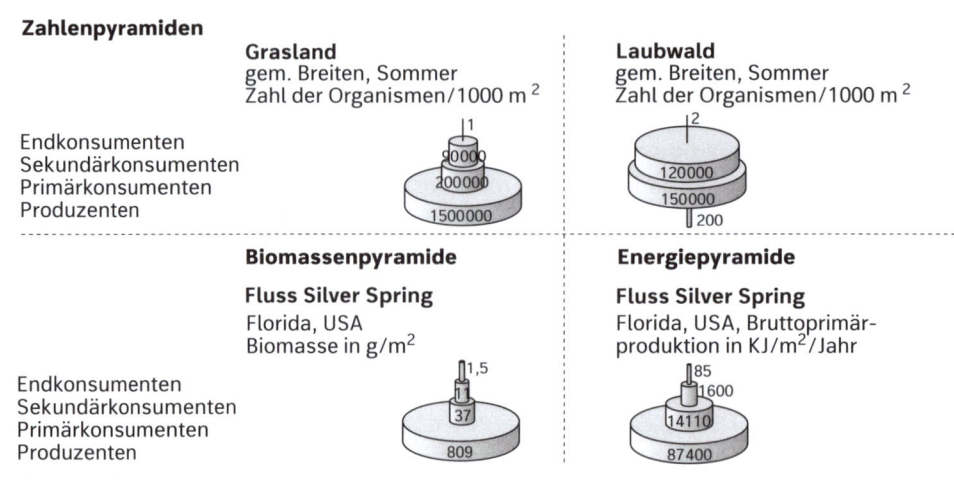

Grasland
gem. Breiten, Sommer
Zahl der Organismen/1000 m²

Laubwald
gem. Breiten, Sommer
Zahl der Organismen/1000 m²

Endkonsumenten
Sekundärkonsumenten
Primärkonsumenten
Produzenten

Grasland: 1 / 90000 / 200000 / 1500000
Laubwald: 2 / 120000 / 150000 / 200

Biomassenpyramide

Fluss Silver Spring
Florida, USA
Biomasse in g/m²

Energiepyramide

Fluss Silver Spring
Florida, USA, Bruttoprimär-
produktion in KJ/m²/Jahr

Endkonsumenten
Sekundärkonsumenten
Primärkonsumenten
Produzenten

Biomasse: 1,5 / 37 / 809
Energie: 85 / 1600 / 14110 / 87400

Ökologische Pyramiden

Die Nahrung, aus der ein Lebewesen körpereigene Substanz aufbaut, enthält wesentlich mehr Energie als die aufgebaute Substanz. Außerdem wird ein großer Teil in Form von Wärmeenergie nach außen abgegeben. Die Energieweitergabe von einer Nahrungsstufe zur nächsten wird Energiefluss genannt. Von einer Stufe auf die andere verringert sich die Energie ungefähr um den Faktor 10.

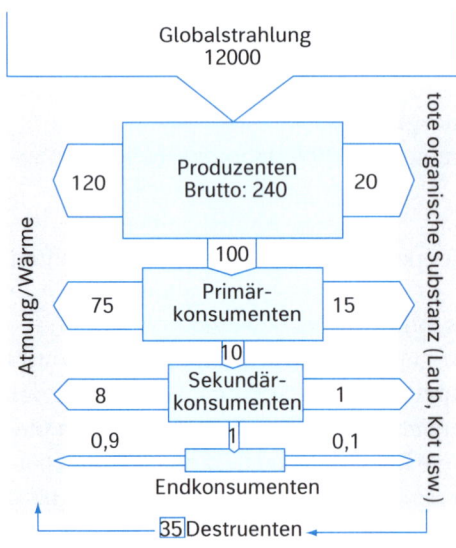

Energiefluss durch ein Musterökosystem (Angaben in kJ/m²/Tag)

b. Biogeochemischer Kreislauf am Beispiel des Stickstoffkreislaufs

Anorganische Stoffe werden von den Lebewesen aufgenommen und in verschiedenen Verbindungen innerhalb der Biozönose von Lebewesen zu Lebewesen weitergegeben. Bei Tod eines Organismus oder durch Ausscheidungen gelangen sie wieder in den abiotischen Teil des Ökosystems, von wo aus sie wieder von Organismen aufgenommen werden können. Solche Stoffkreisläufe existieren z. B. für Kohlenstoff, Kalium, Calcium oder Stickstoff. Kenntnisse des Kohlenstoff- und des Stickstoffkreislaufes werden in Abituraufgaben vorausgesetzt.

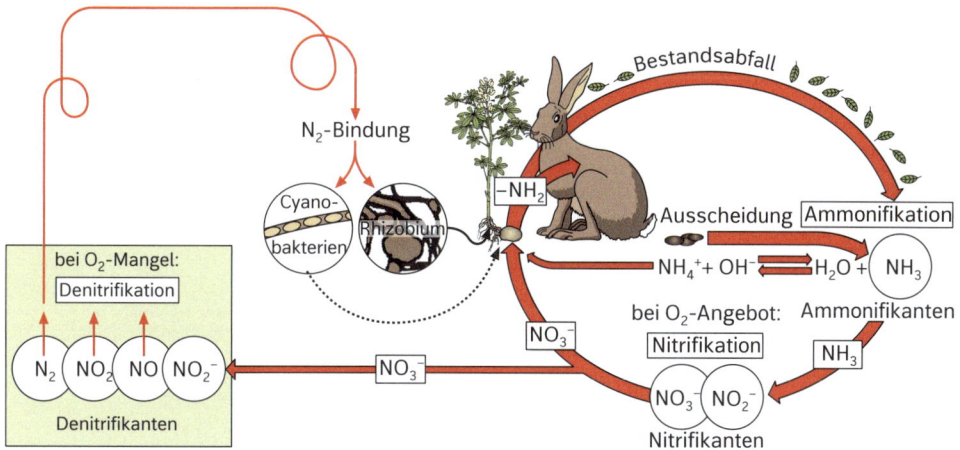

Stickstoffkreislauf

Alle Proteine und Nukleinsäuren enthalten Stickstoff. Obwohl Stickstoff mit 78 % größter Bestandteil der Luft ist, ist er oft Minimumfaktor, da er von vielen Organismen in dieser molekularen Form (N_2) nicht aufgenommen werden kann. In den Nahrungsstufen wird er durch die Nahrung hauptsächlich in Aminogruppen ($-NH_2$) weitergegeben. Die in abgestorbenen Tier- und Pflanzenresten sowie Ausscheidungen, z. B. Harnstoff, enthaltenen Aminogruppen werden von Destruenten im Prozess der Ammonifikation zu Ammonium-Ionen (NH_4^+) mineralisiert. Pflanzen können diese Ionen direkt aufnehmen. Von Mikroorganismen werden sie meist vorab noch über Nitrit- (NO_2^-) zu Nitrationen (NO_3^-) oxidiert. Aus diesem Vorgang gewinnen die nitrifizierenden Bakterien die Energie, die sie zur Chemosynthese benötigen (Einbindung des Kohlenstoffs in organische Substanz ohne Sonnenenergie im Gegensatz zur Fotosynthese). Das kann nur unter aeroben Bedingungen geschehen.

Unter anaeroben Bedingungen nutzen denitrifizierende Bakterien den Sauerstoff aus den Nitraten und Nitriten für ihren Stoffwechsel und bilden dabei gasförmigen Stickstoff (Denitrifikation). Der Luftstickstoff kann den Organismen wieder durch Stickstoff bindende nitrifizierende Bakterien zugeführt werden, z. B. durch die Knöllchenbakterien in den Wurzeln von Schmetterlingsblütlern (z. B. Bohne oder Klee).

c. Stoffkreislauf am Beispiel des Kohlenstoffs

Pflanzen haben vielerlei Bedeutung für Ökosysteme. U. a. liefern sie durch Fotosynthese Energie, bilden mit ihrer Biomasse den wesentlichen Anteil des Kohlenstoffeintrags in ein Ökosystem und produzieren Sauerstoff. Während die Energie durch die Nahrungsketten wandert und umgewandelt wird, durchläuft der Kohlenstoff einen Kreislaufprozess. Im Kohlenstoffkreislauf wird Kohlenstoffdioxid über die Fotosynthese chemisch fixiert und im Zuckerstoffwechsel weiterverarbeitet. Der Kohlenstoff gelangt über die Konsumenten in die Nahrungsnetze. Durch Stoffwechselvorgänge, wie der Zellatmung der Lebewesen, wird dieser auch wieder freigesetzt. Destruenten zerlegen abgestorbenes organisches Material und lagern somit Kohlenstoff im Boden (Humus) ein. Der Kohlenstoff kann dabei auch über längerem Zeitraum dem biologischen Kreislauf entzogen werden, da er z. B. über Sedimentierung von abgestorbenen Kalkskeletten oder der Umsetzung von Torf zu Kohle aus dem Kreislauf ausscheidet.

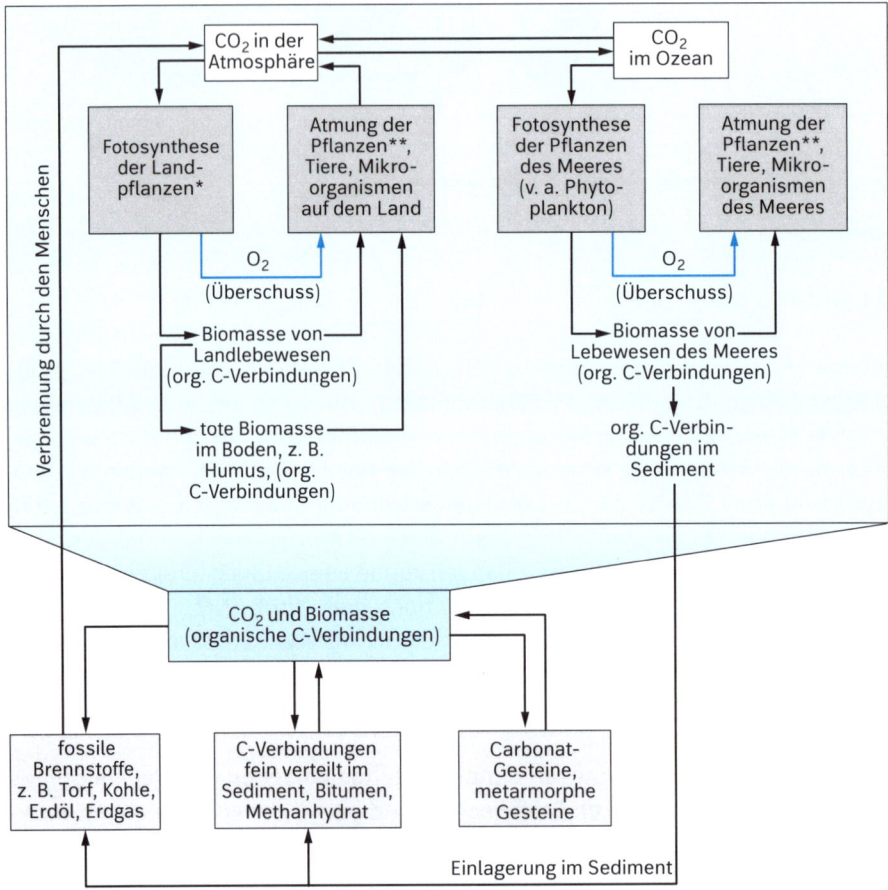

Der globale Kohlenstoffkreislauf. Die Abbildung gibt die Kohlenstoffspeicher, die jährlichen Flüsse zwischen den Speichern vor der industriellen Revolution sowie die seit Beginn der industriellen Revolution durch menschliche Aktivitäten und die heute vom Menschen verursachten zusätzlichen Kohlenstoffflüsse an.

Untersuchungen in einem aquatischen System

a. Zonierung

Die unterschiedlichen Lebensräume eines **Sees** sind durch abiotische und biotische Umweltfaktoren gekennzeichnet. Zunächst unterscheidet man die Freiwasserzone (Pelagial) vom Bodengrund (Benthal). Das Licht kennzeichnet die Nährschicht (trophogene Zone), in der mehr Nährstoffe durch Fotosynthese aufgebaut als durch Atmung abgebaut werden. Darunter befindet sich die Zehrschicht (tropholytische Zone), in der abbauende Vorgänge überwiegen. Aufgrund des Lichtangebots unterteilt man das Benthal in die lichtdurchflutete Uferzone (Litoral) und den lichtfreien Seegrund (Profundal). Jede Zone wird durch ihre eigene Lebensgemeinschaft charakterisiert.

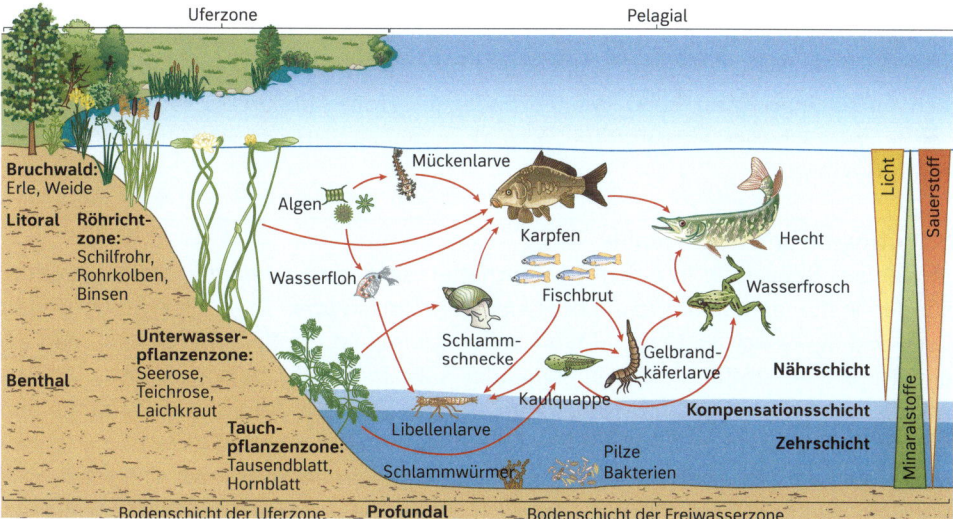

Gliederung und Nahrungsbeziehungen im Ökosystem See

Zustand eins Sees im Jahresverlauf	Temperaturzone	Temperatur ca. (°C)	Tiefe ca. (m)	O_2-Gehalt (mg/l)	Dichte H_2O (g/ml)
Sommerstagnation	Epilimnion*	18–20	0–8	12–13	0,998
	Metalimnion*	10–18	8–12	4–12	0,999
	Hypolimnion*	4–10	12–40	0,5–4	1,0
Herbstvollzirkulation	keine	4	0–40	11	1,0
Winterstagnation	Eisdecke	unter 0	0,1	über 12	0,918
	Wasser gesamt	4	0,1–40	6–12	1,0
Frühjahrsvollzirkulation	keine	4	0–40	10	1,0

Räumliche und zeitliche Gliederung des Ökosystems See aufgrund der Temperatur

* Epilimnion = Deckschicht; Metalimnion = Sprungschicht; Hypolimnion = Tiefenschicht

Während im Sommer nur die leichtere Deckschicht und Teile der Sprungschicht vom Wind umgewälzt werden können, schichten die Herbst- und Frühjahrsstürme den ganzen Wasserkörper inklusive der Ionen und Gase (z. B. Sauerstoff, Kohlenstoffdioxid) um, weil dieser eine einheitliche Dichte und damit keine stabile Schichtung besitzt.

Die in allen Bereichen des Sees nahezu einheitliche Verteilung aller Inhaltsstoffe verändert sich im Laufe der Sommerstagnation. In der trophogenen Zone (Nährschicht), die in etwa dem Epilimnion und dem Metalimnion entspricht, nimmt der Sauerstoffgehalt zu und der Gehalt an Ionen (z. B. Phosphate) sowie an CO_2 aufgrund der Fotosynthese des Phytoplanktons ab. Tote Organismen sinken ab und werden von Bakterien zunächst aerob abgebaut. Mit zunehmender Tiefe entstehen aus den organischen Stoffen immer mehr Mineralstoffe, z. B. Nitrat, Phosphat- und Sulfationen. Da wegen der stabilen Schichtung und der Lichtverhältnisse in der tropholytischen Zone (Zehrschicht) kein O_2 nachgeliefert und kein CO_2 verbraucht wird, nehmen hier der CO_2-Gehalt zu und der O_2-Gehalt ab. Detritus (Abfallprodukte und Reste abgestorbener Lebewesen) reichert sich am Bodengrund an. Bei O_2-Mangel finden anaerobe Abbauprozesse statt, in deren Verlauf z. B. Schwefelwasserstoff (H_2S) und Ammoniak (NH_3) sowie Methan (CH_4) entstehen können.

b. Eutrophie und Oligotrophie

Je weniger Nährstoffe in einem See enthalten sind, desto weniger Abbauprozesse können in ihm ablaufen. Wenn Fotosyntheseprozesse überwiegen, ist der O_2-Gehalt hoch und der Gehalt an CO_2 und Nährstoffen gering. Solche Seen bezeichnet man als oligotroph (nährstoffarm). Mit zunehmender Nährstoffzufuhr, beispielsweise über Abwässer aus Haushalten, Tourismuseinrichtungen und aus der Landwirtschaft, wenn z. B. gedüngte Äcker zu dicht am See liegen wird immer mehr Pflanzenmaterial bereitgestellt, von dem sich immer mehr Konsumenten ernähren können. Folglich nimmt auch die Zahl der Destruenten zu. Letztlich treten in der tropholytischen Zone die aeroben Abbauvorgänge gegenüber den anaeroben zurück. Diese Vorgänge werden als Eutrophierung bezeichnet. Die wichtigsten Merkmale eines eutrophen und eines oligotrophen Sees im Überblick:

eutropher See	oligotropher See
viele Nährstoffe (z. B. Phosphate)	wenige Nährstoffe
viele Pflanzen/viel Phytoplankton	wenige Pflanzen/wenig Phytoplankton
viel organisches Material am Seegrund	wenig organisches Material am Seegrund
Deckschicht von geringer Tiefe*	Deckschicht mächtig
Während der Sommerstagnation wird im Hypolimnion mehr als die Hälfte des O_2-Vorrats verbraucht.	Am Ende der Sommerstagnation ist im Hypolimnion noch mehr als die Hälfte des O_2-Vorrats vorhanden.
Ammonium im Tiefenwasser	Nitrate im Tiefenwasser, kein Ammonium
im Hypolimnion gelöste Fe^{2+}-Ionen	im Hypolimnion ungelöstes Fe(III)-Phosphat

Untersuchungen in einem terrestrischen System

a. Schichtung und Aufbau eines Waldes

Typisch für einen Wald ist der Stockwerkbau in Baum- (bis > 5 m), Strauch- (bis 5 m), Kraut- (bis 1 m) und Moosschicht (bis 0,2 m). Je nach Waldtyp sind diese Stockwerke unterschiedlich stark vertreten. So ist verglichen mit einem Nadelwald die Krautschicht in einem Laubwald gut entwickelt. Im Frühjahr dringt aufgrund der noch fehlenden Blätter an den Bäumen viel Licht auf den Waldboden, das von zahlreichen Frühblühern genutzt wird. Dagegen ist hier die Moosschicht nur stellenweise vorhanden, da das Moos die Bedeckung mit dem Herbstlaub nicht überdauert. Weil Pilze kein Licht benötigen, findet man sie gleichermaßen in Laub- und Nadelwäldern.

b. Einfluss von Standortfaktoren und Bewirtschaftung, Erstellen von Vegetationsaufnahmen (ÜA 9)

In Mitteleuropa gibt es fast keine natürlichen Wälder mehr, sondern Forste, die vom Menschen nach ihrer Wirtschaftlichkeit angepflanzt wurden. Auf nährsalzarmen trockensandigen Böden werden meist Kiefern gesetzt, auf kalkreichen Böden Eichen- und Buchenmischwälder und in feuchten Niederungen Erlen gepflanzt. Fichten werden aufgrund ihrer Schnellwüchsigkeit von Forstwirten geschätzt.

Für eine Vegetationsaufnahme wählt man eine Probefläche von etwa 25 m² und bestimmt zunächst die hier anzutreffenden Pflanzenarten. Sodann schätzt man den Deckungsgrad der einzelnen Arten in dieser Fläche nach Braun-Blanquet auf einer Skala von +/1 bis 5. Dabei kann die Summe der Deckungsgrade durchaus über 100 % liegen, da sich die Pflanzen gegenseitig überdecken können.

c. Charakterisierung von Waldgesellschaften

Pflanzen treten aufgrund der in der Pflanzendecke vorherrschenden Konkurrenz nur an den Standorten auf, an denen sie sich behaupten können. Viele sind deshalb nur an ganz bestimmten Standorten zu finden. Sie sind typisch für ihn und kennzeichnen ihn. Sie sind vergesellschaftet mit Pflanzen, die ähnliche Ansprüche zeigen. So findet man in einem Eichen-Hainbuchenwald auf lehmigen Böden das Labkraut, auf nährstoffreichen, aber kalkarmen Gleye-Böden dagegen die Sternmiere und die Vogelkirsche. Der jeweilige Standort bestimmt die Zusammensetzung der Pflanzen als Waldgesellschaft, solange Störfaktoren wie Umweltverschmutzung und Eingriffe des Menschen unterbleiben.

d. Standortbeurteilung mit Zeigerwerten (nur im Leistungskurs, ÜA 9)

ELLENBERG hat die in Europa vorkommenden Blütenpflanzen in Tabellen erfasst und ihren Umweltansprüchen Zeigerwerte von jeweils 1 bis 9 (bei der Feuchtezahl 1–12) zugeordnet. Folgende Standortfaktoren hat er für jede Pflanze ermittelt: Lichtangebot (L), Kontinentalität (K), Feuchte (F), Temperatur (T), Säuregehalt (R) und Stickstoffgehalt (N).

Bei einer Standortbeurteilung mithilfe von Zeigerwerten gehen Sie ähnlich wie bei der Bestimmung des Saprobienindex vor. Aufgrund der Daten, die Ihnen in der Prüfung vorgelegt, werden, bestimmen Sie dann z. B. den Stickstoffgehalt des Bodens:

Den Stickstoffgehalt des Standortes bestimmen Sie wie folgt:

Art	Deckungsgrad (+ = 1)	Stickstoffwert	Produkt
Heidekraut	+	1	1
Glockenheide	1	2	2
Heidelbeere	1	3	3
Rauschebeere	+	3	3
Scheiden-Wollgras	3	1	3
Summe	**7**		**12**

Der Quotient aus der Summe der Produkte und der Summe aller Deckungsgrade der berücksichtigten Pflanzen ist 12 : 7 = 1,6. Gemäß der Ellenbergschen Skalierung handelt es sich somit um einen sehr stickstoffarmen Standort.

Bei der Beurteilung der Feuchte findet man nur Zeigerwerte bei Glockenheide und Wollgras. Die übrigen Pflanzenarten werden nicht berücksichtigt, weil ihre Feuchtezahl mit x angegeben wird, d. h. sie wachsen sowohl an trockenen als auch an feuchten Standorten. Hinsichtlich der Feuchte sind sie also keine Zeigerpflanzen. Man rechnet also 32 : 4 (und nicht durch 7) = 8. Ergänzung: Eine Feuchtezahl von 8 deutet auf einen feuchten bis nassen Standort.

N = Stickstoffzahl (ELLENBERG)	
1	stickstoffärmster Standort
2	zwischen 1 und 3
3	stickstoffarmer Standort
4	zwischen 3 und 5
5	mäßig stickstoffreich
6	zwischen 5 und 7
7	stickstoffreicher Standort
8	Stckstoffzeiger
9	übermäßig stickstoffreich

Pflanzenart	Deckungsgrad	Zeigerwerte			
		L	F	R	N
Heidekraut	+	8	x	1	1
Glockenheide	1	8	8	1	2
Heidelbeere	1	5	x	2	3
Rauschebeere	+	6	x	1	3
Scheiden-Wollgras	3	7	8	2	1

Fotosynthese

a. Fotoreaktionen und Synthesereaktionen in Chloroplasten

In der Fotosynthese werden aus den anorganischen Stoffen CO_2 und H_2O mithilfe von Lichtenergie Kohlenhydrate, also organische Stoffe aufgebaut. Die organischen Stoffe liefern Energie für andere Lebensvorgänge. Sie dienen auch dem Aufbau von Biomasse, von der andere Organismen wie Konsumenten erster oder höherer Ordnung sowie Destruenten leben.

Fotosynthesegleichung: $6\ CO_2 + 12\ H_2O \xrightarrow{\text{Licht}} C_6H_{12}O_6 + 6\ H_2O + 6\ O_2$

Die Fotosynthese erfolgt bei den höheren Pflanzen vor allem in den Blättern. Licht wird von Chlorophyll a und b absorbiert, und zwar vor allem im roten und blauen Bereich des Spektrums. Auch Carotinoide absorbieren Licht, dessen Energie sie auf Chlorophyll übertragen. Alle diese Farbstoffe befinden sich in den Thylakoidmembranen des Chloroplasten. Die Absorptionsspektren der Blattfarbstoffe stimmen mit dem Wirkungsspektrum der Fotosynthese weitgehend überein.

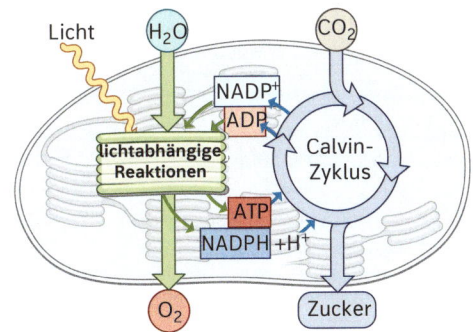

Übersichtsschema zu Stoffwechselleistungen des Chloroplasten

Man unterscheidet Primär- und Sekundärvorgänge der Fotosynthese. In den Fotoreaktionen (**lichtabhängige** Primärvorgänge) wird Lichtenergie in chemische Energie umgewandelt. Dabei wird Wasser oxidiert und $NADP^+$ zum energiereicheren $NADPH + H^+$ reduziert sowie ATP als chemischer Energiespeicherstoff gebildet. Bei den Synthesereaktionen (**lichtunabhängige** Sekundärvorgänge) wird CO_2 mithilfe von $NADPH + H^+$ und ATP reduziert und zu Zuckerphosphaten verarbeitet. Durch gleichzeitige Oxidation des an $NADP^+$ gebundenen Wasserstoffs wird das auf der rechten Seite der Reaktionsgleichung stehende H_2O gebildet.

Fotoreaktion: In den **lichtabhängigen** Reaktionen der Fotosynthese werden an der Membran im Innenraum der Thylakoide mithilfe der Lichtenergie Wassermoleküle gespalten (Fotolyse des Wassers).

Es entstehen Protonen, Elektronen und Sauerstoff. Dabei wird zunächst das Fotosystem II (P680) durch Licht angeregt, sodass Elektronen über Redoxsysteme an das Fotosystem I (P700) weitergeleitet werden können. Schließlich gelangen die Elektronen, die bei der Fotolyse des Wassers freigesetzt wurden, an die Thylakoidaußenmembran und reduzieren dort $NADP^+$ zu $NADP^-$, das sogleich Protonen aus dem Matrixraum anlagert und zum $NADPH + H^+$ wird. Parallel dazu sorgen die Protonen im Thylakoidinnenraum für einen Protonenüberschuss und damit auch zu Ladungsunterschieden auf beiden Seiten der Thylakoidmembran. Durch den Protonentransport über ein Membranprotein wird so viel Energie frei, dass mithilfe eines ATP-Synthesesystems über die Anlagerung einer Phosphatgruppe an ADP das energiereiche ATP gebildet werden kann (Fotophosphorylierung).

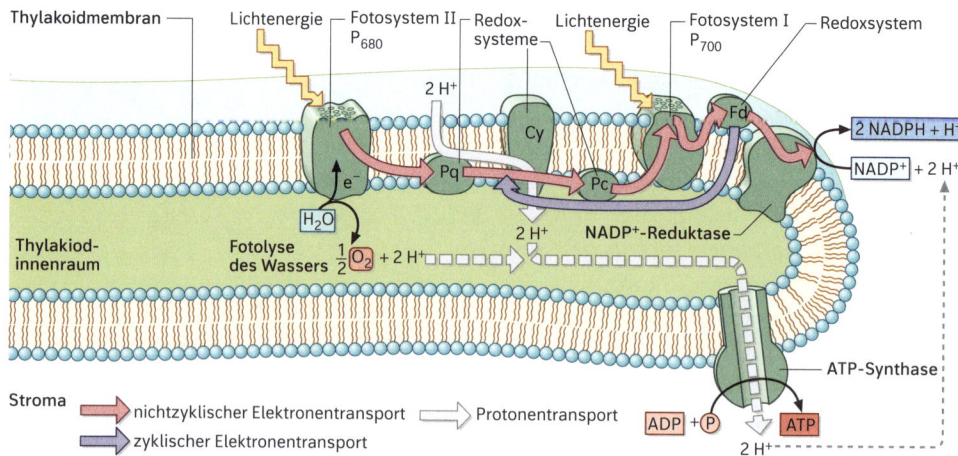

Primärvorgänge der Fotosynthese an der Thylakoidmembran im Chloroplasten

Synthesereaktion: Die **lichtunabhängigen** Reaktionen laufen im Stroma (Matrix) der Chloroplasten ab. Diese werden auch nach seinem Entdecker als Calvin-Zyklus bezeichnet. Im Calvin-Zyklus werden die Produkte der lichtabhängigen Reaktion, NADPH + H$^+$ und ATP, benötigt, um Zucker aus CO_2 herzustellen. Der Calvin-Zyklus gliedert sich in die folgenden drei Schritte:

1: CO_2-Fixierung:
Der Calvin-Zyklus bindet über das Enzym Rubisco ein CO_2-Molekül an das Ribulose-1,5-bisphosphat. Es entsteht ein Molekül mit 6 Kohlenstoffatomen, das jedoch sofort zu zwei Molekülen 3-Phosphoglycerinsäure zerfällt.

2: Reduktion:
In der Reduktionsphase des Calvin-Zyklus werden die Produkte aus der Lichtreaktion

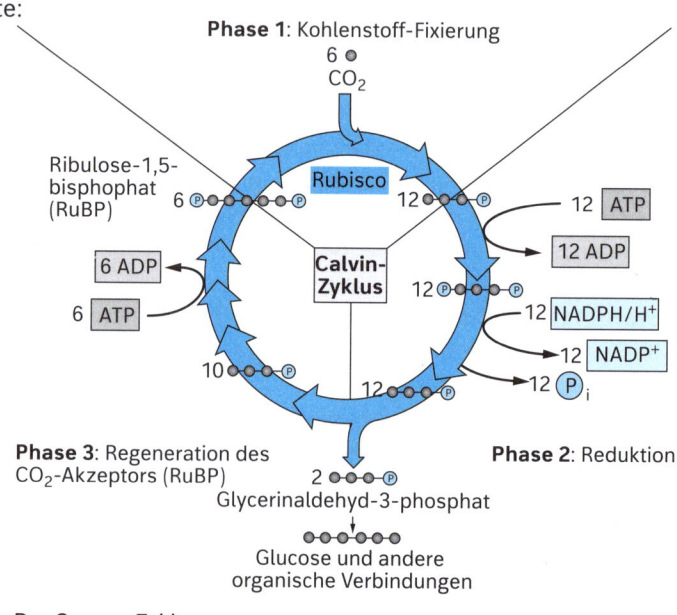

Der Calvin-Zyklus

(NADPH + H$^+$ und ATP) benötigt, um die 3-Phosphoglycerinsäuren nun zu 3-Phospho-glycerinaldhyd zu reduzieren. Aus zwei dieser 3-Phosphoglycerinaldehyd-Molekülen entsteht dann Glucose.

3: Regeneration: Der CO_2-Akzeptor Ribulose-1,5-bisphosphat wird unter Energiever-brauch in Form von ATP wieder regeneriert. Insgesamt wird aus 6 CO_2-Molekülen ein C_6-Zucker gebildet. Dafür werden 12 NADPH + H$^+$ und zusätzlich Energie in Form von 18 ATP benötigt.

b. Abhängigkeit der Fotosynthese von abiotischen Faktoren

Erkenntnisse über die Fotosynthese gingen von Naturbeobachtungen aus. Forscher stellten Vermutungen über ursächliche Einflussfaktoren auf, die begründet und als Hy-pothesen formuliert wurden. Diese schlossen auch die Vorhersage des aufgrund der Hypothese zu erwartenden Beobachtungsergebnisses ein.

Zur Überprüfung einer Hypothese wird in der Forschung ein Experiment entwickelt, das diese Hypothese bestätigen oder auch widerlegen kann. Im Protokoll des Experiments werden neben der Frage und der Hypothese dann die verwendeten Materialien ange-geben, die Durchführung wird beschrieben und die Beobachtungsergebnisse werden festgehalten. Die tatsächlich gemachten Beobachtungen werden dann gedeutet. Falls die Hypothese bestätigt werden kann, ist die Ausgangsfrage beantwortet. Kann sie nicht bestätigt werden, wird eine neue Hypothese aufgestellt. Auf den folgenden Seiten wird an einem Aufgabenbeispiel dargestellt, wie die Fotosynthese in einem Schulexperiment erforscht werden kann.

Einfluss des Lichtes. Die Ansprüche an das Licht sind nicht bei allen Pflanzen gleich. **Sonnenpflanzen** zeichnen sich durch einen hohen Lichtbedarf aus und sterben bei starker Beschattung allmäh-lich ab. **Schattenpflanzen** dagegen ge-deihen im Streulicht am besten, länger-zeitige volle Bestrahlung ist für sie tödlich. Bei Sonnenpflanzen findet man häufig kleinere, aber dicke und derbe Blätter mit mehrschichtigem Palisadengewebe. Oft haben sie noch Überzüge von Wachs oder

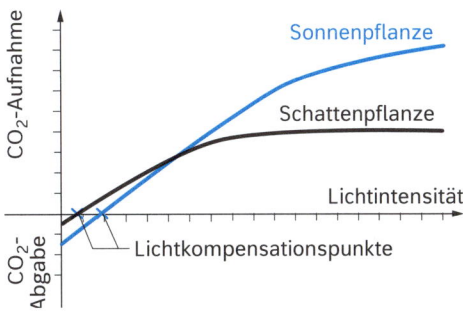

Abhängigkeit der Fotosynthese von der Licht-intensität

toten Haaren, die die Strahlung stärker reflektieren und die Verdunstung abschwächen. Schattenpflanzen besitzen meist dünne und zarte Blätter, die flach ausgebreitet sind und somit recht viel von dem spärlichen Licht auffangen. Beide Blattformen können an ein und derselben Pflanze vorkommen.

Bei einer bestimmten Lichtintensität verbraucht eine Pflanze durch Fotosynthese ge-nauso viel Kohlenstoffdioxid, wie sie bei der Atmung bildet. Die Lichtintensität, bei der diese Bedingung erfüllt ist, heißt Lichtkompensationspunkt der Fotosynthese. Er liegt bei den Sonnenpflanzen höher als bei den Schattenpflanzen. Schattenpflanzen weisen daher bereits bei geringerer Lichtintensität eine höhere Nettoproduktion auf als die Sonnenpflanzen.

Einfluss des Kohlenstoffdioxids. Die Fotosyntheseleistung wird bei hinreichender Lichtintensität durch eine Erhöhung des CO_2-Gehaltes der Luft verbessert. Düngung mit Stallmist und Kompost reichert die bodennahe Luftschicht mit CO_2 an, weil die organischen Stoffe dieser Dünger durch Mikroorganismen (Destruenten) zersetzt werden.

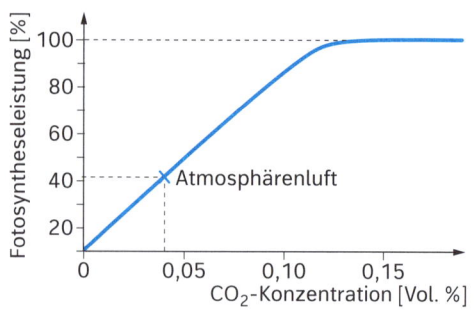

Abhängigkeit der Fotosynthese von der Kohlenstoffdioxid-Konzentration

Einfluss der Temperatur. Die Sekundärvorgänge der Fotosynthese sind temperaturabhängig. Sie setzen bei einer Mindesttemperatur ein (bei frostharten Pflanzen etwa bei –1 °C), nehmen mit steigender Temperatur an Geschwindigkeit zu und nach Erreichen eines Optimums wieder ab.

Bei einer maximalen Temperatur hört die Fotosynthese ganz auf. Die Minimum-, Optimum- und Maximum-Temperaturen der Fotosynthese sind von Art zu Art verschieden. Unterhalb dieser Temperatur-

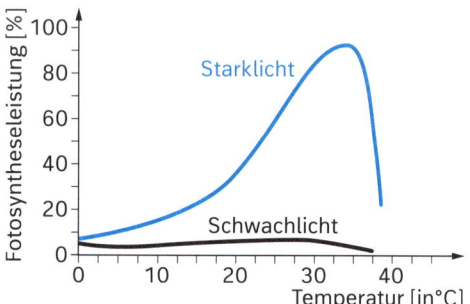

Abhängigkeit der Fotosynthese von der Temperatur bei verschiedenen Lichtintensitäten

grenzen können frostharte Pflanzen ohne Fotosynthese gemäß ihrer Temperaturtoleranz vorübergehend existieren. Kultiviert man eine Nutzpflanze in Gewächshäusern, kann ihr Temperatur-Optimum (physiologisches Optimum) eingestellt werden.

Einfluss des Wassers. Die Spaltöffnungen schließen sich bei Trockenheit zeitweilig; dadurch sinkt die Aufnahme von CO_2 und somit die Fotosyntheseleistung. Bei andauernder Trockenheit bleiben die Spaltöffnungen geschlossen, sodass keine Fotosynthese mehr stattfindet, aber der Wasserverlust gering wird. Die Pflanze befindet sich nun im Pessimum-Bereich. Bei künstlicher Bewässerung ist kein Spaltenschluss erforderlich, die Pflanze ist hinsichtlich der Wasserversorgung im Vorzugsbereich und kann eine hohe Stoffproduktion aufweisen.

In der Natur sind die erwähnten Faktoren stets gemeinsam wirksam. Fehlt ein Faktor oder wird er im Übermaß angeboten, so kann z. B. bei zu hoher Temperatur keine Fotosynthese stattfinden, auch wenn alle anderen Faktoren im Vorzugsbereich liegen. Die Stoffproduktion einer Pflanze hängt immer vom ungünstigsten Faktor ab, also von dem, der im Minimum vorliegt.

METHODISCHER HINWEIS: UMGANG MIT EXPERIMENTEN

Formen des zu bearbeitenden Aufgabenmaterials aufgrund eines Experiments

1) Es wird die Durchführung eines Experiments geschildert. Sie haben die Aufgabe, die zugrunde liegende Fragestellung, die Hypothese und/oder das Ergebnis vorherzusagen.

TIPP

Lassen Sie sich nicht dadurch entmutigen, dass Ihnen das Experiment unbekannt ist. Häufig ist Ihnen die eingesetzte Methode bekannt: Dann beschreiben Sie diese in einem ersten Schritt. Erst dann versuchen Sie, Bezüge zur Aufgabenstellung herzustellen. Formulieren Sie in jedem Fall eine Frage und eine Hypothese. Stimmen Sie das Beobachtungsergebnis mit Ihrer aufgestellten Hypothese ab.

In einem Aufgabentext erfahren Sie z. B. über Rotalgen, dass sie im Gegensatz zu Grünalgen auch in den tieferen Schichten des Meeres Fotosynthese betreiben. Um mehr über Rotalgen zu erfahren, wird ein Blattextrakt der Rotalgen chromatografiert. Folgendermaßen sollten Sie vorgehen:

- **Beschreiben** Sie zunächst das, was Ihnen bekannt ist: die Methode des Blattextraktes und die Chromatografie von Blattfarbstoffen der Grünalgen. Dazu können Sie voraussagen, dass in dem Chromatogramm Chlorophyll a und b (grüne Banden) und Carotinoide (gelbe Bande) zu erkennen sein werden.
- Nun erst **stellen** Sie das Bekannte dem Unbekannten **gegenüber**. Es liegt auf der Hand, dass Rotalgen andere Blattfarbstoffe beinhalten als Grünalgen, sonst wären sie ja nicht rot. Allerdings ist auch bei Ihnen Chlorophyll für die Fotosynthese nötig.
- Leiten Sie aus der Gegenüberstellung und dem Vergleich **Beobachtungsergebnis, Hypothese und Fragestellung** ab: Neben den grünen Banden, die Sie auch bei der Chromatografie des Rotalgenextraktes im Chromatogramm erwarten, sagen Sie noch eine andersfarbige, möglicherweise rötliche Bande vorher, die einen weiteren Blattfarbstoff der Rotalgen nachweist. Die Hypothese lautet also: Rotalgen besitzen noch einen anderen Blattfarbstoff als Grünalgen, mit dem Sie das Licht in den größeren Tiefen des Meeres für die Fotosynthese nutzen können. Die Ausgangsfrage lautet: Aus welchen Gründen können Rotalgen in tieferen Schichten des Meeres im Gegensatz zu Grünalgen Fotosynthese betreiben? Dazu war es hier nur nötig, das Statement im Aufgabentext zu einer Frage umzuformen.

PUNKTESAMMELTIPP

Gehen Sie, auch wenn das nicht ausdrücklich in der Aufgabe gefordert wird, darauf ein, ob dieses Experiment Ihrer Meinung nach wirklich die von Ihnen formulierte Hypothese und auch die Ausgangsfrage bestätigt. Schließen Sie also eine Diskussion an. In diesem Fall wird nur ein Teil der Hypothese bestätigt: Es kann keine Aussage darüber gemacht werden, ob der vorhergesagte Farbstoff das Licht in größeren Tiefen tatsächlich absorbiert und für Fotosynthese nutzen kann. Auch die Ausgangsfrage kann noch nicht eindeutig beantwortet werden. Beschreiben Sie kurz, aber mit den Ihnen bekannten Fachausdrücken die Durchführung der eingesetzten Methode, hier Chromatografie (des Rotalgenextrakts). Zu verwendende Fachbegriffe sind z. B. Chromatografiekammer, Chromatografieplatte, Laufmittel, Trägermaterial.

2) Aufgrund einer Fragestellung oder Hypothese sollen Sie ein geeignetes Experiment schildern.
- Machen Sie sich klar, dass das geeignete Experiment eine Hypothese nicht nur bestätigen (verifizieren), sondern auch widerlegen (falsifizieren) kann.
- Erwägen Sie den Einsatz verschiedener fachspezifischer Methoden, z. B. Mikroskopieren, Anfärben, Einsatz von Enzymen, genetischer Fingerabdruck, DNA-Hybridisierung, Einsatz von Gen-Sonden, Vergleichen und Homologisieren.
- Ist eine bestimmte Methode geeignet, stellen Sie diese mit den erforderlichen Fachbegriffen oder auch Geräten vor.
- Ordnen Sie Ihre Experimentbeschreibung wie ein Protokoll in Materialien, Durchführung, voraussichtliches Beobachtungsergebnis.
- Illustrieren Sie die Durchführung des Experiments mit einer Skizze, z. B. mit einem Versuchsaufbau.

3) Aufgrund eines skizzierten Versuchsaufbaus sollen Sie Fragestellung, Beobachtungsergebnis und Deutung des Experiments ableiten.
- In einem ersten Schritt beschreiben Sie den dargestellten Versuchsaufbau, auch wenn dies nicht ausdrücklich gefordert wird. Während dieser Beschreibung wird Ihnen i. d. R. klar, wie das zugrunde liegende Experiment durchzuführen ist.
- Gehen Sie dann vor wie in 1): Vom Bekannten zum noch nicht Bekannten.
- Erst im letzten Schritt leiten Sie Beobachtungsergebnis, Hypothese und Fragestellung ab und gleichen alles widerspruchsfrei aus.

4) Im Zusammenhang mit Beobachtungsergebnissen, deren Daten häufig in unübersichtlicher Form dargestellt sind, werden Sie gelegentlich aufgefordert, diese in eine übersichtlichere Form zu überführen.
- Beachten Sie dazu den Abschnitt „Umgang mit Diagrammen" (S. 57).

Mögliche Aufgabenstellung zur Lichtabhängigkeit der Fotosynthese bei der Wasserpest

1. Beschreiben Sie aufgrund der Abbildung die Durchführung der Experimentreihe (3 Experimente).
2. Stellen Sie die Hypothese zur Experimentreihe auf.
3. Erläutern Sie, welche Bedingungen beachtet werden müssen, damit die Ergebnisse der Experimente nicht verfälscht werden.
4. Beschreiben Sie die in der Abbildung dargestellten Beobachtungen zur Sauerstoffproduktion bei Bestrahlung einer Wasserpflanze mit rotem Licht.
5. Stellen Sie begründete Vermutungen zu den zu erwartenden Ergebnissen bei Bestrahlung mit grünem und blauem Licht auf.

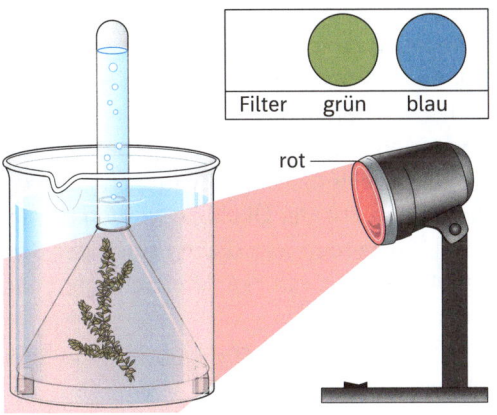

Sauerstoffproduktion bei Bestrahlung mit rotem Licht

Kompetenzerwartungen
1. Eine Lampe bestrahlt Wasserpest, die sich in einem Glasgefäß unter einem Glastrichter befindet. Über dem Trichter befindet sich ein wassergefülltes umgestülptes Reagenzglas, das ein von der Pflanze produzierte Gas auffangen kann. An der Lampe können Filter ausgetauscht werden, sodass mit rotem, blauem oder grünem Licht bestrahlt werden kann.
2. Welche Spektralfarben des Lichts sind für die Fotosynthese erforderlich?
3. In der Experimentierreihe müssen außer den Farbfiltern alle übrigen Faktoren konstant gehalten werden: Temperatur, Ionen- und CO_2-Gehalt des Wassers, Lichtintensität bzw. Abstand der Lampe.
4. Wird die Pflanze mit rotem Licht bestrahlt, produziert sie ein Gas (Sauerstoff), das über Wasser in einem Reagenzglas aufgefangen wird.
5. Grünes Licht: geringe bis keine Sauerstoffproduktion, da die Fotosynthesepigmente dieses Licht nicht absorbieren können, sodass keine Fotolyse des Wassers erfolgen kann. Blaues Licht kann von den Chlorophyllen absorbiert werden, sodass Sauerstoff gebildet werden kann.

Mensch und Ökosysteme

a. Schädlingsbekämpfung (ÜA 11)

Unter Schädlingsbekämpfung versteht man physikalische, chemische oder biologische Maßnahmen zur Bekämpfung von als Schädlingen wahrgenommenen Tieren oder Pflanzen. Meist spricht man von Schädlingen, wenn diese wirtschaftliche Güter des Menschen befallen.

Bei der chemischen Schädlingsbekämpfung kommen Pestizide wie z. B. Insektizide (gegen Insekten), Fungizide (gegen Pilze) und Herbizide (gegen Pflanzen) zum Einsatz. Kenntnisse aus der Ökologie werden bei der biologischen Schädlingsbekämpfung genutzt. So werden natürliche Feinde der Schädlinge ausgebracht oder vermehrt. Auch das Ausbringen von Krankheitserregern der Schädlinge zählt zur biologischen Schädlingsbekämpfung.

Einen Überblick der Schädlingsbekämpfungs-Methoden erhalten sie in der folgenden Tabelle:

Methode	Voraussetzungen	Kurzfristige Folgen / Vorteile	Langfristige Folgen / Nachteile
mechanisch Jagd, Fallen, Zaun, …	relativ große, wenig flüchtige Schädlinge	geringe Wirksamkeit, aber keine ungünstigen Folgen	keine messbaren Folgen
chemisch chemische Stoffe (z. B. Gift: Pestizide, Fungizide, Herbizide, …)	spezifische Wirkung auf den Ernteschädling	schnelle Wirksamkeit	Belastung von Boden und Nahrungskette; Resistenz bei den Schädlingen; Dezimierung natürlicher Feinde
biologisch Feind einführen, Krankheit einführen, …	genaue Kenntnis der Nahrungszusammenhänge im Ökosystem	langsame Wirksamkeit	langfristige Wirkung ohne zusätzliches Eingreifen; ggf. unvorhersehbare Folgen
gentechnisch z. B. gentechnische Veränderung des geschädigten Organismus (i. d. R. bei Pflanzen)	spezifische Wirkung auf den Ernteschädling, Gene müssen bekannt sein, Übertragbarkeit auf die Erntepflanze	starke Wirksamkeit	evtl. Resistenz bei den Schädlingen, unsichere Folgen für die Nahrungsmittelqualität
ökologisch z. B. Förderung von Feinden des Schädlings (Fortpflanzungsmöglichkeiten, Raum, …)	z. B. Extensivierung der Landwirtschaft, Brachland	vorübergehende Ertragseinbußen	keine negativen Folgen, Wirksamkeit unterschiedlich
integriert		optimiert Kosten, Nutzen und Risiken aller genannten Verfahren	optimiert Kosten, Nutzen und Risiken aller genannten Verfahren

b. Neobiota (ÜA 10, 11)

Unter dem Begriff Neobiota werden alle Arten zusammengefasst, die seit 1492 durch direkten oder indirekten Einfluss des Menschen in Regionen kommen, in denen sie nicht beheimatet waren, und dort neue Lebensräume für sich erschließen (Arten, die vor 1492 vom Menschen in neue Gebiete gebracht wurden, werden als Archaebiota bezeichnet). Ein Großteil dieser Arten kann ohne Hilfe des Menschen in einer artfremden Umgebung nicht überleben. Einigen Arten gelingt es jedoch, in ihren neuen Umgebungen dauerhaft Fuß zu fassen. Wenn Neobiota über drei Generationen oder mindestens 25 Jahre in einem Gebiet existieren, gelten sie als etabliert; andernfalls als unbeständig auftretend.

Als **Neophyten** werden Pflanzen bezeichnet, die in einen bisher artfremden Lebensraum gebracht wurden. Für die Pflanzenwelt Deutschlands geht man von 18 % Neophyten aus. Tierische Neubesiedler eines Ökosystems werden als Neozoen bezeichnet. Aktuelle Untersuchungen gehen von über 1.300 Neozoenarten in Deutschland aus, von denen über 250 als etabliert gelten. Bei den Neomyceten handelt es sich um Pilze, die einen neuen Lebensraum besiedeln.

Verdrängen Neobiota einheimische Arten im Wettbewerb um Nahrung oder Lebensraum, durch Prädation, Übertragung von Krankheiten oder Erregern oder durch Veränderung der Lebensraumbedingungen, werden sie als **invasive Arten** bezeichnet und mittlerweile auch grenzüberschreitend bekämpft. So gelten invasive Neobiota neben Klimawandel und geänderter Landnutzung als größte Gefährdung der ökologischen Vielfalt (Biodiversität). Besonders gravierend sind die Folgen der Einführung von Neobiota in inselartig isolierten Ökosystemen, die betroffenen Arten, die bisher nur einem schwachen Selektionsdruck unterlagen, keine Ausweichmöglichkeiten bieten.

Beispiele für invasive Neobiota

Neozoen: Im Jahr 2009 wanderte die Schwarzmundgrundel im Ballastwasser von Schiffen in die nördliche Donau ein und bildete dort rasch eine stabile Population. Jedes Jahr breitet sich die Population bis zu 15 km stromaufwärts aus und verdrängt angestammte Fischarten wie Barbe oder Aitel. Stellenweise machen die Grundeln in ihren bevorzugten Habitaten bereits über 70 % des gesamten Fischbestandes aus.

Neophyten: Der Riesenbärenklau wurde in den 60er-Jahren aus dem Kaukasus importiert und ist nicht mehr aufzuhalten. Er keimt schneller und effektiver als die meisten heimischen Pflanzen und sondert ein Gift ab, das andere Pflanzen schädigt. Durch eine weitere Substanz, die im Kontakt mit der Haut unter Einfluss von Sonne phototoxische Wirkungen entfaltet, führt schon die Berührung oft zu schweren Verbrennungen beim Menschen.

Neomyceten: Ein in ostasiatischen Ulmen lebender Schlauchpilz (Ophiostoma ulmi) wurde durch den Menschen seit 1918 in die Niederlande verschleppt und breitete sich von dort über ganz Europa und Nordamerika aus. Er hat die einheimische Berg- und Feldulme an den Rand des Aussterbens gebracht.

c. Erhaltung von Ökosystemen

Alle lebenden Systeme wie Zelle oder Ökosystem sind dynamisch und können innerhalb bestimmter Grenzen auf äußere Einflüsse reagieren, sodass das System stabil bleibt. Solch ein Ökosystem ist der Wald. Wegen seiner hohen ökologischen und wirtschaftlichen Bedeutung wird er seit Jahrhunderten nachhaltig bewirtschaftet, sodass er sich trotz Nutzung durch den Menschen stets regeneriert dauerhaft zur Verfügung steht.

Durch Entnahme von Ressourcen wie Bodenschätzen, Wasser, Nahrung etc. und Abgabe von Müll, der häufig umweltbelastendes Material wie z. B. Quecksilber und radioaktive Substanzen enthält, sowie eines übermäßigen CO_2- und Methan-Ausstoßes kommt es zu Veränderungen in Ökosystemen, die oft nicht mehr ausgeglichen werden können. Aquatische Ökosysteme „kippen um", das Abholzen tropischer Regenwälder senkt die Artenvielfalt, die Temperatur steigt auf der gesamten Erde usw. Schon jetzt kann die globale CO_2-Produktion nicht mehr durch Fotosynthese oder durch das Lösen im Meerwasser ausgeglichen werden. Ziel menschlichen Wirtschaftens muss es sein, die Produktionskapazitäten lebenserhaltender ökologischer, aber auch sozialer Systeme (Bevölkerungen) dauerhaft und über Generationen hinweg zu erhalten. Das Nachhaltigkeitskonzept erfordert ein globales Zusammenwirken aller Staaten auf ökologischer, ökonomischer und sozialer Ebene. Nur so können Umweltkatastrophen langfristig abgewendet werden.

Evolution

Entwicklung der Evolutionstheorie

Synthetische Evolutionstheorie

Nachdem Linné in der 2. Hälfte des 18. Jahrhunderts damit begann, die Vielfalt des Lebendigen zu erfassen und sie im Wesentlichen entsprechend der Baupläne systematisierte, stellte CUVIER fest, dass die Organismen in der Vergangenheit nicht immer nur in der Form vorkamen, in der sie uns heute erscheinen. Beide Wissenschaftler konnten aufgrund ihrer Vorstellung, dass die Erde erst 6000 Jahre alt sei, keine oder keine hinreichende Erklärung für die Vielfalt des Lebens geben. Erst LAMARCK entwarf die Idee von der stammesgeschichtlichen Entwicklung des Lebendigen, mit der er die Vielfalt begründete. Zur Bekräftigung seiner Idee entwickelte er die Vorstellung von der Weitergabe erworbener Eigenschaften (durch Gebrauch oder Nicht-Gebrauch von Organen) von den Eltern an ihre Nachkommen. Diese Hypothese von der willentlichen und aktiven Anpassung des Individuums an die Umwelt konnte den späteren Erkenntnissen der Genetik nicht standhalten. 50 Jahre später, 1859, lieferte DARWIN eine neue Theorie für die stammesgeschichtliche Entwicklung des Lebendigen. Er übernahm eine Idee von MALTHUS und erkannte, dass Lebewesen mehr Nachkommen haben als zum Überleben der Art nötig wären. Diese weisen Unterschiede auf, die als Varianten für den Kampf ums Dasein (struggle for life) unterschiedlich geeignet sind. Der Bestangepasste setzt sich durch und überlebt in seinen Nachkommen als Tüchtigster (survival of the fittest). Dabei bestimmt die Umwelt, wer am besten geeignet ist. Sie selektiert. Die Individuen werden mit ihren Eigenschaften der Umwelt ausgesetzt. Im Wechselspiel zwischen Umwelteinfluss und individueller Ausstattung ergibt sich der Grad der Angepasstheit. Darwin bezog diese Erkenntnisse auf alle Lebewesen und formulierte sie als Selektionstheorie. Zahlreiche Belege aus vielen Disziplinen der Biologie, z. B. der Genetik, der Paläontologie, Ethologie, Ökologie und Biochemie bestätigten Darwins Selektionstheorie. Alle diese Erkenntnisse aus den unterschiedlichen Fachgebieten erweiterten die Selektionstheorie zur Synthetischen Evolutionstheorie.

Evolutionshinweise

Rezente und paläontologische Hinweise

Aus allen Bereichen der Biologie gibt es Belege (Hinweise) für die Evolution. Die Paläontologie kennt Fossilien von Pflanzen und Tieren, die heute nicht mehr existieren. Darunter gibt es auch Übergangsformen, die Merkmale verschiedener Tiergruppen besitzen (z. B. Archaeopteryx mit Merkmalen von Reptilien und Vögeln). Auch die Merkmale rezenter (heutiger) Lebewesen, vor allem der Brückentiere, geben Hinweise auf die Entwicklung von Organismen. Rudimente und Atavismen sind nur erklärbar unter der Annahme von Evolution. Nur so können auch die Ähnlichkeiten in der Keimentwicklung (Ontogenese) mit denen in der Stammesentwicklung (Phylogenese) erklärt werden. Belege für die Evolution sind auch Ähnlichkeiten im Aufbau der Proteine, Nukleinsäuren oder Zellorganellen sowie Organen unterschiedlicher Lebewesen. Obwohl nach dem gleichen Grundmuster aufgebaut, können sie eine andere Funktion besitzen.

Ist der Aufbau von Organen unterschiedlich, ihre Funktion aber gleich, handelt es sich um eine Analogie (z. B. Auge des Menschen und Auge des Tintenfisches). Diese Ähnlichkeit hinsichtlich der Funktion ist eine Folge der Anpassung an ähnliche Umweltbedingungen. Eine Ähnlichkeit des Bauplans trotz unterschiedlicher Funktion nennt man Homologie. Sie ist mit einer gemeinsamen Abstammung zu erklären.

Hinweise aus der Wirbeltieranatomie

Obwohl die Vorderextremitäten unterschiedlichen Funktionen (fliegen, graben, laufen oder schwimmen) dienen, haben sie einen gemeinsamen Grundbauplan. Ohne die Annahme der stammesgeschichtlichen Entwicklung könnte dies nur mit Zufällen erklärt werden. Die Annahme einer Evolution der Wirbeltierarten führt zu der Vorstellung einer früheren Existenz eines gemeinsamen Vorfahrens.

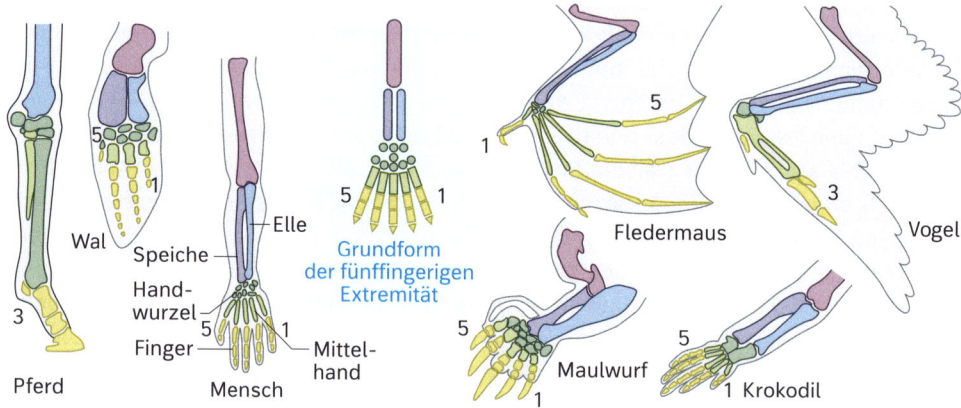

Homologie bei Wirbeltierextremitäten

Phänomene beim Vergleichen der Baupläne von Organen

- **Homologien** deuten auf eine divergente Entwicklung aus gemeinsamen Vorfahren hin und sind ein Beleg für Verwandtschaft. Die beziehen sich auf die *Homologiekriterien der Lage, der spezifischen Qualität und der Stetigkeit*, d. h. der Verknüpfung durch Zwischenformen.
- **Analogien** deuten auf eine *konvergente Entwicklung* hin und machen keine Aussage über den Grad der Verwandtschaft. Die Knochen der Vorderextremitäten von Fledermaus und Vogel sind als homolog anzusehen, wenn man die Entwicklung der Vorderextremitäten der Säuger und Vögel aus den Vorderextremitäten der Reptilien als gemeinsamen Vorfahren betrachtet. Die Vorderextremitäten sind als analog anzusehen, wenn die Organe betrachtet werden, die zur Flugfähigkeit beisteuern: Die Flughaut ist also analog zu den Federn.
- **Rudimente** sind zurückgebildete Organe, die i. d. R. funktionslos sind oder einen Funktionswechsel erfahren haben. Reste des Beckengürtels bei Bartenwalen sind ein Hinweis auf Vorfahren funktionierende Hintergliedmaßen besaßen und somit

Landbewohner waren. Heute dient dieser Knochenrest als Haltevorrichtung für den Penis. Bei Menschen gilt z. B. das Steißbein als Hinweis dafür, dass unsere Vorfahren einen Schwanz besaßen.

- **Atavismen** sind relativ seltene Abweichungen in der Ausbildung von anatomischen oder verhaltensbiologischen Merkmalen, die Ähnlichkeiten mit den Eigenschaften der Vorfahren aufweisen. Beim Menschen kennt man z. B. die schwanzartige Verlängerung des Steißbeins (seltener als 1 : 1 000 000), zusätzliche Brustwarzen oder eine Ganzkörperbehaarung.

Hinweise aus der Embryologie

Nach HAECKELS biogenetischer Grundregel ist die Ontogenese (Keimesentwicklung) ein kurzer Abriss der Phylogenese (Stammesgeschichtliche Entwicklung). Nach heutigem Verständnis richtet sich die Individualentwicklung nur teilweise nach Entwicklungsprogrammen der stammesgeschichtlichen Vorfahren, sodass nur wenige Stadien der Embryonalentwicklung Anklänge an die stammesgeschichtliche Entwicklung zeigen. In wenigen Ausnahmefällen lassen sich ausgebildete Einzelmerkmale entdecken, die Übereinstimmungen mit Merkmalen der Vorfahren zeigen und somit Hinweise auf eine stammesgeschichtliche Entwicklung darstellen. Beispiele sind die Zahnanlagen im Kiefer von Bartenwal-Embryonen und die als Kiemenanlagen anzusehenden Furchen bei Landwirbeltieren.

Hinweise aus der Paläontologie

In seltenen Fällen wurden durch glückliche Zufälle Reste von Organismen (tiefgefrorene Mammuts, in Bernstein eingeschlossene Insekten, Knochen, Kalkschalen etc.) gefunden, die viele 100 Millionen Jahre überdauert haben. Hinzu kommen Abdrücke, Versteinerungen oder Inkohlungen. Diese Fossilien können uns Hinweise über den Weg der Evolution geben. Hierbei sind besonders Reste von Lebewesen von Bedeutung, die Ausgangspunkte von divergierenden Entwicklungen (z. B. Ur-Säuger) oder Übergangsformen unterschiedlicher Gruppen waren.

Hinweise aus der Biochemie

Proteine, die bei verschiedenen Lebewesen die gleiche Funktion übernehmen, müssen nicht völlig identisch sein. Mutationen können zu Veränderungen führen, ohne die Funktionen des Proteins zu beeinträchtigen. Die Menge solcher Veränderungen sind ein Hinweis auf die stammesgeschichtliche Distanz bzw. die Verwandtschaft von Lebewesen. Keine oder wenige Unterschiede in der Aminosäuresequenz deuten auf einen kürzeren Zeitraum seit der Trennung, mehrere oder gar viele Abweichungen deuten auf einen längeren Zeitraum seit der Trennung hin. Ein gut geeignetes Untersuchungsobjekt ist das Cytochrom c, das als Enzym in allen Lebewesen, die Mitochondrien besitzen, vorkommt. DNA-Vergleiche geben genauso wie Proteinvergleiche Hinweise auf die stammesgeschichtliche Distanz von Arten. Große Ähnlichkeit bestimmter DNA-Abschnitte deutet auf geringe stammesgeschichtliche Distanz (hoher Verwandtschaftsgrad), geringere Ähnlichkeiten auf größere Distanz (geringerer Verwandtschaftsgrad) hin. Nicht codierende

Abschnitte der DNA unterliegen in geringerem Maße der Selektion, weisen somit mehr Mutationen pro Zeit auf und sind exakter in der Bestimmung des Verwandtschaftsgrades. Die DNA-Unterschiede können sowohl qualitativ als auch quantitativ ausgewertet werden. Ein geeignetes Verfahren ist die DNA-Hybridisierung. DNA-Doppelstränge unterschiedlicher Arten werden durch Erhitzen voneinander getrennt (Schmelzen der DNA). Nach dem Abkühlen können homologe Abschnitte von DNA-Einzelsträngen unterschiedlicher Arten hybridisieren, indem sich zwischen komplementären Basen der beiden Einzelstränge Wasserstoffbrücken ausbilden. Beim erneuten Schmelzen dieser Hybridstänge trennen sich diese umso schneller, je weniger komplementäre Basen sie aufweisen. Gemessen wird die Temperatur, bei der die Hälfte aller Brücken aufgelöst ist (Schmelzpunktbestimmung). Je niedriger dieser Schmelzpunkt ist, desto geringer ist somit die Ähnlichkeit der beiden hybridisierten DNA-Einzelstränge und desto geringer die Verwandtschaft der untersuchten Arten.

Datierungsmethoden (ÜA 13)

Um Fossilien in Stammbäumen einordnen zu können, ist es besonders hilfreich, deren Alter zu bestimmen. Bei der relativen Altersbestimmung stellt man fest, in welchen Gesteinsschichten die fraglichen Fossilien enthalten sind. Tiefere Schichten sind älter als die darüber liegenden, solange sie flach gelagert sind und sich nicht übereinander geschoben haben. In den Schichten eingelagerte Leitfossilien, die in nur kurzen geologischen Zeitspannen weit verbreitet waren, zeigen das Alter auch an weit voneinander entfernten Fundstellen an.

Das exakte Alter wird durch Methoden der absoluten Altersbestimmung ermittelt. Eine davon ist die Radiocarbon- oder ^{14}C-Methode. Sie beruht auf dem Zerfall des Kohlenstoffisotops ^{14}C. Aufgrund der kosmischen Strahlung wird dieses Isotop in der Erdatmosphäre aus Stickstoffatomen (^{14}N) immer neu gebildet und hat dann im Kohlenstoffdioxid einen annähernd konstanten Anteil. Über die Fotosynthese ge-

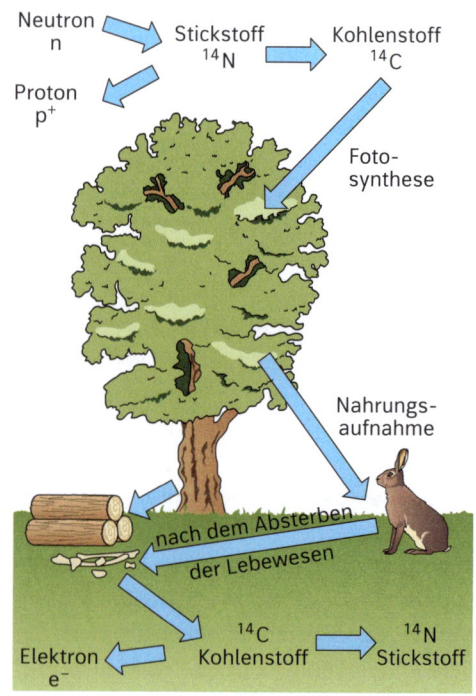

Altersbestimmung über die Radiocarbon-methode

langt es in die Pflanzen, dann über die Nahrungskette in die Pflanzen- und Fleischfresser. Mit dem Tod der Lebewesen unterbleibt der Nachschub an radioaktivem Kohlenstoff, der mit einer Halbwertzeit von 5730 Jahren in dem Körper bzw. Fossil abnimmt. Nach

11 460 Jahren ist also nur noch ein Viertel der ursprünglichen Menge an ^{14}C vorhanden. Die ^{14}C-Methode ist nur für Fossilien geeignet, die nicht älter als ca. 70 000 Jahre alt sind. Dagegen kann man mit der Kalium-Argon-Methode Gesteine bis zu einem Alter von 4,6 Milliarden Jahre bestimmen. Beim radio-aktiven Zerfall von 40K entstehen neben Calcium-Atomen zu 11 % das Edelgas Argon (40Ar) mit einer Halbwertszeit von 1,25 • 109 Jahren. Diese Methode beruht darauf, dass Argon aus flüssigem Gestein entweicht, nach dem Erkalten des Vulkangesteins in diesem eingeschlossen bleibt. Bei der Datierung des Gesteins wird der Anteil des Argons durch Erhitzen aufgefangen und seine Masse ins Verhältnis zum enthaltenen Kalium gesetzt.

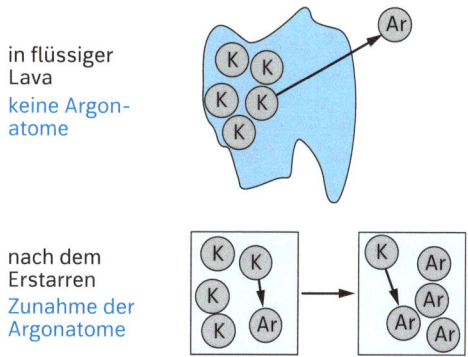

in flüssiger Lava
keine Argon-atome

nach dem Erstarren
Zunahme der Argonatome

Gesteinsdatierung durch die K-Ar-Methode

Grundlagen evolutiver Veränderung

Eine Population ist eine Gruppe von artgleichen Individuen, die eine Fortpflanzungsgemeinschaft bilden, also einen gemeinsamen Genpool besitzen. Die Mitglieder der Population unterscheiden sich nicht nur in ihren Genen (Genotyp), sondern auch im Aussehen (Phänotyp) voneinander. Die genotypische Variabilität und somit auch die phänotypische ist die Grundlage für evolutive Veränderungen.

Einflüsse, die einen Artenwandel hervorrufen können, werden als Evolutionsfaktoren bezeichnet. Dazu zählen:

Mutation und Rekombination: Mutationen liefern neue Allele. Sie verändern damit die Allelfrequenz in einer Population. Sexuelle Rekombination erhöht die Variabilität einer Population, ohne allerdings die Häufigkeit der Allele (Allelfrequenz) in einem Genpool zu verändern.

Selektion: Durch Auslese wird die Allelfrequenz im Genpool verändert. Der künstlichen Selektion, die vom Menschen ausgeht (Züchtung) steht die natürliche gegenüber. Sie kann sowohl von abiotischen Faktoren wie Temperatur, Wind etc. hervorgerufenwerden als auch von biotischen wie Fressfeinden, Parasiten (zwischenartliche Selektion) sowie von Artgenossen (innerartliche Selektion, die z. B. zum Sexualdimorphismus führt).

Bei der Auswirkung der Selektion auf eine Population unterscheidet man die stabilisierende von einer gerichteten bzw. transformierenden und einer aufspaltenden bzw. disruptiven Selektion.

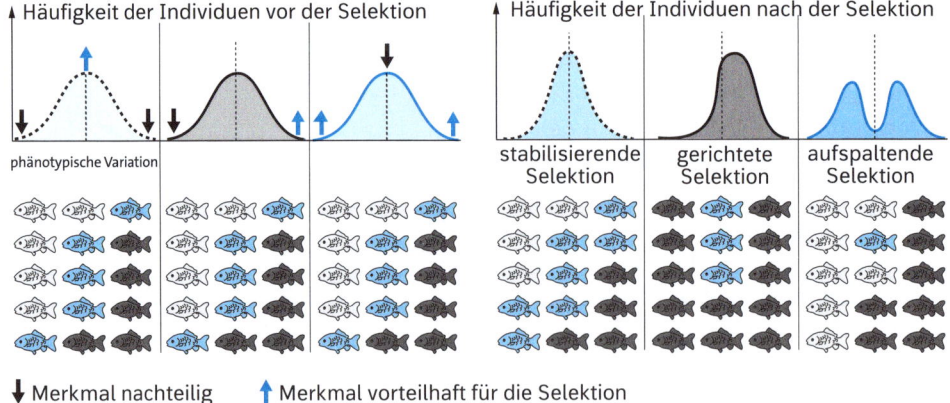

Auswirkungen der Selektion auf eine Population

Gendrift: Dieser Evolutionsfaktor bewirkt eine zufallsbedingte Änderung eines Genpools und damit der Allelfrequenz. Er ist für kleine Populationen bedeutend und spielt z. B. bei kleinen Inselpopulationen (Gründerpopulationen) eine Rolle.

Migration: Eine Veränderung des Genpools kann durch Zu- und Abwanderungen von artgleichen Individuen hervorgerufen werden.

Isolation: Werden Individuen von anderen Individuen derselben Art räumlich, zeitlich oder allgemein durch Änderungen, die sich auf den Bereich der Fortpflanzung auswirken, getrennt, so kann dies unterschiedliche Veränderungen für den einzelnen Genpool hervorrufen. Aufgrund des zunächst gebremsten und schließlich unterbrochenen Genflusses können z. B. unterschiedliche Neumutationen nicht mehr ausgetauscht werden. Die Isolation der Genpools kann durch vielfältige Faktoren bewirkt werden:

- geografisch (Kontinentalverschiebung, Insel-, Gebirgs- und Flussbildung, Meeresströmung, Autobahn etc.),
- ökologisch (unterschiedliche Nahrung, Paarungszeiten, Nistplätze etc.),
- ethologisch (verschiedene Balzrituale, Gesänge, Gefiederfarbe, Sexuallockstoffe und andere Locksignale),
- genetisch (Genomunverträglichkeit, unfruchtbare Nachkommen etc.),
- mechanisch (Geschlechtsorgane passen nicht mehr zusammen, kommt vor allem bei Insekten vor).

Art und Artbildung (ÜA 14)

Zu einer Art werden alle diejenigen Individuen zusammengefasst, die unter natürlichen Bedingungen miteinander fertile Nachkommen haben (biologischer Artbegriff). Zwischen diesen findet also ein Genfluss statt. Eine Art wird mit ihrem Gattungs- und Artnamen bezeichnet (z. B. Homo sapiens).

Die oben aufgeführten Isolationsformen verhindern die Fortpflanzung zwischen Gruppen von Individuen und können zur Aufspaltung eines vormals gemeinsamen Genpools und damit zur Artbildung führen.

Dabei unterscheidet man grundsätzlich zwischen zwei Formen der Artenbildung: Bei der **sympatrischen** Artenbildung entstehen in einem Lebensraum ohne geografische Isolation zwei neue Arten durch Ausbildung einer biologischen Fortpflanzungsschranke aufgrund ökologischer, ethologischer, mechanischer oder genetischer Isolationsfaktoren.

Mögliche Aufgabenstellung zur sympatrischen Artaufspaltung (ÜA 14):

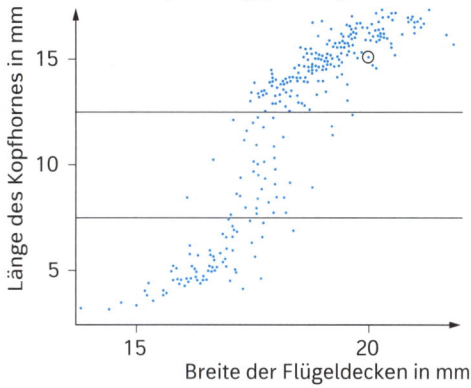

1. **Beschreiben** Sie die Hornlängenverteilung innerhalb der Population des kolumbianischen Zuckerrohrkäfers aufgrund des Punktdiagramms. Erläutern Sie die Bedeutung des durch einen Kreis gekennzeichneten Punkt im Kurvendiagramm (Beschreibung eines Diagramms, S. 57).

2. **Zeichnen** Sie zur Häufigkeitsverteilung der Hornlängen des kolumbianischen Zuckerrohrkäfers **ein Kurvendiagramm**, das die Verhältnisse der Abbildung auf der Basis relativer Werte wiedergibt (Erstellen eines Diagramms, S. 59).

Hornlängen des kolumbianischen Zuckerrohrkäfers

3. **Stellen Sie eine Hypothese auf** zur Wirkung der vorherrschenden Selektion auf den Zuckerrohrfeldern (Umgang mit Experimenten und Hypothesen, S. 71 ff.).

Kompetenzerwartungen:
1. Beschreibung Punktdiagramm
   - Für den kolumbianischen Zuckerrohrkäfer ist die Länge des Kopfhorns in mm auf der senkrechten (y) Achse gegen die Breite der Flügeldecken auf der waagerechten (x) Achse in mm aufgetragen.
   - Die Punkte in der Abbildung stehen für jeweils einen vermessenen Käfer. Der hervorgehobene Punkt in der Abbildung bedeutet, dass bei einem Käfer mit einer Flügeldeckenlänge von 20 mm eine Kopfhornlänge von 15 mm festgestellt wurde.
   - Auffällig ist, dass es viele Käfer mit einem kleinen Kopfhorn von etwa 5 mm gibt, deren Flügeldeckengröße zwischen etwa 13 und 17 mm liegt, und gleichzeitig sehr viele Käfer mit einem großen Kopfhorn von ca. 15 mm gibt, die Flügeldecken zwischen 17 und 22 mm Länge besitzen.
   - Die beiden grauen waagerechten Linien in der Abbildung teilen die Population in drei Käfergruppen, in die bereits erwähnten kleinen Käfer mit einem kleinen Kopfhorn und die großen Käfer mit großem Kopfhorn, die den größten Anteil an der Population haben. Daneben gibt es mittelgroße Käfer mit einer Flügeldeckenlänge um die 17,5 mm, deren Kopfhornlänge zwischen 7,5 und 12,5 mm schwankt. Diese Gruppe von Käfern ist die kleinste innerhalb der Population.

2. Erstellen eines Kurvendiagramms
3. Hypothese
   Auf den Zuckerrohrfeldern herrscht eine disruptive Selektion. Sowohl Käfer mit einem großen Kopfhorn als auch solche mit einem kleinen Kopfhorn werden in der Population selektiert, während solche mit einem mittelgroßen Kopfhorn benachteiligt sind. Durch die Wirkung verschiedener

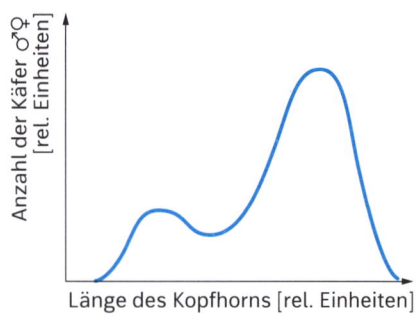

Umwelt- bzw. Selektionsfaktoren könnte es in der Zukunft zu einer sympatrischen Artaufspaltung von großen und kleinen Käfern kommen.

Bei der **allopatrischen** Artenbildung führt die räumliche Trennung von Teilpopulationen zu einer Aufspaltung und Veränderung der beiden Genpools aufgrund unterschiedlicher Mutationen und Selektionen, die von den unterschiedlichen Umwelteinflüssen ausgehen. Bei beiden Formen der Artbildung kommt es zu einer genetischen Separation, also der Auftrennung des Genpools. Bei einer allopatrischen Artbildung zeigt sich dies aber erst, wenn nach einem Wegfall der geografischen Isolationsschranken die zuvor getrennten Populationen keine gemeinsamen Nachkommen mehr erzeugen.

Artenwandel bei uneingeschränkter Panmixie

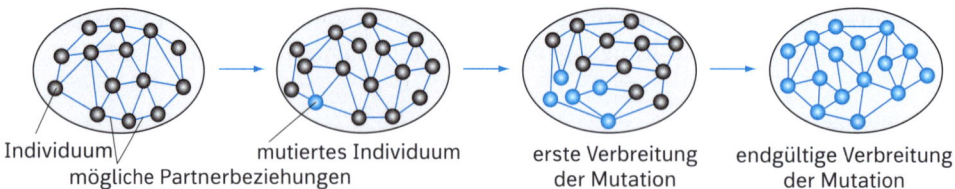

Artenbildung als Folge von Isolation

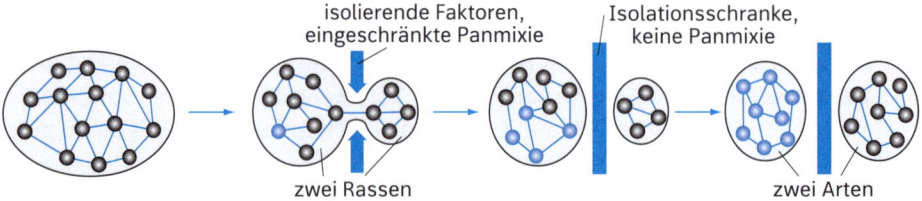

Entwicklung von Arten

Gelangen Gründerindividuen in einen Raum, in dem noch wenige ökologische Nischen ausgebildet sind, divergiert die neue Stammpopulation aufgrund vielfältiger Evolutionsfaktoren sehr schnell in viele Teilpopulationen. Dabei bilden die Teilpopulationen viele unterschiedliche ökologische Nischen aus (Einnischung). Dieser Vorgang wird adaptive Radiation genannt. Beispiele hierfür sind die Darwinfinken auf dem Galapagos-Archipel, die Kleidervögel auf Hawaii, die Beuteltiere Australiens oder auch die vielen heimischen Hummelarten.

Evolution und Verhalten

Pflanzen sich Individuen fort, geben sie ihre Gene in den Genpool der nächsten Generation weiter. Das Ausmaß dieser Weitergabe ist abhängig von der Anzahl eigener Nachkommen im Vergleich zu denen anderer Artgenossen und wird als Fitness bezeichnet. Neben der direkten Weitergabe eigener Gene (direkte Fitness) werden diese auch indirekt durch Verwandte weitergegeben (indirekte Fitness). Je näher dabei die Verwandtschaft, desto größer ist die Wahrscheinlichkeit, dass deren Gene mit den eigenen übereinstimmen. Die Summe aus direkter und indirekter Fitness bezeichnet man als Gesamtfitness eines Individuums. Folglich lässt sich uneigennütziges (alt-

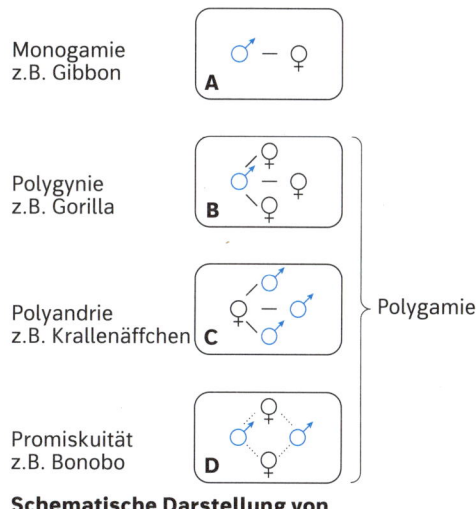

Monogamie
z.B. Gibbon

Polygynie
z.B. Gorilla

Polyandrie
z.B. Krallenäffchen

Promiskuität
z.B. Bonobo

Polygamie

Schematische Darstellung von Paarungssystemen

ruistisches) Verhalten Verwandten gegenüber damit erklären, dass die Gesamtfitness durch indirekte Fitness erhöht wird. Darunter fällt z. B. die Versorgung der Nachkommen der Bienenkönigin durch die unfruchtbaren Arbeiterinnen im Bienenstaat oder die Verwandtenunterstützung von Vogeleltern beim Füttern der Jungen. Das Paarungsverhalten im Tierreich ist vielfältig. Mit Monogamie wird ein Paarungssystem bezeichnet, bei dem ein Weibchen sich immer nur mit einem Männchen paart. Polygamie bezeichnet ein Paarungssystem, bei dem ein Individuum mehrere Partner hat. Hier wird noch weiter unterschieden: Hat ein Weibchen mehrere Männchen, mit denen es sich paart, diese sich aber immer nur mit dem gleichen Weibchen paaren, nennt man dies Polyandrie. Wenn sich dagegen ein Männchen mit mehreren Weibchen paart, diese sich aber immer nur mit dem gleichen Männchen paaren, wird das Polygynie genannt. Mit Promiskuität bezeichnet man ein System, in dem sich beide Geschlechter jeweils mit mehreren Partnern paaren. Die Angehörigen der jeweiligen Paarungssysteme zeigen entsprechend angepasste Körpermerkmale. So sind z. B. die Hoden von in Konkurrenz stehenden Männchen (z. B. Schimpansen) relativ größer als die solcher, die in Monogamie leben (z. B. Gibbon).

Sexuelle Selektion

Zwischen männlichen und weiblichen Vertretern einer Art lassen sich zum Teil eindeutige Unterschiede im Aussehen feststellen. Man bezeichnet sie als Sexualdimorphismen (z. B. prächtige Federkleider, große Geweihe). Das Vorhandensein solcher Strukturen, die gegenüber den Weibchen (intersexuell) oder gegenüber anderen Männchen (intrasexuell) eine Signalwirkung haben, wirkt sich auf den Fortpflanzungserfolg aus. Es handelt sich also um eine innerartliche Form der Selektion, der sexuellen Selektion.

Die auffälligen phänotypischen Ausprägungen sind im Sinne der natürlichen Selektion häufig eher von Nachteil. Ein Beispiel hierfür ist die Schwanzlänge des Hausschweif-Widas, einem Vertreter der Webervögel, der bis zu 23 cm groß wird. Untersuchungen zur Aerodynamik haben ergeben, dass eine Schwanzlänge von 20 – 25 % im Verhältnis zur Körperlänge optimal ist. Für den Hausschweif-Wida würde sich so eine Länge von etwa 5 – 6 cm ergeben. Während der Paarungszeit erreicht der Schwanz eine Länge von bis zu 50 cm. In Bezug auf die Flugeigenschaft, die sowohl für das Fluchtverhalten als auch den Beutefang entscheidend sind, bedeutet dies einen Selektionsnachteil. Männchen mit längeren Schwanzfedern bauen jedoch mehr Nester mit verschiedenen Weibchen und zeugen mehr Nachkommen, was einen Selektionsvorteil darstellt.

Stammbäume

a. Systematik und phylogenetischer Stammbaum (ÜA 13, 14)

Die heute benutzte Systematik der Pflanzen und Tiere geht auf CARL VON LINNÉ (1707 – 1778) zurück. Er gab den Lebewesen zweiteilige Namen (Gattung und Art) und ordnete sie auf der Basis von morphologischen Ähnlichkeiten. So fasste er ähnliche Arten zu Gattungen, ähnliche Gattungen zu Familien usw. zusammen. Dieses System von LINNÉ wird heute noch fast unverändert benutzt. Die Wirbeltiere werden z. B. in Klassen gegliedert: Fische, Amphibien, Reptilien, Vögel und Säuger. LINNÉ ging von der Konstanz der Arten aus.

Stammbäume werden u. a. aufgrund von Vergleichen, also durch Feststellung von Ähnlichkeiten und Unterschieden, erstellt (s. o. Ähnlichkeiten im Bauplan, Biochemie etc.). Aufgrund des unterschiedlichen Vergleichsmaterials können sie dann natürlich ganz verschieden aussehen. Der *Stammbaum der Wirbeltiere* in der folgenden Abbildung beruht auf dem Vergleich bestimmter Organe im Bauplan der Tiere.

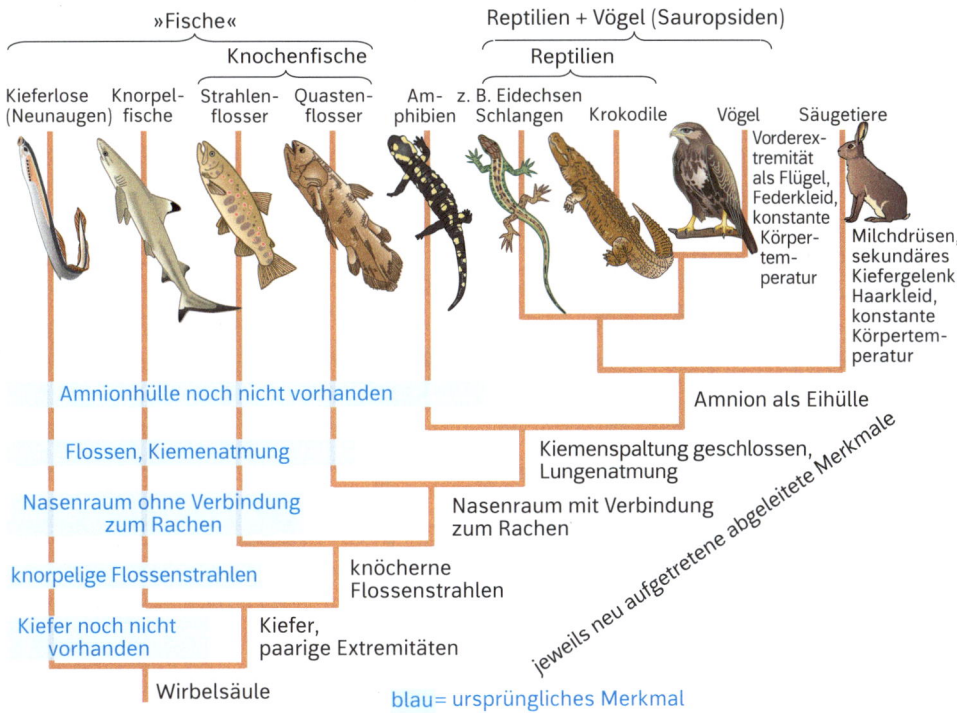

Stammbaum der Wirbeltiere

Vergleicht man dagegen funktionsgleiche Proteine bei unterschiedlichen Lebewesen, kann man aufgrund der Abweichungen in der Aminosäuresequenz einen anderen Stammbaum aufstellen.

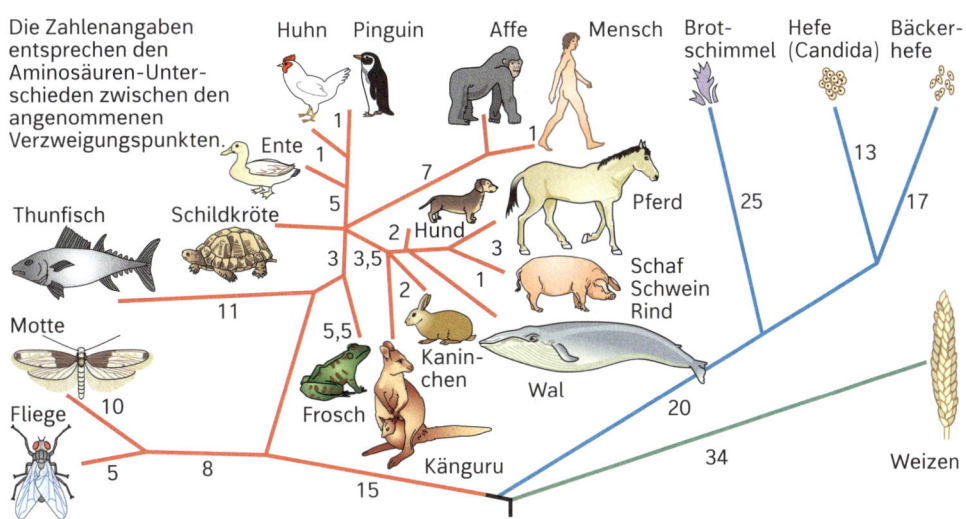

Stammbaum nur auf Basis des Vergleichs des Enzyms Cytochrom

Stammbaum der Primaten

Schon LINNÉ hat den Menschen problemlos in sein System eingeordnet und ihn mit den Affen und Halbaffen zur Ordnung der Primaten (Herrentiere) zusammengefasst. Durch neuere Erkenntnisse konnte die Klassifikation der Primaten verfeinert und mithilfe weiterer Methoden zu einer Erstellung des Stammbaums der Primaten genutzt werden.

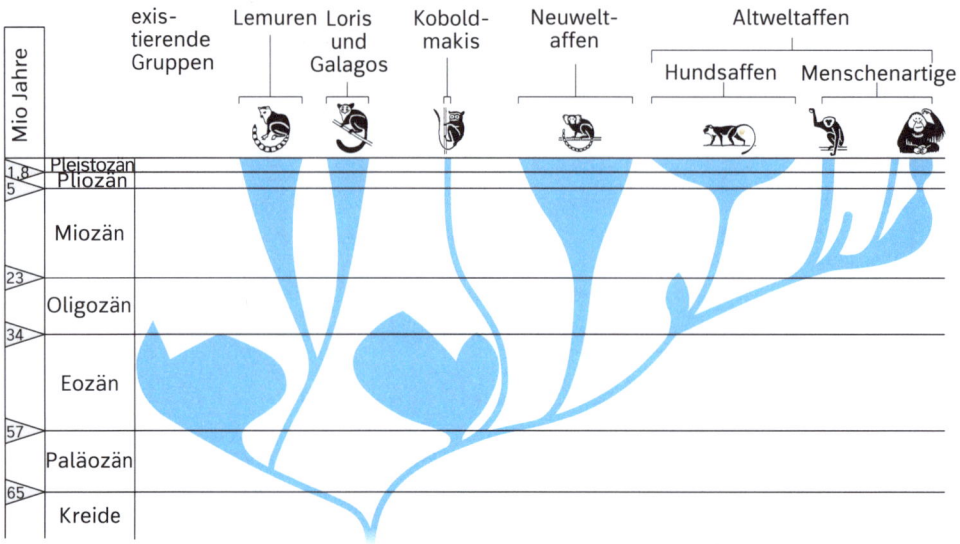

Stammbaum der Primaten

Oft unterstützen unterschiedliche Hinweise die gleiche Hypothese über die stammesgeschichtliche Entwicklung. Manchmal können diese Hinweise auch widersprüchlich sein. Dann können verschiedene Hypothesen aufgestellt werden und somit unterschiedliche Stammbäume erstellt werden. Wichtig ist: Stammbäume sind nur Hypothesen und sind nicht immer widerspruchsfrei. Sie können je nach Gewichtung der verschiedenen Hinweise unterschiedlich sein und sich im Laufe der Zeit ändern.

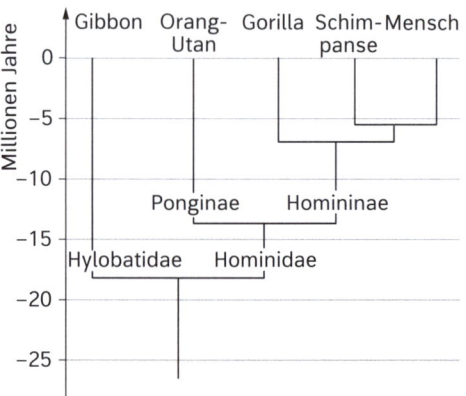

Stammbaum der Hominoiden

Methodischer Hinweis: Umgang mit phylogenetischen Stammbäumen

In einem phylogenetischen Stammbaum werden Taxa mit einem gemeinsamen Merkmal (z. B. Körperbehaarung oder gelbe Samenfarbe) zu Gruppen zusammengefasst. Dabei unterscheidet man drei Typen:

1) Die **monophyletische Gruppe** umfasst eine Stammform und alle von ihr abstammenden Taxa (hier A, B, C) mit dem gemeinsamen Merkmal. Das gemeinsame Merkmal geht auf den gemeinsamen Vorfahren zurück, seine Ursache liegt in der Verwandtschaft der Taxa.

2) Die **paraphyletische Gruppe** umfasst eine Stammform und viele von ihr abstammenden Taxa (hier G, H, I) mit dem gemeinsamen Merkmal. Das gemeinsame Merkmal geht ebenfalls auf den gemeinsamen Vorfahren zurück, seine Ursache liegt in der Verwandtschaft der Taxa, wobei ein Taxon (hier J) oder mehrere Taxa ein neues Merkmal entwickelt bzw. das bestehende Merkmal verloren haben.

3) Die **polyphyletische Gruppe** umfasst Taxa (hier D, E, F) mit einem gemeinsamen Merkmal aus verschiedenen Stammformen. Das gemeinsame Merkmal geht auf konvergente Entwicklung (Analogie) zurück.

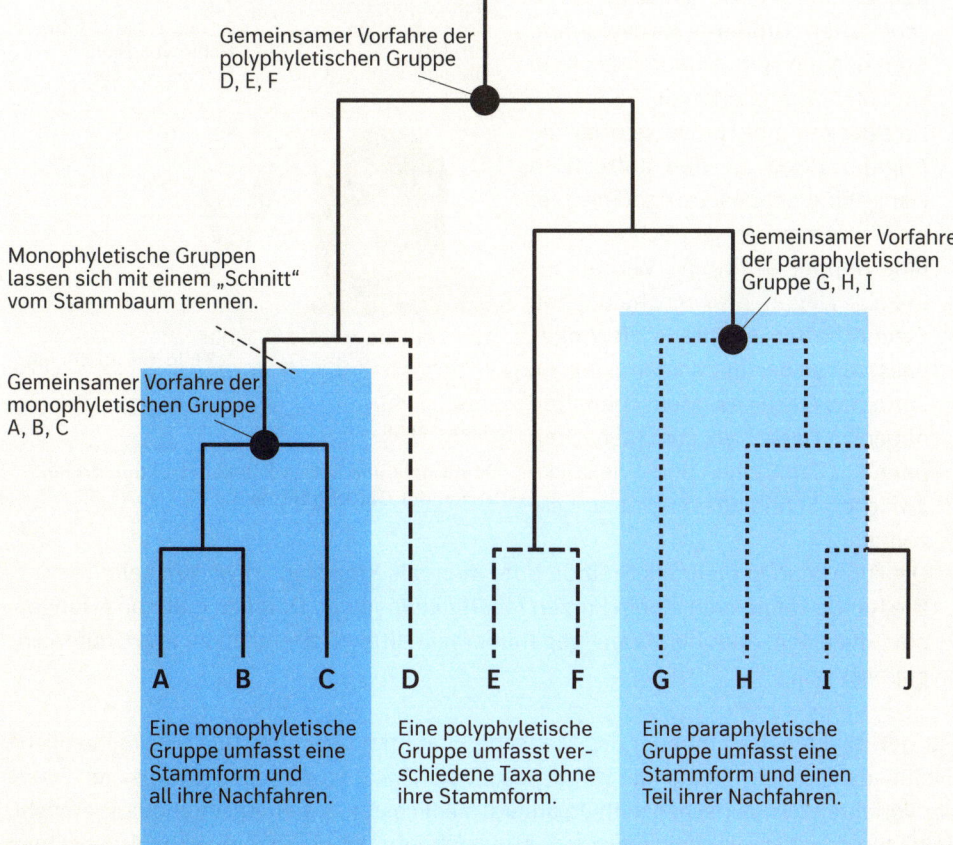

Gemeinsamer Vorfahre der polyphyletischen Gruppe D, E, F

Monophyletische Gruppen lassen sich mit einem „Schnitt" vom Stammbaum trennen.

Gemeinsamer Vorfahre der monophyletischen Gruppe A, B, C

Gemeinsamer Vorfahre der paraphyletischen Gruppe G, H, I

A B C D E F G H I J

Eine monophyletische Gruppe umfasst eine Stammform und all ihre Nachfahren.

Eine polyphyletische Gruppe umfasst verschiedene Taxa ohne ihre Stammform.

Eine paraphyletische Gruppe umfasst eine Stammform und einen Teil ihrer Nachfahren.

Phyletische Gruppen

Evolution des Menschen (ÜA 13)

Stammbaum des Menschen

Folgende fossile anatomisch-morphologische Merkmale spielen bei der Erstellung des Stammbaums der Menschen und Menschenaffen eine Rolle:

- Die Lage des Hinterhauptloches in der Schädelbasis ist ein Hinweis auf die Angepasstheit an den aufrechten Gang (je mehr das Loch in der Mitte liegt, desto fortgeschrittener ist der Grad der Angepasstheit).
- Form des Schädels: Kräftige Überaugenwülste, eine weit vorspringende Schnauze (Prognathie) und ein fliehendes Kinn sind Merkmale der Menschenaffen. Größeres Hirnvolumen, Stirn und ein spitz zulaufendes Kinn sind Menschenmerkmale.
- Das Becken gibt Hinweise über die Angepasstheit an den aufrechten Gang. Eine schüsselartige Form ist ein Hinweis auf den aufrechten Gang.
- Eine doppel S-förmige Wirbelsäule zeigt wegen ihrer mechanischen Eigenschaften ebenfalls die Angepasstheit an den aufrechten Gang an.
- Form des Gebisses: Menschenaffen haben im Gegensatz zum Menschen parallele Zahnreihen und eine Lücke zwischen Schneidezähnen und Eckzähnen.
- Die Füße können mehr als Greiffuß oder mehr als Standfuß entwickelt sein.
- Die Hände können mit einem kurzen fast funktionslosen Daumen mehr ans Hangeln oder mit einem opponierbaren (gegenübergestellten) Daumen mehr ans Greifen angepasst sein.

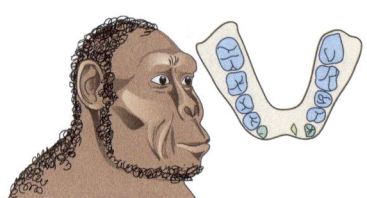

Name: Homo rudolfensis
Größe: bis 1,55 m
Fundort:
Turkana-(Rudolf-)See

Alter:
2,5 bis 1,8 Mio. Jahre
Gehirnvolumen:
600 bis 800 cm³

Name: Homo habilis
Größe: bis 1,65 m
Fundort:
Olduvai-Schlucht

Alter:
2,1 bis 1,5 Mio. Jahre
Gehirnvolumen:
500 bis 650 cm³

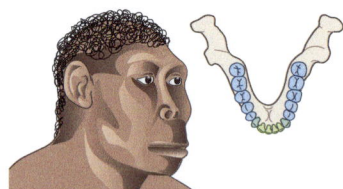

Name: Homo erectus
Größe: bis 1,65 m
Fundort:
Turkana-See,
Java, China

Alter:
1,8 Mio. bis 40000 Jahre
Gehirnvolumen:
750 bis 1250 cm³

Merkmale und Lebend-Rekonstruktion dreier Arten der Gattung Homo

Für den exakten Stammbaum des Menschen hat man sehr viele und unterschiedliche Evolutionshinweise miteinander verglichen. Zudem hat man die paläontologischen Funde der Vorfahren des Menschen mithilfe unterschiedlichsten Datierungsmethoden versucht, zeitlich möglichst exakt einzuordnen, sodass heute die phylogenetische Entwicklung des Menschen recht genau nachvollzogen werden kann, was sich in einem detaillierten Stammbaum niederschlägt. Allerdings wird dieser aufgrund aktueller fossiler Neufunde immer wieder in Einzelheiten verbessert. Manchmal stehen sich auch unterschiedliche Einschätzungen von paläontologischen Funden einander gegenüber, sodass verschiedene Hypothesen über die Entwicklung des Menschen sich in verschiedenen Stammbäumen finden. Im Folgenden finden Sie einen Stammbaum, der der heutigen gängigen Hypothese entspricht.

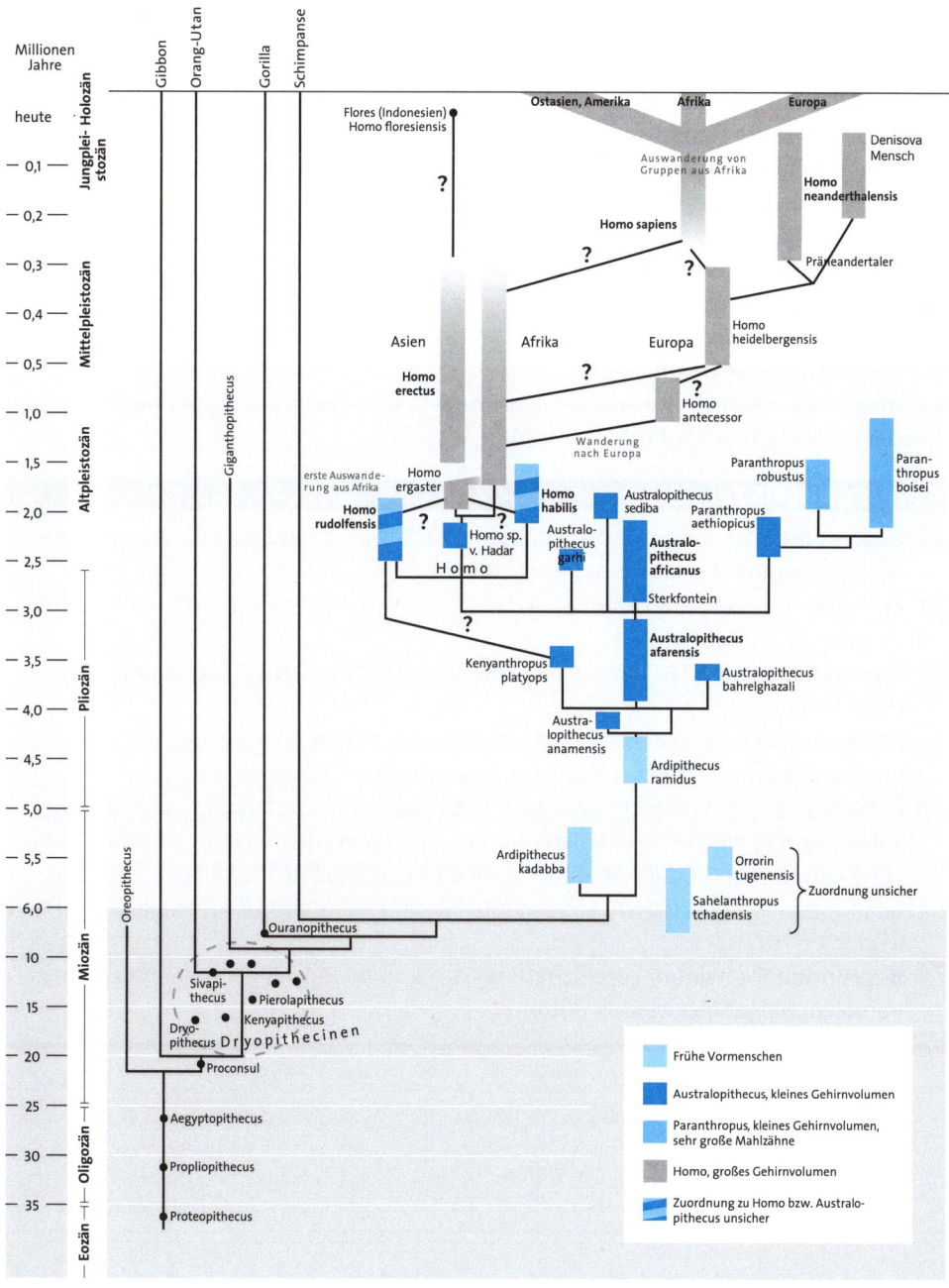

4 Übungsaufgaben

Aufgabe 1: Vaterschaftstest

Die Identifizierung von Verwandten mithilfe des genetischen Fingerabdrucks beim Menschen

Einleitung

Zu den Methoden von Vaterschaftstests gehört u. a. die Untersuchung bestimmter DNA-Abschnitte, in denen sich wiederholende DNA-Muster zu finden sind. Die Molekulargenetiker bezeichnen diese Wiederholungseinheiten, die eine Länge von 2 bis 7 Basenpaaren haben, als STRs (short tandem repeats). Sie liegen in den nicht codierenden Abschnitten der DNA und enthalten somit keine Gene für bestimmte Merkmale.

Auf der Suche nach ihren Eltern wurde bei Lena eine DNA-Analyse durchgeführt, bei der drei unterschiedliche DNA-Abschnitte mit STRs verwendet wurden: D3S1358, vWA und FGA. Diese Abschnitte wurden herausgeschnitten, vervielfältigt und mit einem Fluoreszenzfarbstoff angefärbt.

Die Länge dieser Abschnitte und damit die Anzahl der Wiederholungseinheiten wurden über eine Kapillarelektrophorese bestimmt.

AUFGABENSTELLUNG

1 **Beschreiben** Sie aufgrund der Angaben in M1, wie sich die Kapillarelektrophorese von der Gelelektrophorese unterscheidet.

2 **Erläutern** Sie, was man unter einer Wiederholungseinheit innerhalb eines DNA-Abschnitts versteht.

3 **Ermitteln** Sie das STR-Muster, das Lena aufgrund der DNA-Analyse laut Abbildung 4 besitzt.

4 **Geben** Sie für jede STR-Region **an**, welche STR-Muster für den Vater von Lena und welche jeweils für ihre Mutter in Frage kommen könnten.

5 **Ermitteln** Sie die Wahrscheinlichkeit, dass irgendeine andere Person in der Bevölkerung das gleiche STR-Muster für alle drei untersuchten DNA-Abschnitte wie Lena aufweist unter der Annahme, dass die Häufigkeit des jeweiligen STR-Musters für den einzelnen DNA-Abschnitt (D3S1358, vWA und FGA) jeweils bei 10 % liegt.

6 **Begründen** Sie, warum Vaterschaftstests nur unter Einwilligung der betroffenen Person durchgeführt werden dürfen.

Material

M1 Kapillarelektrophorese

Bei der Kapillarelektrophorese wandern die geladenen Teilchen (im vorliegenden Fall die DNA-Fragmente) unter Einfluss eines elektrischen Feldes in einem dünnen Kapillarrohr. Die Kapillaren haben eine Länge von mehr als 30 cm und einen Durchmesser von wenigen μm. Dadurch können DNA-Fragmente, die sich nur um ein Nukleotid unterscheiden, sicher voneinander getrennt werden. Kurz vor dem Ende der Kapillare erfasst ein Laser aufgrund ihrer Fluoreszenzmarkierung die Ankunft der unterschiedlich langen DNA-Abschnitte. Kleine Fragmente werden aufgrund ihrer Wanderungsgeschwindigkeit eher erfasst als größere.

M2 Elektropherogramm

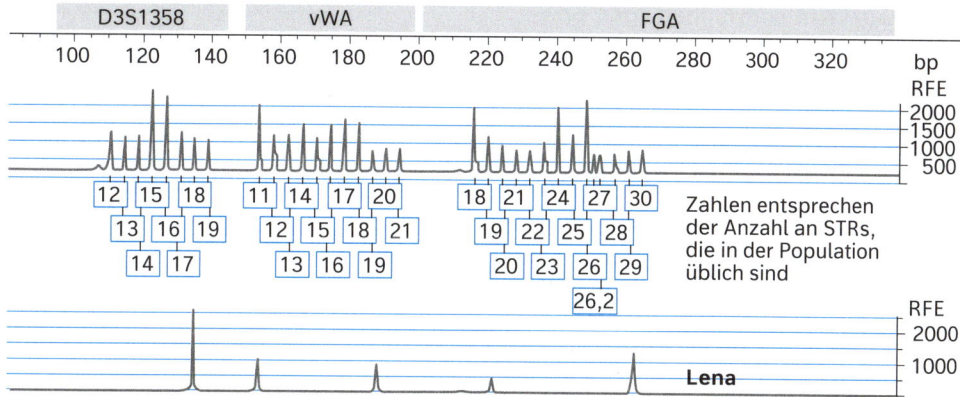

M2 Ergebnis der DNA-Analyse dreier DNA-Abschnitte mit STRs bei Lena (unten). Oben die mögliche Anzahl an Basenpaaren (bp) bzw. die Länge der untersuchten DNA-Abschnitte D3S1358, vWA und FGA; Mitte: Bezugssequenzen aller bekannter STRs der Population.

Anmerkung: Deutliche Ausschläge der Fluoreszenzmessung (in relativen Einheiten: RFE) zeigen bestimmte STR-Sequenzen an. Dabei entspricht ein Peak an einer bestimmten Position der angegebenen Anzahl von Wiederholungseinheiten.

Lösungen

1. Im Gegensatz zur Gelelektrophorese, die in einer Elektrophoresekammer abläuft, wandern die Ionen bei einer Kapillarelektrophorese durch eine Kapillare. Bei beiden Methoden müssen die DNA-Fragmente markiert bzw. angefärbt werden, um sie identifizieren zu können. Die Länge der DNA-Fragmente wird in der Gelelektrophorese aufgrund ihrer zurückgelegten Wanderungsstrecke bestimmt, bei der Kapillarelektrophorese wird über die Wanderungsgeschwindigkeit der DNA-Stücke durch die ganze Kapillare hindurch ihre Länge ermittelt.

2. Wiederholungseinheiten bestehen aus Nukleotidsequenzen der DNA, die stets direkt aufeinander folgen. Sie sind durch eine bestimmte Basenabfolge aus den vier Nucleinbasen Adenin (A), Thymin (T), Guanin (G) und Cytosin (C) gekennzeichnet, z. B. ist ATA eine Einheit aus 3 bp.

3. D3S1358: 18/18, vWA 11/20, FGA 19/29

4. D3S1358: ♂18/X(12-19) und ♀ 18/X(12-19); vWA: ♂11/X(11-21) und ♀ **20**/X(11-21) oder ♂20/X(11-21) und ♀ 11/X(11-21); FGA: ♂19/X(18-29) und ♀ **29**/X(18-29) oder ♂29/X(18-29) und ♀ **19**/X(18-29)

5. 0,1 x 0,1 x 0,1 = 0,001 entspricht 0,1 %.

6. In der Art Ihrer Argumentation sind Ihnen große Freiheiten eingeräumt. Inhaltliche Anhaltspunkte kann das Gendiagnostikgesetz bieten. Danach sind genetische Untersuchungen zur Feststellung der Abstammung nur dann zulässig, wenn die Personen, von denen eine genetische Probe untersucht werden soll, in die Untersuchung eingewilligt haben. Die Vornahme oder Veranlassung einer „heimlichen" Abstammungsuntersuchung wird als Ordnungswidrigkeit geahndet. Das Gesetz stärkt die informationelle Selbstbestimmung und damit das Recht auf Wissen und Nichtwissen. Argumente der betroffenen Personen, also der Kinder, können auch psychisch, z. B. Ängste vor dem Verlust der emotionalen Sicherheit, oder finanziell bestimmt sein.

Selbstdiagnosebogen

Aufgabe Nr.	Kernkompetenz	AFB	Punkte	erreichte Punkte	Förderung
1	Vergleich der Kapillarelektrophorese mit der Gelelektrophorese	II	3		Gelelektrophorese
2	Beschreibung der Wiederholungseinheiten (Tandem-Repeats) in der DNA	I	3		molekularer Aufbau der DNA, besonders nicht-codogene Abschnitte mit Tandem-Repeats (S. 22 ff.)
3	Erfassen der variablen Wiederholungen von Basenfolgen innerhalb eines DNA-Abschnitts aufgrund eines Elektropherogramms	I	3		Umgang mit Diagrammen (S. 57 ff.)
4	Aufgrund des Genotyps des Kindes Rückschließen auf die Genotypen der Eltern	II	6		1. und 2. MENDEL-Regel (S. 19)
5	Einfache Wahrscheinlichkeitsberechnung	II	2		Wahrscheinlichkeitsrechnung
6	Beurteilung des Einsatzes von Vaterschaftstests	III	4		Diskussion um das Gendiagnostikgesetz (S. 36)

Gesamtpunkte: 21, davon AFB I: 6 Punkte (30 %); AFB II: 11 Punkte (50 %); AFB III: 4 Punkte (20 %)

Materialgrundlage:

Köhnemann S.: Einsatz spurenkundlicher und molekulargenetischer Untersuchungen in der Rechtsmedizin. Institut für Rechtsmedizin, Universitätsklinikum Münster 2009
http://campus.uni-muenster.de/fileadmin/einrichtung/rechtsmedizin/medizin/molekulargenetik. PDF
http://www.fbi.gov/about-us/lab/codis
http://www.biology.arizona.edu/human_bio/activities/blackett2/str_description.html

Aufgabe 2: Schädlingsbekämpfung mittels RNA-Interferenz bei Kartoffelkäfern

Genregulation bei Eukaryonten, epigenetische Mechanismen, Proteinbiosynthese, Fotosynthese (Leistungskurs)

Einleitung

Die Larven und die erwachsenen Kartoffelkäfer fressen die Blätter verschiedener Nachtschattengewächse, u. a. der Kartoffel. In den Monokulturen der Kartoffeln hat sich der Käfer zu einem gefürchteten Schädling entwickelt.

AUFGABENSTELLUNG

1 *Grundkurs:* **Nennen** Sie die Unterschiede im Bau von DNA und RNA und **beschreiben** Sie die Funktion der mRNA.
Leistungskurs: **Stellen** Sie die Stoffwechselvorgänge zusammenfassend **dar**, die im Rahmen der Fotosynthese in den Chloroplasten ablaufen.

2 **Erläutern** Sie unter Einbeziehung von M1, wie über RNAi die Expression von Genen bei Eukaryonten reguliert werden kann.

3 **Erläutern** Sie, wie die Forscher die Kartoffelpflanzen vor dem Kartoffelkäfer und seinen Larven schützen wollen (M1 und M2) und **analysieren** Sie anschließend die Ergebnisse des Experiments (M2).

4 **Bewerten** Sie abschließend diese neue Methode der Schädlingsbekämpfung bei Kartoffelpflanzen. Beziehen Sie dabei neben der Wirksamkeit der verschiedenen Ansätze auch die eingesetzte Methode ein.

Material

M1 Basisinformationen

Kleine doppelsträngige RNA-Stücke (dsRNA) spielen in den meisten Lebewesen eine wichtige Rolle. Sie werden in vielen eukaryotischen Zellen produziert und sind an der Regulierung von Genen beteiligt sind, indem sie diese stummschalten. Dieser Mechanismus wird RNA-Interferenz (RNAi), genannt. Pflanzenzellen besitzen in der Regel Chloroplasten, in denen die Prozesse der Fotosynthese ablaufen. Chloroplasten weisen neben einer doppelten Zellwand auch eine Plastiden-DNA, ein eigenes ringförmiges Genom auf. An den ebenfalls in den Chloroplasten vorhanden Ribosomen findet die Translation dieser DNA statt.

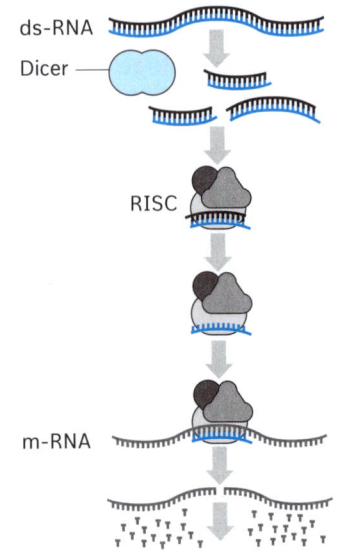

M1 Schematisch Ablauf der RNAi

M2 Experiment zur Abwehr des Kartoffelkäfers

Ein Forschungsteam des Max-Planck-Instituts hat in den letzten Jahren daran gearbeitet, neue artspezifische Methoden zur Bekämpfung des Kartoffelkäfers zu entwickeln, der in den meisten Anbaugebieten der Welt Resistenzen gegen die gängigsten Insektizide entwickelt hat.

Als Ansatzpunkt nutzten sie das Kartoffelkäfergen mit der Bezeichnung ACT, das auch in den Darmzellen des Kartoffelkäfers aktiv ist. Das ACT-Gen codiert β-Actin, ein zentrales Strukturprotein vieler Zellen, das am Aufbau des Zytoskeletts beteiligt ist. Das Zytoskelett stabilisiert die Zelle und übernimmt eine Reihe weiterer Aufgaben, wie z.B. die Signalübertragung mit den Nachbarzellen und die Steuerung des Transports von Stoffwechselprodukten.

Nun veränderten die Wissenschaftler verschiedene Kartoffeln gentechnisch so, dass die Plastiden-DNA ihrer Chloroplasten nun auch dsRNA produzierte. Diese dsRNA enthielt komplementäre Abschnitte zur mRNA des β-Actin-Gens, wie es in den Zellen des Darms von Kartoffelkäfern vorkommt.

Dabei wurden zwei gentechnisch veränderte Typen von Kartoffelpflanzen erzeugt: ACT-2 produziert dsRNA und besitzt eigene DICER- und RISC-Enzyme. ACT-21 erzeugt die dsRNA besitzt aber keine funktionsfähigen DICER- und RISC-Enzyme.

Mit den Blättern dieser Kartoffelpflanzen wurden in einem Experiment nun die Larven des Kartoffelkäfers gefüttert, um die Wirksamkeit der verschiedenen Ansätze zu prüfen. Das Material zeigt die Ergebnisse der Fütterung mit der Wildtyp-Pflanze (wt) und den beiden gentechnisch veränderte Kartoffelpflanzen (ACT2 und ACT21).

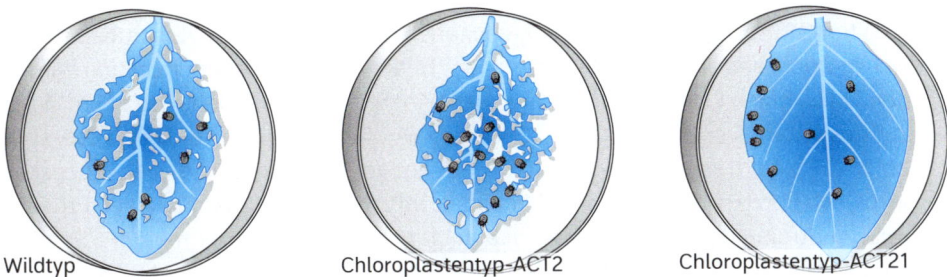

Wildtyp   Chloroplastentyp-ACT2   Chloroplastentyp-ACT21

M2 a Fraßspuren der Larven des Kartoffelkäfers an den frisch gegebenen Blättern der verschiedenen Kartoffelpflanzen am dritten Fütterungstag.

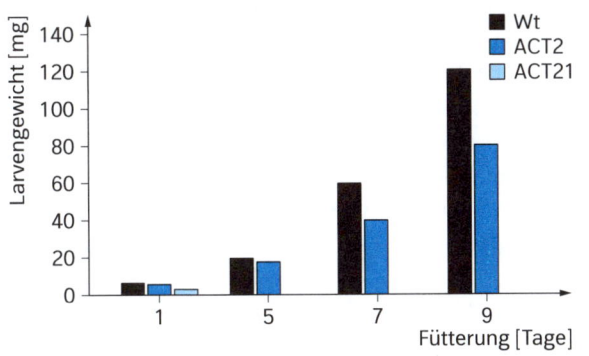

M2 b Gewicht der Larven des Kartoffelkäfers an den unterschiedlichen Fütterungstagen aus den verschiedenen Ansätzen

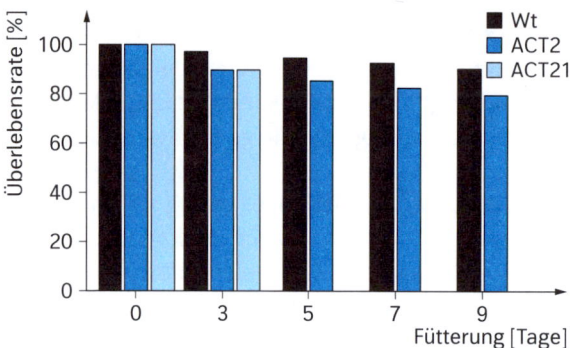

M2 c Überlebensrate der Larven des Kartoffelkäfers an den unterschiedlichen Fütterungstagen aus den verschiedenen Ansätzen

Lösungen

1. (Grundkurs): Im Gegensatz zum Zucker Desoxyribose der DNA wird die RNA mit dem Zucker Ribose aufgebaut. Die DNA kommt als Doppelhelix (Doppelstrang) vor, wohingegen die RNA meistens nur als Einfachstrang vorliegt. Darüber hinaus wird die Base Thymin der DNA in der RNA durch die Base Uracil ersetzt. Schließlich dient die DNA in erster Linie der Speicherung des Erbguts, während die RNA vielfältige Funktionen erfüllt. So spielt die sogenannte messengerRNA (mRNA) bei der Proteinbiosynthese eine zentrale Rolle. Im Zellkern wird ein kurzer DNA-Abschnitt in die mRNA transkribiert und in das Zytoplasma transportiert. Dort findet an den Ribosomen die Translation in ein Protein statt.

(Leistungskurs): Das Stoffwechselgeschehen im Rahmen der Fotosynthese lässt sich in zwei zentrale Prozesse unterteilen. In der lichtabhängigen Reaktion wird in den Thylakoiden Lichtenergie in chemische Energie umgewandelt. Dazu wird Wasser gespalten. Der entstehende Sauerstoff wird abgegeben und der Wasserstoff auf $NADP^+$ übertragen, so dass $NADPH + H^+$ entsteht. Im Rahmen dieses Prozesses wird auch Energie in Form von ATP gebildet. Im zweiten lichtunabhängigen Prozess wird im Stroma der Chloroplasten das aufgenommene CO_2 über mehrere Schritte im Calvin-Zyklus zu Zucker umgewandelt. Dabei werden ATP und $NADPH + H^+$ aus der lichtabhängigen Reaktion verbraucht.

2. RNAi wird hier durch doppelsträngige RNA (dsRNA) ausgelöst, welche die Zelle produziert. Anschließend wird die dsRNA durch ein Enzym (DICER) im Zytoplasma in kleinere Stücke zerlegt. Ein weiteres Enzym (RISC) bindet einen Einzelstrang dieser kurzen RNA-Stücke.
Bindet dieser RISC-Komplex nun über den Einzelstrang an ein komplementäres Stück einer messenger-RNA (mRNA), wird diese dadurch blockiert und anschließend gespalten. Damit ist die Translation der mRNA und die Synthese der entsprechenden Proteine an den Ribosomen unterbunden.

3. Das Forschungsteam versucht die Kartoffelpflanzen über die insektizide Wirkung der dsRNA zu schützen. Die Kartoffelkäferlarven sollen über die Blätter der gentechnisch

veränderten Kartoffelpflanzen auch die dsRNA, die diese in ihren Chloroplasten produzieren, über den Darm aufnehmen.

Die dsRNA lagert sich nun in den Darmzellen über ihre komplementären Basen an die mRNA für das Protein β-Actin an, die daraufhin blockiert und zerstört wird. Damit wird kein oder zu wenig β-Actin in den Darmzellen produziert. Da das β-Actin zentrale Funktionen für das Zytoskelett der Zelle hat, stellt ein Mangel an diesem Protein in den Darmzellen gerade in der Wachstumsphase eine Gefahr für die Larvenentwicklung dar.

Dabei kann die Larve einmal die dsRNA unzerschnitten als Ganzes aufnehmen (ACT-21). Im zweiten Fall (ACT2) liegt die dsRNA schon zerschnitten und ggf. sogar an das RISC-Enzym gebunden vor.

Die Bilder zeigen die Fraßspuren der Kartoffelkäferlarven an den Blättern der jeweiligen Kartoffelpflanzen am dritten Tag der Entwicklung. Das Blatt des Wildtyps zeigt starke Spuren von Fraß und ist an vielen Stellen durchlöchert. Das Blatt des ACT-2-Typs ist nahezu ebenso stark geschädigt wie der Wildtyp. Im Gegensatz hierzu weist das Blatt des ACT-21-Typs nur einige kleine Löcher und kaum weitere Fraßspuren der Larven auf.

Im ersten Experiment wurde das Larvengewicht der Kartoffelkäferlarven im Verlauf von neun Tagen untersucht. Während das Gewicht der Larven des Wildtyp-Ansatzes kontinuierlich auf 120 mg zunimmt, steigt das Gewicht der Larven im ACT-2-Ansatz immerhin noch auf 80 mg. Im ACT-21-Ansatz ist ab dem fünften Tag kein Larvengewicht mehr nachweisbar.

Diese Daten korrelieren mit den Ergebnissen des zweiten Experiments, bei dem die Überlebensrate der Kartoffelkäferlarven im Verlauf von neun Tagen untersucht wurde. Während am Ende des Experiments im Wildtyp-Ansatz noch nahezu 90% und im ACT-2-Ansatz immerhin noch 80% der Larven leben, sind im ACT-21-Ansatz schon am fünften Tag keine lebenden Larven mehr nachweisbar.

Die Ergebnisse der Untersuchungen lassen vermuten, dass die Larven die unzerstörte dsRNA aus den Chloroplasten der Pflanzen über ihre Darmzellen aufnehmen. Hierauf weist der frühe Tod der Larven aus dem Ansatz ACT-21 hin.

Da die Chloroplasten der Kartoffelpflanzen in Ansatz ACT-2 sowohl DICER- als auch RISC-Enzyme besitzen, liegt die dsRNA in diesem Fall schon zerschnitten bzw. an einen RISC-Komplex gebunden vor. In dieser Form scheint die Aufnahme in die Darmzellen der Kartoffelkäferlarven nur in geringfügigem Maße möglich zu sein, da das Wachstum der ACT-2-Gruppe im Vergleich zum Wildtyp kaum eingeschränkt ist.

4. Der Insektenschutz über dsRNA in den Chloroplasten von gentechnisch veränderten Kartoffelpflanzen ist nicht in allen Fällen effektiv. Im Versuchsansatz mit eigenen DICER- und RISC-Enzymen (ACT-2) blieb die Schädigung der Kartoffelpflanzen durch die Larven der Kartoffelkäfer weiterhin hoch. Im Ansatz ohne eigene RNAi-Enzyme (ACT-21) war die Wirkung hingegen überzeugend und die Schädigung der Kartoffelblätter gering. Der Einsatz dieser Kartoffelsorte verspricht einen deutlich höheren Ertrag. Darüber hinaus könnte der Einsatz von Insektiziden wahrschein-

lich deutlich reduziert werden, was aufgrund der Nebenwirkungen (Belastung des Bodens, unspezifische Wirkung, Resistenzen) einen weiteren Vorteil darstellt. Müssen die gentechnisch Pflanzen ggf. jedes Jahr neu gekauft werden, wäre dies mit erhöhten Kosten für die Landwirte verbunden. Sollte die Eigenschaft an die Nachkommen weitergegeben werden können, besteht wiederum die Gefahr einer unkontrollierten Ausbreitung.

Schließlich müsste der Einsatz gentechnisch veränderter Kartoffeln ggf. genehmigt werden und auf Akzeptanz bei potenziellen Käufern stoßen.

Selbstdiagnosebogen

Aufgabe Nr.	Kernkompetenzen	AFB	Punkte	erreichte Punkte	Förderung
1	*Grundkurs:* DNA-RNA Funktion m-RNA	I I	4 3		Bau DNA Proteinbiosynthese (S. 22)
1	*Leistungskurs:* Lichtabhängige Re-aktion Lichtunabhängige Reaktion	I (II) I (II)	3 4		Fotosynthese (S. 67)
2	Beschreibung der Gen-regulation bei Eukary-onten durch RNAi	I (II)	7		Umgang mit Abbil-dungen (S. 56), Genre-gulation bei Eukaryon-ten (S. 28 ff.)
3	Erläuterung der Me-thodik Darstellen der Ergeb-nisse Auswertung der Er-gebnisse	II II II	6 7 6		Umgang mit Diagram-men und Abbildungen (S. 56)
4	Bewertung der Effek-tivität Bewertung der Me-thoden	III III	5 4		Maßnahmen zur Schädlingsbekämp-fung (S. 74)

Gesamtpunkte: 43, davon AFB I: 14 Punkte (32 %); AFB II: 20 Punkte (46 %); AFB III: 9 Punkte (20 %)

Materialgrundlage:

Zhang, J. et al.: Pest control. Full crop protection from an insect pest by expression of long double-stranded RNAs in plastids, Science 347, 991 (2015), DOI: 10.1126/science.1261680

Aufgabe 3: Glutarazidurie Typ I bei den Amish

Analyse von Familienstammbäumen: Proteinbiosynthese und Genwirkketten; Gentechnik: Gensonde als Werkzeug der Gentechnik

Einleitung

Die Glutarazidurie Typ I (GA I) ist eine sehr seltene Stoffwechselerkrankung, die weltweit mit einer Häufigkeit von 1 auf 100 000 Neugeborenen vorkommt. Dagegen leidet eins von 400 Kindern bei den Amish an dieser Erbkrankheit. Die Amish gehören einer Glaubensgemeinschaft an, die heute vornehmlich in den USA und Kanada lebt. Sie sind bekannt dafür, dass sie viele Formen des technischen Fortschritts ablehnen und Neuerungen nur nach sorgfältiger Überlegung akzeptieren. Sie legen großen Wert auf Familie, Gemeinschaft und Abgeschiedenheit von der Außenwelt. Überwiegend stammen sie von Südwestdeutschen oder Deutschschweizern ab und sprechen untereinander meist Pennsylvaniadeutsch.

AUFGABENSTELLUNG

1. **Erklären** Sie die abweichende Häufigkeit der GA I bei den Amish.*
2. **Beschreiben** Sie die Erbkrankheit Glutarazidurie Typ I durch Auswertung der Materialien M1 bis M5 und **begründen** Sie Ihre Schlussfolgerungen. **Benennen** Sie auch den genetischen Defekt.
3. **Ermitteln** Sie mithilfe der Materialien M5 und M7 die Unterschiede im Bau der Glutaryl-CoA-Dehydrogenase von Gesunden und GA I-Patienten.
4. **Untersuchen** Sie den Erbgang der Glutarazidurie Typ I aufgrund von M6, **benennen** und **erläutern** Sie ihn.
5. **Erläutern** Sie, wie mithilfe der Amniozentese und einer Gensonde festgestellt werden kann, ob ein menschlicher Embryo die Krankheit Glutarazidurie Typ I in den ersten Lebensjahren ausbilden oder nicht ausbilden könnte.
6. **Begründen** Sie mithilfe von M1, wie bei einem Neugeborenen die Krankheit Glutarazidurie Typ I biochemisch festgestellt werden könnte.
7. **Beurteilen** Sie die Aufnahme eines Glutarazidurie-Tests in die Testverfahren, die jedes Neugeborene durchlaufen muss (Neugeborenenscreening).
8. **Stellen Sie eine Hypothese auf** für eine Glutarazidurie-Typ I-Therapie.

* **Ergänzung Aufgabe 1** (für LK bzw. Klausur, falls HARDY-WEINBERG-Formel durchgenommen wurde): **Ermitteln** Sie mithilfe der HARDY-WEINBERG-Formel $p^2 + 2 pq + q^2 = 1$ den Anteil homozygoter und heterozygoter Merkmalsträger für das Gen für Glutarazidurie Typ 1 (a) weltweit und (b) bei den Amish.

Material

M1 Ausschnitt aus dem Aminosäurestoffwechsel

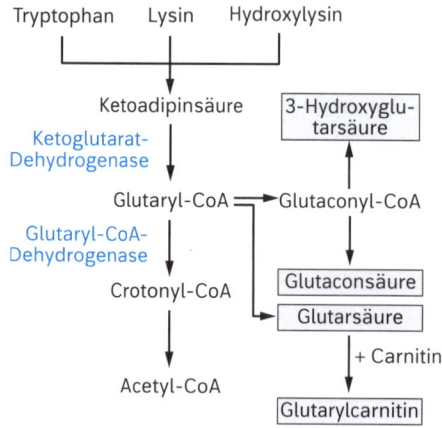

M1 Abbauwege der Aminosäuren Tryptophan, Lysin und Hydroxylysin. Das Abbau-
produkt Acetyl-CoA kann z. B. im Citrat-
zyklus weiterverarbeitet werden. Bei
Patienten mit GA I kommt es zur Anrei-
cherung von Glutaryl-CoA. Im Urin dieser
Kranken findet man vor allem das *harmlose*
Glutarylcarnitin, aber auch die *giftigeren*
Stoffe Glutarsäure, Glutaconsäure und die
besonders gefährliche 3-Hydroxyglutarsäu-
re. Hinweis: Enzyme in blauer Schrift

M2 Symptome von GA I-Patienten

Die meisten Patienten mit GA I erleiden in den ersten Lebensjahren eine einzige enze-
phalopathische Krise. In wenigen Minuten werden dabei bestimmte Neurone im Bewe-
gungszentrum des Gehirns zerstört. Die Folge ist eine äußerst schwere Bewegungsstörung. Die Intelligenz der Kinder dagegen ist weitgehend unbeeinträchtigt. Bleibt die
Erkrankung unbehandelt, entwickelt sich in späteren Jahren oft zusätzlich eine geistige
Retardierung. Ungefähr 25 Prozent der Patienten erleiden keine enzephalopathischen
Krisen, sondern entwickeln schleichend eine Bewegungsstörung unterschiedlichen Aus-
maßes.

M3 Strukturelle Ähnlichkeit des Neurotransmitters Glutamat

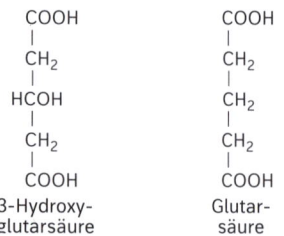

M3 Das Salz der Glutarsäure Glutamat
ist ein wichtiger erregender Neurotransmitter im Gehirn. Die Glutarsäure ist der
3-Hydroxyglutarsäure strukturell sehr
ähnlich.

M4 Lokalisation des Gens für das Enzym Glutaryl-CoA-Dehydrogenase

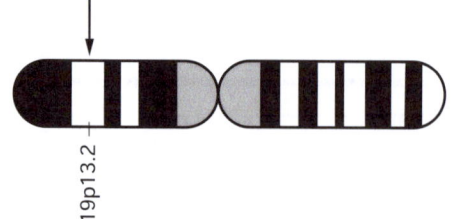

M4 Chromosoms 19 (schematisch): Das
Gen für das Enzym Glutaryl-CoA-Dehydrogenase *GCGH* befindet sich auf dem kurzen
Arm (p) des Chromosoms 19 an Position
13.2.

M5 Veränderung im GCGH-Gen

Das menschliche Glutaryl-CoA-Dehydrogenase-Gen GCGH enthält 11 Exons und umfasst 7 kb. Die Exons bestehen aus 438 Basentripletts. Das 421. Basentriplett von GA I-Patienten unterscheidet sich im codogenen Strang von dem der gesunden Menschen:

421. Basentriplett im Matrizenstrang des *GCGH*-Gens	gesunde Person	3' CGT 5'
421. Basentriplett im Matrizenstrang des *GCGH*-Gens	GA I-Patient	3' CAT 5'

M6 Stammbaum mit an GA I Erkrankten

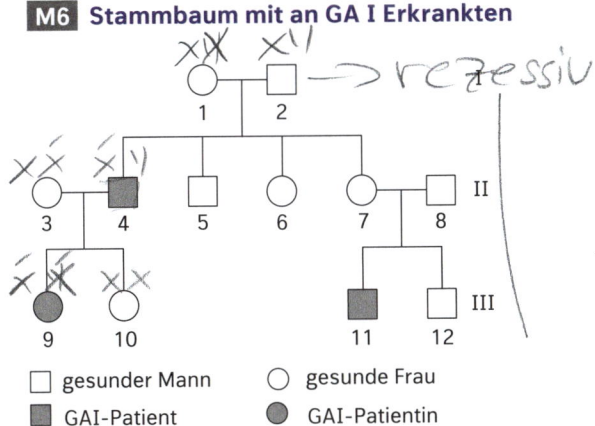

□ gesunder Mann ○ gesunde Frau
■ GAI-Patient ● GAI-Patientin

M6 Stammbaum über drei Generationen von einer Familie mit GA I-Patienten

M7 Der genetische Code

Genetischer Code als Code-Sonne S. 24
Genetischer Code als Tabelle S. 24

Lösungen

1. Dass der Anteil an Trägern des *GCGH*-Gens bei den Amish besonders hoch ist, liegt daran, dass sie sich anderen menschlichen Gruppen gegenüber abgrenzen und nur einen kleinen Genpool bilden, der sich nicht neu mischt. Dadurch können auch defekte Gene unter ihnen schneller Verbreitung finden.

2. Die Erbkrankheit Glutazidurie Typ I ist eine Stoffwechselkrankheit, die aufgrund eines Enzymdefekts entsteht. Arbeitet die Glutaryl-CoA-Dehydrogenase nicht mehr, kann Glutaryl-CoA nicht mehr zu Crotonyl-CoA abgebaut werden (M1). Dann reichert sich das Glutaryl-CoA an und wird zu Glutarsäure, 3-Hydroxyglutarsäure und Glutaconsäure umgebaut. Diese Stoffe können den Körper schädigen und werden mit dem Urin ausgeschieden. Die Glutarsäure kann vorher noch zum weniger giftigen Glutarylcarnitin umgewandelt werden. M3 legt nahe, dass die 3-Hydroxyglutarsäure

deshalb besonders gefährlich ist, weil sie im Gehirn aufgrund ihrer strukturellen Ähnlichkeit anstelle des Neurotransmitters Glutamat angelagert werden kann. Das kann zu Fehlfunktionen im Gehirn führen (M3). Während einer enzephalopathischen Krise werden in frühen Lebensjahren Neuronen des Bewegungszentrums zerstört, sodass es zu Fehlfunktionen in der Bewegung kommt (M2).

Die Krankheit ist auf ein defektes Gen zurückzuführen, das auf dem kurzen Arm des Chromosoms 19 liegt (M4). Es ist, die Introns nicht eingerechnet, 438 Basentripletts lang. Das 421. Basentriplett ist gegenüber dem gesunden Gen verändert, im Basentriplett CGT befindet sich an der zweiten Position anstelle von Guanin Adenin (M5). Hier handelt es sich um eine Punktmutation. Als Folge davon wird in dem Enzym Glutaryl-CoA-Dehydrogenase an der 421. Stelle eine falsche Aminosäure eingebaut. Dieser Fehler macht das Enzym unbrauchbar, möglicherweise deshalb, weil das aktive Zentrum von der Mutation betroffen ist.

3. Mithilfe der Code-Sonne kann herausgefunden werden, dass bei der Krankheit als 421. Aminosäure in der Glutaryl-CoA-Dehydrogenase anstelle von Alanin (mRNA 5' GCA 3') Valin (mRNA 5' GUA 3') eingebaut wird.

4. Während die Eltern 1 und 2 in der Generation keine Glutarazidurie ausbilden, taucht diese Krankheit erst bei einem ihrer Kinder auf. Insofern wurde eine Generation übersprungen. Das deutet darauf, dass das Gen für die Krankheit rezessiv ist und es sich somit um einen dominant-rezessiven Erbgang handelt. Die Krankheit tritt bei den eng miteinander verwandten Amish häufiger auf als in anderen Populationen. Da rezessive Krankheiten statistisch gehäuft bei Familien mit Verwandtenehen auftreten, da bei diesen die Wahrscheinlichkeit des „Aufeinandertreffens" krankmachender rezessiver Gene höher ist, spricht dies auch für einen dominant-rezessiven Erbgang. Statistisch gesehen liegt die Erkrankungswahrscheinlichkeit für ein Kind von phänotypisch gesunden, jedoch heterozygoten Eltern bei 25 %. Im Stammbaum von M6 müssen die Eltern 1 und 2 (Generation I) und 7 und 8 (Generation II) jeweils heterozygot sein, sonst hätten sie keine phänotypisch kranken Kinder. Zwei von sechs ihrer Kinder, das sind 33 %, sind krank. Hier kann nicht ein statistisch abgesicherter Wert erwartet werden, weil die Stichprobe zu klein ist. Trotz der kleinen Stichprobe ist zu erkennen, dass sowohl Männer als auch Frauen gleichermaßen von dieser Krankheit betroffen sein können. Also handelt es wahrscheinlich sich um einen autosomal-rezessiven Erbgang. Hierfür spricht auch, dass das GCDH-Gen auf einem Autosom, hier auf Chromosom 19 (M4) liegt.

5. Wenn die Basensequenz des *GCDH*-Gens bekannt ist, lässt sich dazu eine komplementäre Gensonde, die mit einem Fluoreszenzfarbstoff markiert ist, synthetisieren. Sinnvoll wäre es, den entsprechenden DNA-Abschnitt des Chromosoms 19 mithilfe von Restriktionsenzymen herauszuschneiden und mit der PCR zu vervielfältigen. Oft benötigt man keine Restriktionsenzyme, wenn man geeignete Primer für die PCR zur Verfügung hat. Nach dem Auftrennen der isolierten DNA (durch erhöhte Temperatur) in die Einzelstränge könnte man nun die Gensonde hinzufügen. Nach

dem Abkühlen sind dann DNA-Hybride aus DNA-Fragmenten mit dem *GCDH*-Gen und der Gensonde zu erwarten, allerdings nur dann, wenn alle Basentripletts des GCDH-Gens mit der Gensonde übereinstimmen. Findet man also fluoreszierende DNA-Hybride, ist das Kind mit Sicherheit gesund. Für diesen Nachweis lassen sich die Zellen des Embryos aus dem Fruchtwasser der Mutter gewinnen, da der Embryo abgestorbene Hautzellen in das Fruchtwasser abgibt.

Findet man keine entsprechenden DNA-Hybriden, wäre es möglich, dass das Kind die Glutarazidurie in einer enzephalopathischen Krise ausbilden könnte. Allerdings kann die Gensonde auch dann keine DNA-Hybride bilden, wenn nicht das 421. Basentriplett betroffen wäre, sondern ein anderes, das z. B. aufgrund einer folgenlosen stummen Mutation vorliegen könnte.

6. Da kranke Neugeborene einen erhöhten Glutarylcarnitin-Spiegel im Urin aufweisen, könnte man diesen mit geeigneten Reagenzien nachweisen.

7. Beim Neugeborenenscreening werden alle Neugeborenen auf verschiedene genetische Erkrankungen untersucht. Die Aufnahme eines „Windeltests" auf Glutarazidurie Typ I in das Neugeborenen-Screening ist zu begrüßen, da die Krankheit vor allem in den ersten Lebensjahren in Erscheinung treten kann. Allerdings ist ein Test nur dann sinnvoll, wenn sich das Ausbrechen dieser schweren Krankheit nach der Diagnose verhindern ließe. Aus M2 geht hervor, dass die Erkrankung behandelbar ist, sodass sich auch eine in späteren Jahren zusätzliche geistige Retardierung verhindern lässt. Aber auch diese Tatsache ist für den Gesetzgeber nicht allein maßgeblich, wenn ein solcher Test zusätzlich in einem Screening aufgenommen werden soll. Die Kosten dafür müssen in einem vernünftigen Verhältnis zur Häufigkeit dieser Krankheit stehen. Auch bei hohen Kosten sollten aufgrund der Schwere der Krankheit die Neugeborenen der Amish im Screening auf Glutarazidurie Typ I untersucht werden, da bei ihnen die Krankheit gehäuft auftritt. Sicherlich muss auch dann untersucht werden, wenn in bestimmten Familien die Krankheit schon aufgetreten ist und das Genom der Eltern noch nicht hinsichtlich eines defekten *GCDH*-Gens untersucht wurde. Um im Gesundheitssystem die Kosten nicht zu sehr in die Höhe zu schrauben, wäre es aufgrund des seltenen Auftretens dieser Krankheit volkswirtschaftlich vernünftiger, bei einem Massenscreening auf diesen Test zu verzichten. Solange die Kosten tragfähig sind, sollte man aber nicht darauf verzichten, da den Betroffenen viel Leid erspart würde.

8. Aufgrund der Materialien lassen sich für eine Therapie folgende Hypothesen aufstellen: Da der Abbau von Tryptophan, Lysin und Hydroxylysin bei einem Defekt der Glutaryl-CoA-Dehydrogenase zu einer Erhöhung der Glutaryl-CoA-Konzentration im Körper führt, die für die Krankheit verantwortlich ist, könnte eine Diät, die möglichst wenig Tryptophan, Lysin und Hydroxylysin enthält, und die vor allem in den ersten Lebensjahren eingehalten werden muss, weiterhelfen, sodass es gar nicht erst zu einer enzephalopathischen Krise kommt. Da zur Entgiftung der Glutarsäure Carnitin benötigt wird, könnte man diesen Stoff zuführen, sodass Glutarsäure sofort zu

dem weniger giftigen Glutarylcarnitin umgesetzt werden kann. Weil die Bildung von Glutarsäure aus Glutaryl-CoA und ihre Weiterverarbeitung zu Glutarylcarnitin mit der Synthese der gefährlichen 3-Hydroxyglutarsäure aus Glutaryl-CoA konkurriert, wäre es möglich, durch die Carnitin-Gaben auch die Konzentration von 3-Hydroxyglutarsäure zu senken.

Anmerkung: Diese beiden Maßnahmen reichen, wenn sie in den ersten sechs Lebensjahren beachtet werden, tatsächlich aus, um die Krankheit dauerhaft nicht ausbrechen zu lassen.

* Ergänzung Aufgabe 1:

(a) Der Anteil der GA I-Kranken und damit der homozygoten Merkmalsträger entspricht weltweit 0,001 %, damit ist $q^2 = 0,00001$ und q rund 0,00316. Da $p + q = 1$, ist p $1 - 0,00316 = 0,99684$. Der Anteil der Heterozygoten ist dann $2 \times 0,99684 \times 0,00316 = 0,0063$, das sind 0,63 % der Bevölkerung weltweit.

(b) Bei den Amish ist der Anteil der GA I-Kranken und damit der homozygoten Merkmalsträger 0,25 %, damit ist $q^2 = 0,0025$ und q rund 0,05. Da $p + q = 1$, ist p $1 - 0,05 = 0,95$. Der Anteil der Heterozygoten ist dann $2 \times 0,95 \times 0,05 = 0,095$, das sind 9,5 % der Amish, das heißt, etwa jeder 10. Amish trägt das defekte Gen in sich.

Selbstdiagnosebogen

Aufgabe Nr.	Kernkompetenzen	AFB	Punkte	erreichte Punkte	Förderung
1	Interpretation von Genfrequenzen	III	2		MENDEL-Regeln, dominant-rezessive Erbgänge (S. 19) Wdhl. HARDY-WEINBERG-Formel und Üben ihrer Anwendung
*1(a)	Berechnung von Genfrequenzen mithilfe der HARDY-WEINBERG-Formel	II	4		
*1(b)		II	4		
2	Erfassen von Genwirkketten aufgrund eines Diagramms	II	3		Ein-Gen-ein-Enzym-Hypothese; Enzyme, Texterfassung und Umgang mit Diagrammen und Abbildungen (S. 56 f.), Aufbau der DNA; Mutationstypen und ihre molekularen Grundlagen (S. 25 ff.)
	Erfassen der Symptome der Glutarazidurie sowie der Ursachen aufgrund von Textstellen und Abbildungen	I	4		
			4		
		II	5		
	Analyse und begründete Einordnung der Krankheit in einen größeren Zusammenhang	II	5		
3	Umcodierung der DNA in mRNA und in Aminosäuren	II	4		Proteinbiosynthese und Anwendung des genetischen Codes auf Transkription und Translation (S. 22 ff.)

Aufgabe Nr.	Kernkompetenzen	AFB	Punkte	erreichte Punkte	Förderung
4	Ableiten eines autosomal-rezessiven Erbgangs aufgrund einer Stammbaumanalyse	II	6		MENDEL-Regeln, Stammbaumanalyse Kriterien für bestimmte Erbgänge (S. 19 ff.)
5	Darstellen eines gentechnischen Werkzeugs am Beispiel der Gensonde zur Genanalyse und Interpretationsmöglichkeiten des Ergebnisses	I II	9 4 2 Z		DNA-Hybridisierung, gentechnische Genomanalysen, z. B. mit Gensonden; genetische Beratung
6	Ableitung einer Nachweismöglichkeit aufgrund der Analyse unterschiedlichen Aufgabenmaterials	III	3		Diagnose und Therapie von PKU, Umgang mit Diagrammen (S. 57)
7	Darstellung und Beurteilung von Tests im Massenscreening von Neugeborenen mit eigener Stellungnahme	I II III	5 3 4		Neugeborenenscreening, kriteriengeleitete Beurteilung
8	Aufstellen einer Hypothese zu Therapiemöglichkeiten aufgrund einer Materialanalyse analog zur PKU-Diät aufgrund der Analyse von M1	III III	3 2 2 Z		Therapie PKU, Umgang mit Abbildungen und Diagrammen (S. 56 ff.)

Gesamtpunkte: 72, davon AFB I: 20 Punkte (28 %); AFB II: 38 Punkte (53 %); AFB III: 14 Punkte (19 %), zusätzlich 4 Zusatzpunkte (Z)

Materialgrundlage:
Hoffmann G. F.: Glutarazidurie Typ I. In: Deutsches Ärzteblatt 94, Heft 15, April 1997
Bayrhuber H., Hauber W., U. Kull (Hrsg.): Linder Biologie, Schroedel 2010
http://www.welt.de/reise/article4769200/Amish-People-leben-noch-so-wie-vor-300-Jahren.html
http://www.uni-duesseldorf.de/AWMF/ll/027-018.htm
http://www.ncbi.nlm.nih.gov/

Aufgabe 4: Krebs

Replikation der DNA im Zellzyklus, Mutationen, Lesen und Darstellen von Abbildungen, DNA-Methylierung als epigenetischer Mechanismus, Modell zur Wechselwirkung von Proto-Onkogenen und Tumor-Suppressorgenen im Hinblick auf die Regulation des Zellzyklus, Entwicklung eines Modells auf der Grundlage von p53 und Ras

Einleitung

Derzeit erkranken jedes Jahr rund 500 000 Menschen in Deutschland neu an Krebs, rund 224 000 Menschen sterben jährlich daran. Damit bleibt Krebs nach den Herz-Kreislauferkrankungen die zweithäufigste Todesursache.

Krebs ist die Folge einer Veränderung des Zellgenoms. Diese ruft eine ungehemmte Zellvermehrung hervor, die sich in einer malignen (bösartigen) Neubildung von Gewebe (Tumor) manifestiert. Durch fortgesetztes Wuchern kommt es zu einer weiter voranschreitenden Zerstörung gesunder Gewebe und Organe. Schädliche Stoffe oder andere Umweltfaktoren (Cancerogene) können das Entstehen von Krebstumoren fördern. Dazu gehören unter anderem die UV-Strahlung der Sonne und Benzpyrene im Zigarettenrauch. Fehler im Erbgut entstehen aber oft auch mehr oder weniger zufällig.

AUFGABENSTELLUNG

1. **Beschreiben** Sie die in M1 a als Folge eines Mutagens dargestellten Mutationen. Definieren Sie den Begriff Mutation und **benennen** Sie die jeweilige Mutationsform. **Erläutern** Sie ihre Folgen für den Organismus.

2. **Begründen** Sie die im Vergleich zur Mitose lange Dauer der Interphase im Zellzyklus (M1 a), indem Sie die Abläufe in der G1-, S- und der G2-Phase **erläutern**.

3. **Erläutern** Sie aufgrund der Abbildung M2 b die Funktion des Ras-Gens und **stellen Sie eine Hypothese** zur Bedeutung des *Ras-Gens* für den Zellzyklus **auf**.

4. **Erläutern** Sie die Abbildung M3 b. **Stellen** Sie dabei den Wirkmechanismus des p53-Proteins **heraus**. **Begründen** Sie, wieso gerade an den in M3 a angegebenen Kontrollpunkten die Zellzyklus-Regulation durch p53 ökonomisch sinnvoll ist.

5. **Begründen** Sie auf der Basis der Materialien M2 und M3, inwiefern Ras- und Tumorsuppressor-Proteine antagonistisch wirken, indem Sie die wesentlichen Unterschiede in der Wirkungsweise zwischen den beiden Proteinen herausstellen.

6. **Stellen** Sie mehrere **Hypothesen auf**, unter welchen Bedingungen DNA-Schädigungen Krebs auslösen können. Berücksichtigen Sie dabei sowohl die Rolle der *Ras-* und *Tumorsuppressor-Gene* als auch die Tatsache, dass die Krankheit meist erst im hohen Alter auftritt. **Fertigen** Sie analog zur Abbildung M2 b **eine Zeichnung an**, die eine Ihrer Hypothesen illustriert.

Material

M1 Cancerogene

Stressoren aus der Umwelt, die DNA-Schäden hervorrufen, werden als Mutagene bezeichnet. Sie werden dann zu Cancerogenen (cancer, engl. Krebs), wenn sie Krebs auslösen. Dazu gehört z. B. die UV-Strahlung, der man sich beim Sonnen oder im Bräunungsstudio aussetzt und die Hautkrebs verursachen kann. Benzpyrene aus dem Tabakrauch können in der Lunge leicht zu Epoxiden oxidiert und als Alkylreste an Guaninbasen der DNA angeheftet werden. Eine solche Veränderung einer Nukleinbase hat meist zur Folge, dass eine Replikation oder Transkription der DNA an dieser Stelle nicht mehr fortgesetzt werden kann. In der Abbildung M1 a sind einige mutagene Wirkungen schematisch dargestellt.

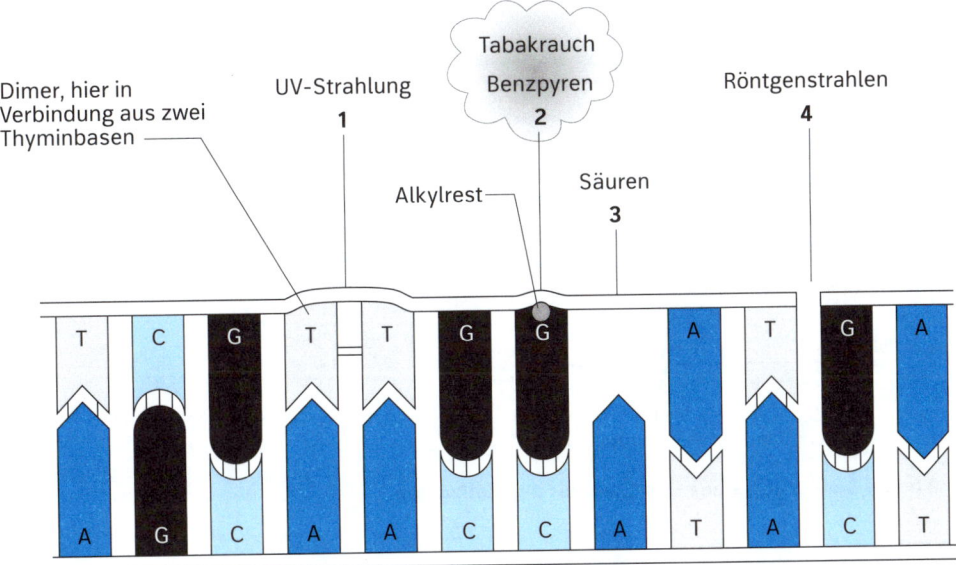

M1 a Auswirkungen von Mutagenen auf die DNA (Schema)

M2 Der Zellzyklus

Das Wachstum höherer Organismen wird durch Zellvermehrung vorangetrieben. Dazu muss sich jede Zelle viele Male immer wieder neu teilen. Diese Zellteilungen können jedoch nicht zeitlich direkt nacheinander ablaufen. Bei den Säugetieren z. B. benötigen die Zellen zwischen den Teilungen etwa 24 Stunden, in der sie ganz bestimmte Phasen durchlaufen. Die Mitose selbst benötigt dagegen nur etwa eine Stunde.

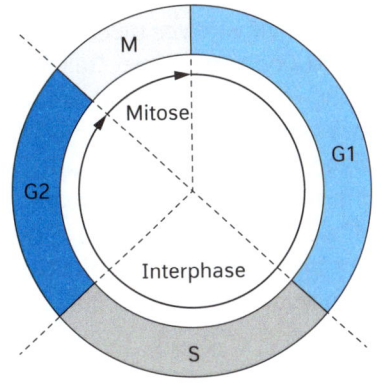

M2 a Die Phasen des Zellzyklus

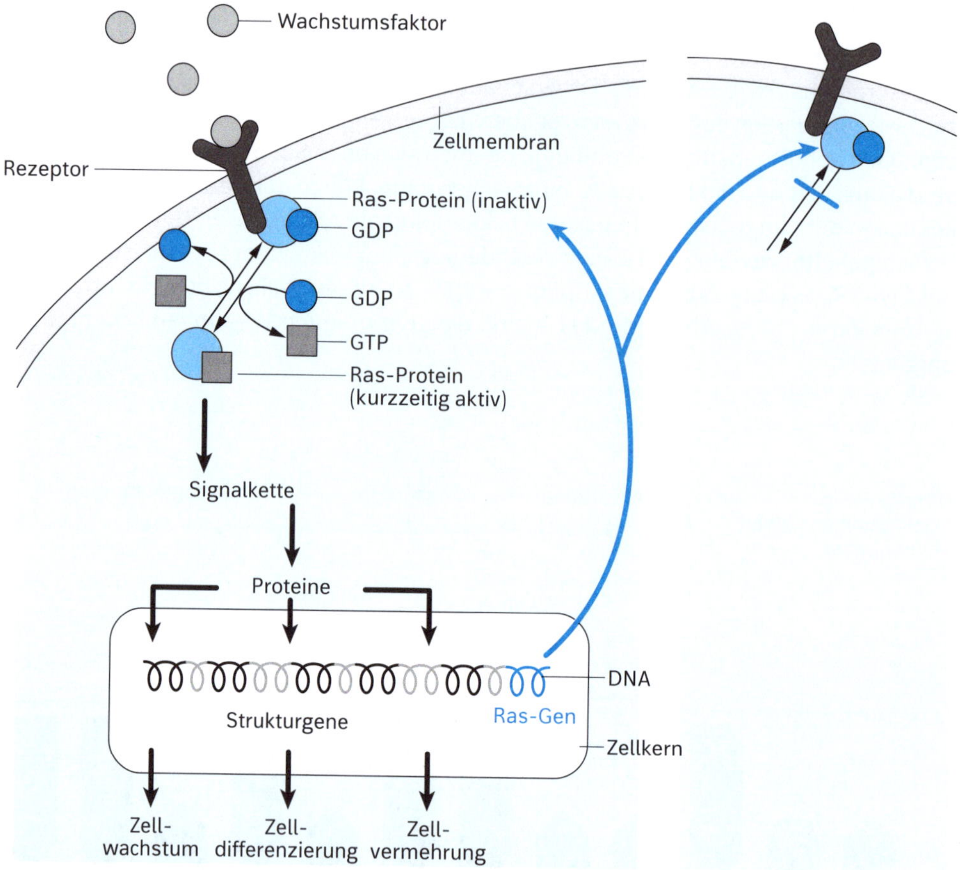

Wachstumsfaktor

Zellmembran

Rezeptor

Ras-Protein (inaktiv)
GDP

GDP

GTP

Ras-Protein
(kurzzeitig aktiv)

Signalkette

Proteine

Strukturgene

DNA

Ras-Gen

Zellkern

Zell-
wachstum

Zell-
differenzierung

Zell-
vermehrung

M2 b Die Bedeutung eines Ras-Gens für den Zellzyklus

M3 Die Regulation des Zellzyklus

Der Zellzyklus wird von mehreren Genen reguliert und kontrolliert. Dazu zählen vor allem die *Ras-Gene* und das *Tumorsuppressor-Gen p53*. Sie codieren für die antagonistisch wirkenden Ras-Proteine und das Tumorsuppressor-Protein p53. In M3 a sind zwei Kontrollpunkte im Zellzyklus angegeben, an denen das p53-Protein seine Wirkung entfaltet.

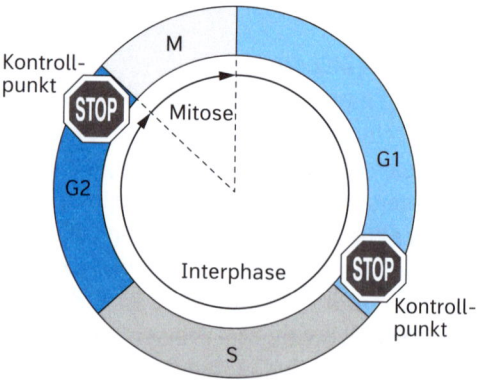

Kontroll-
punkt

M

Mitose

G1

G2

Interphase

STOP

STOP

Kontroll-
punkt

S

M3 a Positionen zweier Kontrollpunkte im Zellzyklus

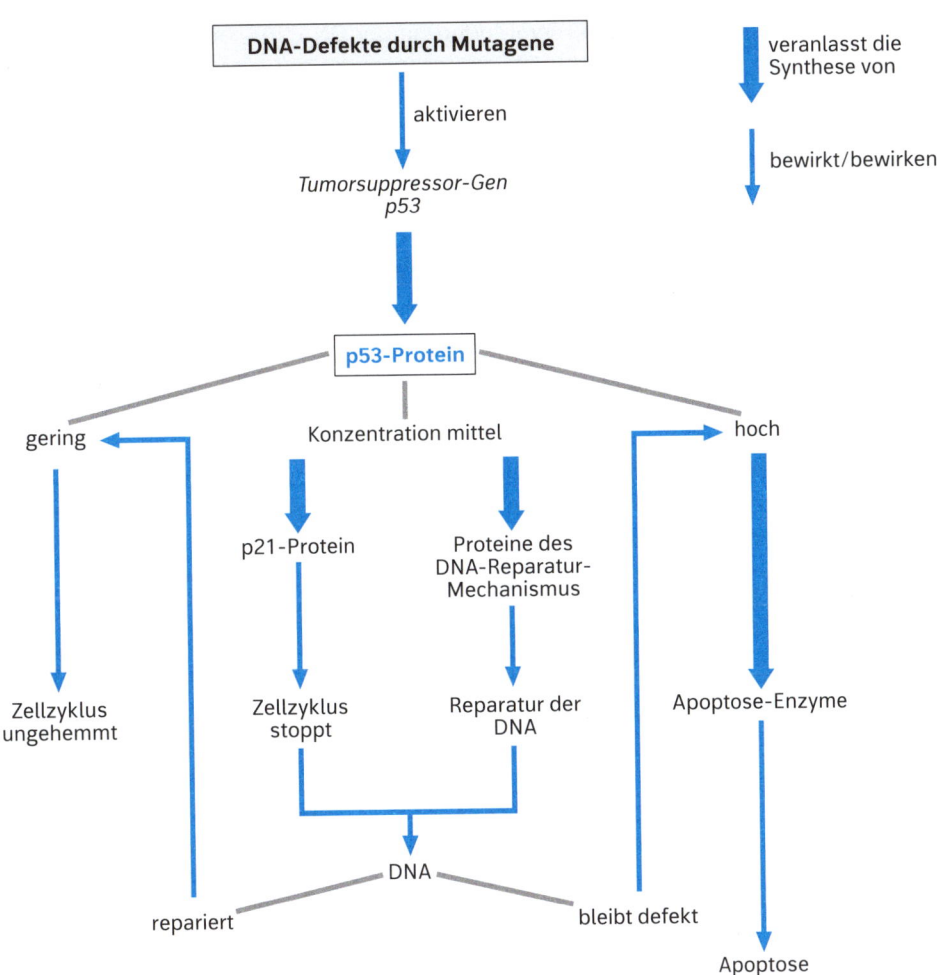

M3 b Die Bedeutung des Tumorsuppressor-Proteins p53

Lösungen

1. (1) Mutationen sind spontan auftretende, zufällige Veränderungen des Zellgenoms.
   Sie können einzelne Gene auf einem Chromosom, aber auch ein ganzes Chromosom
   oder den gesamten Chromosomensatz betreffen. Mutagene können die Wahrscheinlichkeit ihrer Entstehung erhöhen. In M1 a bildet sich z. B. aufgrund von UV-Strahlung
   ein Thymin-Dimer, d. h. die Wasserstoffbrückenbindungen zu den Adenin-Basen des
   komplementären Stranges werden aufgelöst und zwei auf einem Strang benachbarte
   Thymin-Basen verbinden sich miteinander. Dadurch verändert sich die räumliche
   Struktur der DNA. Die DNA-Polymerase kann an dieser Stelle die Replikation nicht
   weiterführen. Es handelt sich um eine Punktmutation. Tritt sie im Bereich eines Gens
   auf, kann man sie als Genmutation bezeichnen. (2) Benzpyrene werden zu Epoxid
   oxidiert, das als Alkylrest an Guanin angeheftet wird. Die Umstrukturierung der

Base hat ebenfalls eine Strukturveränderung der DNA zur Folge (Punktmutation/ Genmutation). (3) Durch die Einwirkung von Säuren kommt es zu einem Basenverlust. Bei einer Replikation der DNA führt das zu einer fehlerhaften Kopie, die eine Veränderung des Ableserasters herbeiführt. Bei einer Translation hätte dies möglicherweise ein eingeschränkt oder nicht mehr funktionsfähiges Protein zur Folge. Diese Punktmutation ist also auch als Rastermutation zu bezeichnen. Weil durch sie fehlerhafte Proteine synthetisiert werden können, handelt es sich auch um eine Missense-Mutation und folglich auch um eine Genmutation. (4) Röntgenstrahlen lösen Punktmutationen aus, die als DNA-Strangbruch bei der Replikation oder auch der Translation zu Problemen führen können. Der Bruch kann auch zur Destabilisierung der DNA-Struktur führen, was sich auf fehlerhafte Kondensation der DNA z. B. bei Zellteilungen auswirken und zu Fehlverteilungen in der Mitose beitragen könnte.

2. Da sich zum Ende der Mitose die Zelle teilt, wird das ursprüngliche Zellmaterial auf beide Tochterzellen verteilt. Diese kleineren Zellen wachsen nun in der G1-Phase zur ursprünglichen Größe heran. Dazu müssen neue Stoffe synthetisiert werden und die Protein- und RNA-Synthese ist in vollem Gange. In dieser Phase liegt die DNA noch in Form von Ein-Chromatidsträngen vor. Am Ende der G1-Phase beginnt die Synthese der für die DNA-Replikation benötigten Substanzen wie z. B. DNA-Polymerase, Elongationsfaktoren etc., sodass in der nachfolgenden S-Phase die DNA zügig verdoppelt werden kann. Schließlich liegt sie dann in Form von Zwei-Chromatidsträngen vor. Um diese Phase zu starten, sind S-Phase-Aktivatoren (Zykline) nötig. Die G2-Phase bereitet die Zelle dann auf die Mitose vor. Es werden nun verstärkt Proteine des Zellspindelapparats und weitere mitosespezifischen Proteine und RNA-Moleküle synthetisiert. Schließlich bewirkt ein bestimmter Wachstumsfaktor den Eintritt in die Mitose.
Die Interphase dauert also deshalb so lange, weil die Zelle erst viele Syntheseprozesse durchlaufen muss, sodass auf diese Weise eine erneute Zellteilung erst ermöglicht wird.

3. *Ras-Gene* codieren für das Ras-Protein, an das GDP angelagert wird. In diesem Zustand liegt es in einer inaktiven Form vor. Wird ein Rezeptor von einem spezifischen Wachstumsfaktor besetzt, wird das inaktive Ras-Protein umgebaut: GDP wird dabei durch GTP ersetzt und dadurch aktiviert. Es setzt eine Signalkette in Gang, in der Proteine synthetisiert werden. Diese regen den Stoffwechsel an, indem sie das Ablesen von Genen im Zellkern veranlassen, die für Zellwachstum, Zelldifferenzierung und Zellvermehrung zuständig sind. Besetzen die Wachstumsfaktoren nicht die Rezeptoren an der Zellmembran, unterbleibt die Aktivierung des Ras-Proteins und somit die Anregung des Stoffwechsels. Die *Ras-Gene* sorgen somit für die Synthese eines Ras-Proteins, das auf ein bestimmtes Signal hin aktiviert wird und den Zellstoffwechsel des Zellzyklus antreibt.

4. DNA-Schädigungen aktivieren das *Tumorsuppressor-Gen p53*, das für das p53-Protein codiert und dessen Synthese veranlasst. Erreicht die Konzentration dieses

Proteins einen bestimmten Wert, wird die Synthese des p21-Proteins veranlasst, sodass der Zellzyklus gestoppt wird. Gleichzeitig wird die Synthese von Proteinen des DNA-Reparaturmechanismus angeregt, die nun, da der Zellzyklus abgebremst wurde, die geschädigte DNA reparieren können. Ist die Reparatur erfolgreich, sinkt die Konzentration des p53-Proteins und der Zellzyklus nimmt wieder Fahrt auf. Bleibt die DNA defekt, steigt die Konzentration des P53-Proteins so stark an, dass Apoptose-Enzyme gebildet werden, die den Tod dieser Zellen hervorrufen, sodass die Zellen mit zu stark geschädigter DNA vernichtet werden. Der Kontrollpunkt in der G1 Phase liegt an einer Stelle, an der die Zelle auf die S-Phase vorbereitet wird und somit Substanzen für die DNA-Verdoppelung synthetisiert werden. Nicht sinnvoll wäre die Replikation einer beschädigten DNA. So kann einerseits der Zellzyklus nach einer Reparatur fortgesetzt und nachfolgend die DNA synthetisiert werden, andererseits wird die Zelle abgetötet, wenn die Schädigung zu groß ist, sodass der Organismus die Kosten für die DNA-Replikation einspart. Ähnlich verhält es sich am Kon-trollpunkt am Ende der G2-Phase. Ist hier eine DNA-Schädigung so groß, dass sie nicht mehr repariert werden kann, belastet die Zelle den Organismus. Sie wird nicht mehr vermehrt, sondern abgetötet.

5. Ras-Proteine beschleunigen über Signalketten den Zellzyklus-Stoffwechsel. Tumorsuppressor-Proteine bremsen ihn ab, sodass DNA-Schädigungen beseitigt werden können. Während das eine Protein also beschleunigt, bremst das andere. Insofern arbeiten beide antagonistisch.

6. Wie jedes andere Gen kann auch das *Ras-Gen* mutieren. Folglich könnten fehlerhafte Ras-Proteine gebildet werden, z. B. auch solche, die nur noch GTP anlagern können, ohne dass ein Signal von einem Wachstumsfaktor aufgenommen werden muss. Alternativ könnten auch Ras-Proteine gebildet werden, deren GDP dann sogleich durch GTP ersetzt wird und die nicht mehr in die Ursprungsform mit GDP rückgebildet werden könnten: Die Folge dieser Mutation wäre eine ungebremste Zellvermehrung dieser mutierten Zelle, die zu eine Tumorbildung führen könnte. Ebenso wäre auch die Mutation des

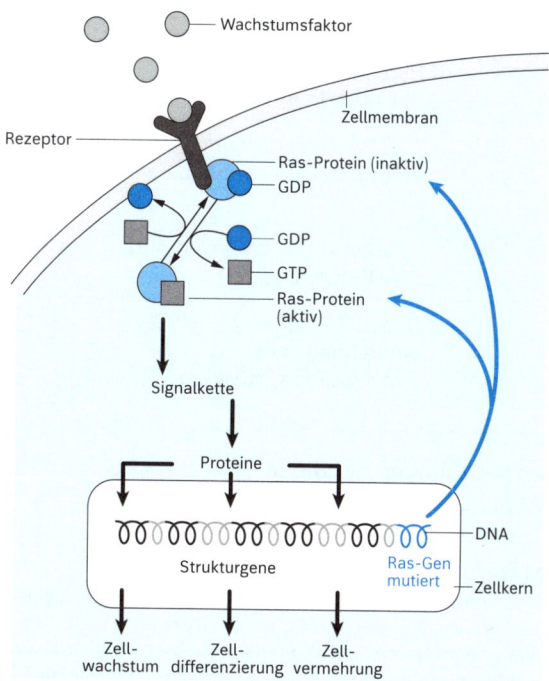

Tumorsuppressor-Gens denkbar. Je nach resultierendem Proteindefekt könnten z. B. keine funktionierenden p21-Proteine mehr gebildet werden. Die Folge wäre eine ungebremste Vermehrung mutierter Zellen, die nicht mehr oder nur unzulänglich zu reparieren sind. Auch könnten mit denselben Folgen Enzyme des Reparatursystems fehlerhaft ausgebildet werden. Dass die Wahrscheinlichkeit einer bösartigen Tumorbildung mit zunehmenden Alter steigt, lässt sich dadurch erklären, dass auch bei der zunehmenden Anzahl von Reparaturen Fehler auftreten können und die Wirkung des p53-Proteins an seine Grenzen stößt.

Selbstdiagnosebogen

Aufgabe Nr.	Kernkompetenzen	AFB	Punkte	erreichte Punkte	Förderung
1	Beschreiben von Mutationen aufgrund einer Abbildung	II	4		Mutationen (S. 25 f.); Umgang mit Abbildungen (S. 56)
	Definition Mutation	I	3		
	Benennen der Mutationen	I	4		
	Beschreibung der Folgen	III	2		
2	Abläufe in den Zellzyklusphasen	I	8		Ablauf des Zellzyklus (S. 29 ff.)
	Dauer der Interphase	II	3		
3	Funktion des *Ras-Gens* aufgrund einer Abbildung	II	6		Umgang mit Abbildungen (S. 56); Umgang mit Hypothesen (S. 71)
	Hypothese Bedeutung des *Ras-Gens*	III	2		
4	p 53 Wirkmechanismus, Begründung der Funktion	II	6		Umgang mit Abbildungen (S. 56)
		III	2		
5	Antagonismus p53- und Ras-Proteine	II	4		Umgang mit Abbildungen (S. 56)
6	Hypothesen Krebsentstehung über *Ras-Gen*-Mutation, *p53-Gen*-Mutation	III	4		Umgang mit Hypothesen (S. 71)
		II	2		

Gesamtpunkte: 50, davon AFB I: 15 Punkte (30 %); AFB II: 25 Punkte (50 %); AFB III: 10 Punkte (20 %)

Materialgrundlage:

http://www.krebshilfe.de/wir-informieren/ueber-krebs/krebszahlen
http://www.genomxpress.de/seiten/genomxpress-scholae-2010-1.php
Wolfgang Deppert: Schutzengel oder Beelzebub? Die zwei Seiten des Tumorsuppressors p53.
Heinrich-Pette-Institut für Experimentelle Virologie und Immunologie, Universität Hamburg.2003
http://www.biospektrum.de/blatt/d_bs_pdf&_id=934308

Aufgabe 5: Schmerzen

Erregungsentstehung, Erregungsleitung, Synapsenvorgänge

Einleitung

Jeder dritte Europäer leidet einmal pro Woche unter Schmerzen, mancher vor allem an chronischen, also dauerhaften Schmerzen. Schmerzforscher suchen nach Lösungen, um nicht nur akute, sondern gerade auch chronische Schmerzen nachhaltig zu lindern.

AUFGABENSTELLUNG

1 **Erläutern** Sie die Entstehung von Schmerzen:

(a) **Stellen** Sie allgemein **dar**, wie eine Sinneszelle durch einen Reiz erregt werden kann und **erläutern** Sie, in welcher Form und unter welchen Bedingungen die Erregung weitergeleitet wird.

(b) **Stellen Sie eine Hypothese auf** über die Entstehung von Schmerzerregungen in den freien Nervenzellen (M1) und ihre Modulation durch Prostaglandine (M5).

2 **Erläutern** Sie die Erregungsleitung:

(a) **Erläutern** Sie, wie eine Erregung über ein Axon geleitet wird. Vergleichen Sie dazu die kontinuierliche mit der saltatorischen Erregungsleitung.

(b) **Begründen** Sie, welcher der beiden Fasertypen des Schmerz wahrnehmenden Systems (M2 und M1) den ersten und welcher den zweiten Schmerz von der Hand zum ZNS leitet.

3 **Erläutern** Sie auch mithilfe von M3 die Weitergabe der Schmerzerregung an die Neuronen der Schmerzbahn im Hinterhorn des Rückenmarks.

4 **Beschreiben** Sie Veränderungen der synaptischen Verschaltung (M4) der Schmerzbahn im Hinterhorn des Rückenmarks bei chronischen Schmerzen, und **entwickeln Sie eine Hypothese** über den Mechanismus des Schmerzgedächtnisses.

5 (a) **Erklären** Sie die schmerzlindernde Wirkung von Aspirin.

(b) **Begründen** Sie, warum eine fortgesetzte Einnahme von Aspirin die Magenwände angreifen kann.

Material

M1 Nozizeptoren

Die freien Nervenendigungen der Schmerzfasern reichen bis in die Oberhaut. Sie werden als Schmerzrezeptoren oder Nozizeptoren bezeichnet. Ihre Membranen enthalten Rezeptoren, die z. B. auf Serotonin oder auf Acetylcholin ansprechen. Bei Verwundungen der Haut wird Serotonin von den Blutplättchen an der verletzten Stelle freigesetzt und verengt dort kleine Blutgefäße, sodass die Wunde schneller geschlossen wird. Serotonin ist zugleich auch ein Neurotransmitter, der ähnlich wie z. B. Acetylcholin in chemischen Synapsen für die Erregungsübertragung von einem Neuron auf das nächste Neuron als Botenstoff wirkt.

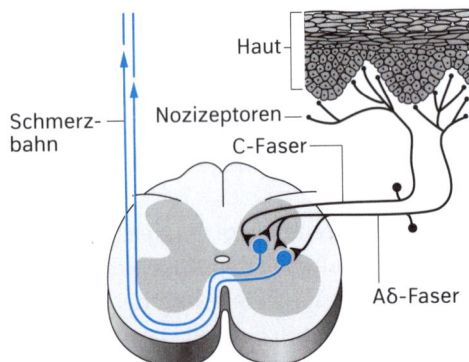

M1 Nozizeptoren der C-Fasern und Aδ-Fasern sind die reizaufnehmenden Strukturen der Schmerzbahn

M2 Zwei Arten von Schmerzfasern

Beim Öffnen einer Konservendose kann es vorkommen, dass man sich an der scharfen Kante des Dosendeckels schneidet. Ein erster stechend brennender Schmerz zeigt die Verletzung an. Die Wunde wird versorgt und ein Pflaster verhindert die Blutung. Erst jetzt setzen je nach Schwere der Verletzung bohrende dumpfe Schmerzen ein. Dafür macht man zwei Arten von Schmerzfasern des Schmerz wahrnehmenden Systems verantwortlich: Aδ-Fasern sind relativ dicke Axone (ca 3 – 5 µm), die von einer Myelinscheide umhüllt sind. C-Fasern sind dünn (ca 1 µm) und nicht von einer Myelinscheide umhüllt.

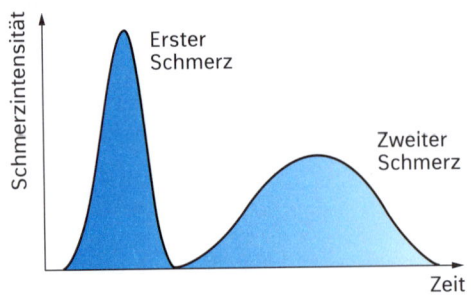

M2 zeitlicher Verlauf unterschiedlicher Schmerzwahrnehmungen nach einer Verletzung

M3 **Synaptische Verschaltung der Schmerzbahn im Rückenmark**

Über Synapsen im Hinterhorn des Rückenmarks werden akute Schmerzerregungen an das Gehirn weitergeleitet.

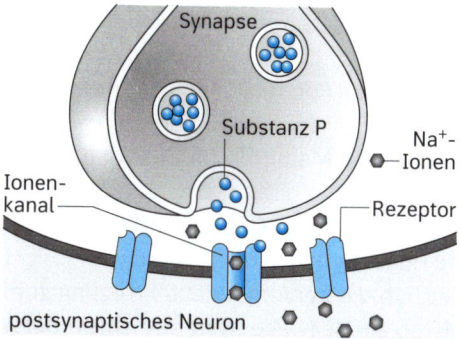

M3 Synapse aus der Schmerzbahn im Hinterhorn des Rückenmarks

M4 **Veränderungen chemischer Synapsen der Schmerzbahn im Hinterhorn des Rückenmarks**

Durch lang anhaltende oder besonders starke Schmerzreize werden die Neuronen im Hinterhorn des Rückenmarks verändert. Die dadurch hervorgerufenen physiologischen Veränderungen bezeichnet man als Schmerzgedächtnis.

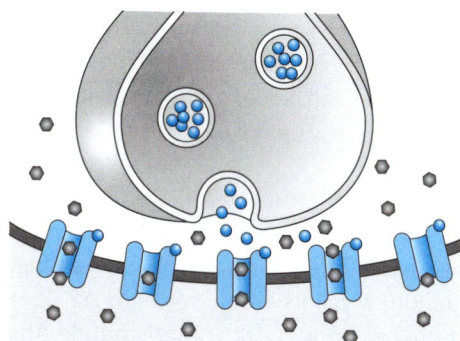

M4 veränderte Synapse aus der Schmerzbahn im Hinterhorn des Rückenmarks

M5 Prostaglandine und Acetylsalicylsäure

Prostaglandine werden von zwei Enzymen in unterschiedlichen Geweben synthetisiert, COX-1 und COX-2. Während COX-1 in den blutgerinnungsauslösenden Blutplättchen (Thrombozyten) vorkommt, wird COX-2 in entzündeten oder verletzten Geweben synthetisiert. Die Prostaglandine aktivieren bei Verletzungen der Haut die Thrombozytenaggregation und fördern somit den Wundverschluss. Sie fördern allerdings auch Entzündungsreaktionen und senken dabei gleichzeitig den Schwellenwert in den Schmerzrezeptoren. Zudem hemmen sie die Sekretion von Magensaft.

Acetylsalicylsäure (ASS) ist ein Schmerzmittel, das unter dem Namen Aspirin bekannt ist. Es hemmt die Enzyme COX-1 und COX-2, indem sie in der Aminosäurekette der Enzyme kurz vor dem aktiven Zentrum einen Acetylrest auf Serin überträgt

Lösungen

1. (a) Freie Nervenendigungen oder auch Sinneszellen können einen adäquaten Reiz über ihre Membranrezeptoren aufnehmen. Dabei wird ein Reiz in Erregung umgewandelt, indem durch den ankommenden Reiz die Membran für Kationen (meist Na^+-Ionen) durchlässig wird, sodass diese in die Zelle diffundieren: Die Membran wird depolarisiert. Das Ruhepotenzial der Zelle wird herabgesetzt und es entsteht ein Generator- bzw. Rezeptorpotenzial. Die Höhe der Potenzialänderung entspricht dabei der Größe des ankommenden Reizes. Ob die hervorgerufene Erregung zum Gehirn weitergeleitet wird, hängt davon ab, ob ein Schwellenwert erreicht wird. Ist dies der Fall, wird die Erregung in Form von Aktionspotenzialen (APs) weitergeleitet. Die Anzahl der APs pro Zeiteinheit entspricht dabei der Höhe des Generatorpotenzials und die Dauer der AP-Frequenz der Dauer des Reizes. Die APs folgen dem Alles-oder-Nichts-Gesetz, d. h. ihre Höhe ist immer gleich groß.

   (b) Serotonin wird an den verletzten Stellen der Haut freigegeben. Es stellt somit den Schmerzreiz dar. Werden die Serotoninrezeptoren der freien Nervenendigungen von Serotonin besetzt, öffnen sich Na^+-Ionenkanäle, sodass es zu einem Rezeptorpotenzial kommt. Die Stärke dieses lokalen Potenzials hängt von der Anzahl der andockenden Serotoninmoleküle ab. Erreicht es den Schwellenwert, werden APs zum Gehirn geleitet, die im Schmerzzentrum die Schmerzempfindung hervorrufen. Prostaglandine können den Schwellenwert herabsetzen, sodass die Anzahl der APs und somit auch die Schmerzwahrnehmung durch ihre Zugabe erhöht werden.

2. (a) In Axonen von Nervenzellen wird die Erregung in Form von APs weitergeleitet. Je nachdem, ob das Axon myelinisiert, das heißt von SCHWANNschen Zellen umgeben ist oder nicht, unterscheidet man zwei verschiedene Arten der Weiterleitung: Bei marklosen Nervenfasern, d. h. bei fehlender Myelinisierung, wird das AP über das Axon von Abschnitt zu Abschnitt übertragen, indem der vorhergehende Abschnitt ein AP an dem benachbarten, noch nicht erregten Abschnitt, auslöst. Der vorhergehende Abschnitt ist dann bereits in der Repolarisationsphase, während am benachbarten eine Potenzialänderung ausgelöst werden kann, sodass dort ein AP erfolgt. Diese Form der Weiterleitung ist relativ langsam. Die Leitungsgeschwindigkeit kann durch eine Verdickung des Axons vergrößert werden. Bei Axonen, die von einer Myelinscheide umhüllt sind, findet die saltatorische Erregungsleitung statt. Die Myelinscheide wird von SCHWANNschen Zellen gebildet und ist deshalb im Abstand von 0,2 mm bis 1,5 mm unterbrochen. Diese Unterbrechungen heißen RANVIERsche Schnürringe. Die zur Erzeugung des AP nötigen spannungsabhängigen Na^+-Kanäle befinden sich nur an den RANVIERschen Schnürringen. Ein AP, das an einem Schnürring entsteht, löst ein nächstes AP erst am nächsten Schnürring aus. Da die APs nicht kontinuierlich an der Membran entlang laufen wie bei marklosen

Fasern, sondern von Schnürring zu Schnürring springen, nennt man dies eine saltatorische Erregungsleitung. Sie ist viel schneller und verbraucht weniger Energie als die kontinuierliche Form.

(b) Da die Aδ-Fasern relativ dicke Axone und von einer Myelinscheide umhüllt sind, leiten sie schneller als die dünnen marklosen C-Fasern. Der erste stechend brennende Schmerz kommt also durch die Erregung der Aδ-Fasern, der zweite dumpfe Schmerz durch die Erregung der C-Fasern zustande.

3. An der Synapse im Hinterhorn des Rückenmarks laufen Aktionspotenziale ein, die die Ca^{2+}-Kanäle im synaptischen Endknöpfchen des Axons der sensorischen Nervenzelle öffnen, sodass Calciumionen in das Endknöpfchen einströmen. Dies bewirkt die Verschmelzung der mit der Substanz P gefüllten synaptischen Bläschen mit der präsynaptischen Membran und so eine Transmitterausschüttung der Substanz P. Diese diffundiert durch den synaptischen Spalt und verbindet sich mit den Rezeptoren der postsynaptischen Membran, sodass sich dort Na^+-Kanäle öffnen und Natriumionen in die postsynaptische Nervenzelle gelangen. Dadurch wird ein EPSP (exzitatorisches postsynaptisches Potenzial) an der postsynaptischen Membran ausgelöst. Diese postsynaptische Erregung wird unter Abschwächung (Dekrement) weitergeleitet. Erreicht sie am Axonhügel den Schwellenwert, entstehen dort wieder Aktionspotenziale, die über das Axon des Neurons weitergeleitet werden.

4. Lang anhaltende oder besonders starke Schmerzreize bewirken an der Synapse des Hinterhorns eine Vermehrung von postsynaptischen Rezeptoren für die Substanz P. Dadurch können die Substanz-P-Moleküle bei ihrer Ausschüttung in den synaptischen Spalt gleichzeitig an mehr Rezeptoren andocken als es ohne anhaltende Schmerzen der Fall wäre. Die Folge sind stärkere postsynaptische Potenziale, die stärkere und länger andauernde Schmerzen verursachen. So wird die Schmerzbahn für ankommende Erregungen sensibilisiert. Man spricht vom Schmerzgedächtnis.

5. (a) Die Wirkungsweise von ASS bzw. Aspirin beruht darauf, dass es die Enzyme COX-1 und COX-2 hemmt, die für die Produktion von Prostaglandinen zuständig sind. Prostaglandine senken die Reizschwelle der Schmerzrezeptoren bei Verletzungen und Entzündungen; dementsprechend steigt mit hoher Prostaglandinkonzentration auch die Schmerzempfindlichkeit eines Gewebes, das sich an und um eine Verletzung befindet. Diese Konzentration ist bei Entzündungen besonders hoch, da die COX-2-Synthese und damit die Produktion von Prostaglandinen durch Entzündungen und Verletzungen ausgelöst wird. Aufgrund der Enzymhemmung wirkt Aspirin daher nicht nur schmerz- sondern auch entzündungshemmend.

Aspirin verändert das aktive Zentrum der Enzyme, sodass diese die erforderlichen Substrate für die Prostaglandinsynthese nicht mehr anlagern und umsetzen können.

(b) Weil Prostaglandine zudem die Sekretion von Magensäuren hemmen, wird bei längerer oder höherer Dosierung von ASS zu viel Magensaft gebildet.

Selbstdiagnosebogen

Aufgabe Nr.	Kernkompetenzen	AFB	Punkte	erreichte Punkte	Förderung
1(a)	Beschreibung, wie ein Reiz in Erregung umgewandelt wird	I	10		Neurobiologie (S. 37 ff.) Rezeptorpotenzial, Umcodierung Reiz in Erregung
1(b)	Ableitung einer Hypothese aus den vorgelegten Materialien	II III	12 3		
2(a)	Beschreibung der kontinuierlichen und saltatorischen Erregungsleitung am Axon	I	8		Aktionspotenzial, kontinuierliche und saltatorische Erregungsleitung (S. 39), Texterfassung und Umgang mit Diagrammen und Abbildungen (S. 53), Verknüpfung bekannten Wissens mit neuen Sachverhalten
2(b)	Analyse von M1 und M2 sowie begründete Erklärung der unterschiedlichen Funktionen der beiden Schmerzfasern	II	6		
3	Beschreibung synaptischer Vorgänge / Erklären der Übertragung von Schmerzerregungen im Hinterhorn	I II	4 8		Vorgänge an Synapse (S. 40)
4	Beschreibung synaptischer Veränderungen (M4) / Erläuterung der direkten und der weitreichenden Folgen derr Veränderung als Schmerzgedächtnis	I II III	2 4 6		Umgang mit Abbildungen (S. 56 f.)
5(a)	Erklären der Wirkungsweise von Aspirin durch Ableitung aus verschiedenen Sachtexten	II III	6 2		Bedeutung und Wirkungsweise von Enzymen; Enzymhemmung und ihre Folgen
5(b)	Erfassen einer Nebenwirkung	III	3		

Gesamtpunkte: 74, davon AFB I: 24 Punkte (32 %); AFB II: 36 Punkte (49 %); AFB III: 14 Punkte (19 %)

Materialgrundlage:

Campbell N. A., Reece J. B.: Biologie. Spektrum Akademischer Verlag Heidelberg 2003

Feldermann D.: Was schmerzt denn da? In: LINDER Biologie. Neurobiologie. Sekundarstufe 2. Abitur- und Klausurtrainer. CD-ROM. Schroedel 2009

Hedewig R.: Die Haut – ein vielseitiges Organ. In: Unterricht Biologie, (1989) 142, S. 4–13

http://www.sinnesphysiologie.de/hvsinne/schmerz/schmerzin.htm

Aufgabe 6: Die Gifte der Kegelschnecken

Funktion des Neurons, Erregungsentstehung, Erregungsleitung, Synapsenvorgänge einschließlich molekularer Grundlagen, synaptische Verschaltung

Einleitung

Kegelschnecken (Conidae) sind schön gemusterte Schnecken mit einem 5 bis 15 cm großen kegel- bzw. konusförmigen Haus. Die Gattung Conus ist mit rund 500 verschiedenen
Arten im gesamten indo-pazifischen Raum verbreitet, wo sie besonders die flachen und
warmen Korallenriffe besiedeln. Alle Kegelschnecken sind Raubtiere, die überwiegende
Zahl jagt Würmer oder Schnecken. An die 70 Arten haben sich auf die Jagd nach Fischen
spezialisiert.

AUFGABENSTELLUNG

1. **Beschreiben** Sie zusammenfassend die Abläufe während eines Aktionspotenzials
   an der Axonmembran eines Neurons und **skizzieren** Sie die Veränderungen des
   Membranpotenzials im Verlaufe eines Aktionspotenzials.
2. **Skizzieren** Sie den Verlauf eines Aktionspotenzials unter dem Einfluss von
   δ-Conotoxin und **erläutern** Sie die Folgen für den Beuteorganismus. **Vergleichen**
   Sie diese Folgen anschließend mit der Wirkung von κ-Conotoxin.
3. **Stellen** Sie die Entstehung eines EPSP und eines IPSP **dar**. Beschränken Sie sich
   dabei auf die Vorgänge an der postsynaptischen Membran. **Erläutern** Sie die Wirkungsweise von α-, und μ-Conotoxinen und die Folgen für den Beuteorganismus.
4. **Beurteilen** Sie, inwieweit sich ω-Conotoxine zum möglichen Einsatz in der
   Schmerztherapie eignen. **Beziehen** Sie in diesem Zusammenhang auch zur Ver-
   abreichungsform (Tabletten, Injektion, Injektionsort) **Stellung**.

Material

M1 Basisinformationen

Fischfressende Kegelschnecken lauern in der Regel im Boden eingegraben und bieten
vorbeischwimmenden Fischen ihr Atemrohr, den Sipho, als Köder an. Wenn der Fisch
den Köder angreift, fährt die Schnecke die
rüsselartig verlängerte Schnauze aus und
schießt dem Fisch einen Giftpfeil ins Maul.
Das Gift wird in einem langen schlauchför-
migen Giftkanal gebildet und in der Giftblase
gespeichert. (M1 a). Der sackförmige An-
hang des Schlundes enthält die pfeilförmige
„Harpune",die in den Schlund transportiert,
mit Gift geladen und aus dem Schlundrohr
in die Beute geschossen wird (M1 b und c).

M1 Giftapparat der Kegelschnecke

M2 **Gifte der Kegelschnecke**

Das Gift einer Kegelschnecke besteht nicht aus einem einzigen Giftstoff, sondern aus einem Gemisch unterschiedlicher Stoffe. Jede Kegelschneckenart hat anscheinend einen arttypischen Satz von 50–200 Conotoxinen. Es gibt also Tausende unterschiedlicher Conotoxine, eine Vielfalt, die im Tierreich ohne Beispiel ist.

Kegelschneckengifte sind Oligopeptide, also kleine Eiweißverbindungen, die aus 10 bis 30 Aminosäuren bestehen. Man unterscheidet fünf Conotoxinfamilien (α-, μ-, ω, κ- und δ-Conotoxine). Die Toxine werden nach ihren Zielen im Beuteorganismus zusammengefasst.

Conotoxin	Ansatzstelle / Wirkung
α-Conotoxine	blockieren die Rezeptoren für Acetylcholin an neuromuskulären Synapsen
δ-Conotoxine	verhindern die Inaktivierung der spannungsgesteuerten Na^+-Ionenkanäle am Axon eines Neurons
κ-Conotoxine	blockieren die spannungsgesteuerten K^+-Ionenkanäle am Axon eines Neurons
μ-Conotoxine	blockieren die Na^+-Ionenkanäle in der postsynaptischen Membran neuromuskulärer Synapsen
ω-Conotoxine	blockieren die Ca^{2+}-Ionenkanäle an Synapsen des N-Typs mit dem Transmitter Glutamat (siehe M3)

M3 **Ausschnitt aus der Schmerzbahn**

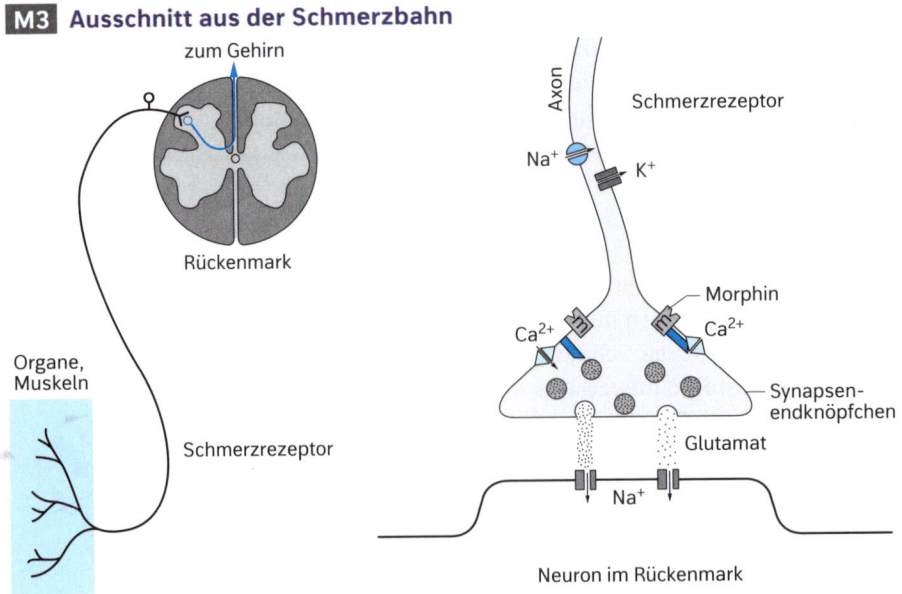

M3 Schmerzweiterleitung über das Rückenmark an Synapsen des N-Typs

Schmerzrezeptoren durchdringen mit einem Geflecht von Nervenendigungen nahezu alle äußeren und inneren Organe, die Muskeln und Gelenke. Schmerz-signale entstehen durch die Erregung dieser spezialisierten Sinnesnervenzellen, die nur durch sehr starke Reize wie Verletzungen oder Verbrennungen ausgelöst und weitergeleitet werden. M3 zeigt den Mechanismus der Weiterleitung bis zur Wahrnehmung im Gehirn.

Zur Unterbrechung dieser Erregungsleitung werden in der Schmerztherapie auch Opiate wie z. B. Morphin eingesetzt. Morphin bindet in den dargestellten Synapsen des N-Typs an Rezeptoren der Ca^{2+}-Ionenkanäle und verhindert somit die Öffnung dieser Ionenkanäle. Als Folge kommt es zu einer Verminderung der Glutamat-Ausschüttung. Bei längerfristigem Einsatz von Morphin kommt es allerdings zur verstärkten Bildung neuer, zusätzlicher Rezeptoren, sodass die Dosis bei gleicher Wirkung stetig erhöht werden muss, was zu stärkeren Nebenwirkungen führt.

Lösungen

1. Als Aktionspotenzial bezeichnet man eine starre Abfolge von Spannungsänderungen. Im Ruhezustand (I) sind die spannungsgesteuerten Na^+- und K^+-Ionenkanäle geschlossen. Überschreitet die Erregung eine bestimmte Schwelle, kommt es zur Depolarisationsphase (II). Die spannungsgesteuerten Na^+-Ionenkanäle werden geöffnet, woraufhin Na^+-Ionen ihrem Konzentrationsgefälle folgend in das Cytoplasma strömen. Die Spannung über der Membran steigt bis auf circa +30 mV.
   In der sich nun anschließenden Repolarisationsphase (III) werden die spannungsgesteuerten Na^+-Ionenkanäle (zeitgesteuert nach 1 bis 2 ms) inaktiviert und schließen.

   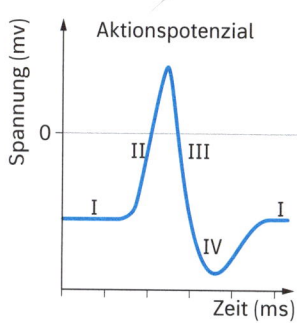

   Die sehr viel langsamer arbeitenden spannungsgesteuerten K^+-Ionenkanäle öffnen erst jetzt voll. K^+-Ionen strömen ihrem Konzentrationsgefälle folgend nach außen. Das Membranpotenzial wird negativer. Da die spannungsgesteuerten K^+-Ionenkanäle langsam schließen, kommt es zu einer kurzfristigen Hyperpolarisation (IV). In dieser Phase sinkt das Membranpotenzial noch unter den Wert im Ruhezustand. Anschließend stellt die Na^+-K^+-Pumpe die ursprüngliche Ionenverteilung wieder her.

2. Unter Einfluss von δ-Conotoxin lässt sich ein Aktionspotenzial auslösen, sobald der Schwellenwert überschritten ist. Nach der Depolarisation kommt es dann aber nur zu einer stark abgeschwächten Repolarisationsphase. Da δ-Conotoxin eine Inaktivierung der spannungsgesteuerten Na^+-Ionenkanäle verhindert, strömen auch während der Repolarisationsphase Na^+-Ionen ihrem Konzentrationsgefälle folgend in das Axon und sorgen für eine anhaltende Depolarisation. Hieraus resultieren eine Dauererregung der betroffenen Neuronen und Krämpfe der angeschlossenen Muskulatur, die zum Tod oder zumindest zur Immobilität des Beuteorganismus führen.

κ-Conotoxine blockieren zwar die spannungsgesteuerten K^+-Ionenkanäle des Axons, führen aber zu denselben Folgen für den Beuteorganismus. Eine Blockierung dieser Ionenkanäle verhindert ebenfalls die Repolarisation der Axonmembran. Auch in diesem Fall liegen eine andauernde Depolarisation des Neurons mit Dauererregung nachfolgender Neurone und Muskelkrämpfen vor.

3. Ein EPSP (exzitatorisches postsynaptisches Potenzial) führt zu einer Depolarisation der postsynaptischen Membran. Dies geschieht, indem durch Transmitterwirkung Na+-Ionenkanäle geöffnet werden und Na^+-Ionen, ihrem Konzentrationsgefälle folgend, in die postsynaptische Zelle einströmen.
Ein IPSP (inhibitorisches postsynaptisches Potenzial) führt zu einer verstärkten Polarisation der postsynaptischen Membran. Dies geschieht, indem K^+- oder Cl^--Ionenkanäle geöffnet werden und K^+-Ionen in das extrazelluläre Milieu oder Cl^--Ionen in das Cytoplasma gelangen.
α- und μ-Conotoxine wirken an der motorischen Endplatte, damit also an exzitatorischen neuromuskulären Synapsen. Durch die Blockade der Acetylcholin-Rezeptoren (α-Conotoxine) bzw. der angeschlossenen Na^+-Ionenkanäle (μ-Conotoxine) verhindern beide Conotoxine den Einstrom von Na^+-Ionen in die postsynaptische Zelle. Somit kann kein Endplattenpotenzial ausgelöst werden, eine Muskelkontraktion bleibt aus. Die hieraus resultierenden Lähmungserscheinungen führen beim Beuteorganismus zumindest zur Immobilität, ggf. sogar zum Tod, falls lebenswichtige Muskelgruppen betroffen sein sollten.

4. ω-Conotoxine eignen sich grundsätzlich zum Einsatz in der Schmerztherapie. Durch die Blockade der Ca^{2+}-Ionenkanäle an Synapsen des N-Typs kommt es zu einer Unterbrechung der Erregungsleitung der Schmerzrezeptoren im Rückenmark. In ihrer Wirkung gleichen ω-Conotoxine somit Morphin. Durch die direkte Blockade der Kanäle, Morphin blockiert die Rezeptoren, ist bei Langzeittherapien ggf. nicht einmal eine Steigerung der Dosis notwendig. Somit stünde mit den ω-Conotoxinen ein Mittel zur Schmerztherapie zur Verfügung, das langfristig ohne starke Nebenwirkungen eingesetzt werden könnte.
Eine Verabreichung in Tablettenform würde vermutlich zum Abbau der Conotoxine (kleine Eiweißstoffe) in Magen und Darm führen. Eine Injektion ins Blut brächte die Gefahr mit sich, auch Synapsen des N-Typs zu blockieren, die andere Funktionen als die der Schmerzweiterleitung erfüllen. Aus diesen Gründen scheint die effektivste und sicherste Form der Verabreichung in einer Injektion direkt in den Rückenmarkskanal zu bestehen.

Selbstdiagnosebogen

Aufgabe Nr.	Kernkompetenzen	AFB	Punkte	erreichte Punkte	Förderung
1	zusammenfassende Darstellung eines APs	I	10		Erregungsentstehung und Erregungsleitung (S. 38 ff.)
	Skizze eines APs	I	2		
2	Skizze eines APs unter Einfluss von δ-Conotoxin	II	5		Erregungsentstehung und Erregungsleitung (S. 38 ff.)
	Folgen für den Beuteorganismus	II	5		
	Vergleich mit der Wirkung von κ-Conotoxin	II	5		
3	Darstellung EPSP, IPSP	I	6		Erregungsübertragung an einer chemischen Synapse; synaptische Verschaltung, Synapsengifte (S. 38 ff.)
	Erläuterung der Wirkung von α-Conotoxinen	II	4		
	Erläuterung der Wirkung von μ-Conotoxinen	II	4		
4	Erläuterung der Wirkung von ω-Conotoxinen	II	4		Erregungsübertragung an einer chemischen Synapse; Synapsengifte (S. 38 ff.)
	Beurteilung der Einsatzmöglichkeit in der Schmerztherapie	III	4		
	Stellungnahme zur Verabreichungsform	III	6		

Gesamtpunkte: 55 davon AFB I: 18 Punkte (33 %); AFB II: 27 Punkte (49 %); AFB III: 10 Punkte (18 %)

Materialgrundlage:

Bowersox S. S., Luther R.: „Pharmacotherapeutic potenzial of omega-conotoxin MVIIA (SNX-111), an N-type neuronal calcium channel blocker found in the venom of Conus magus". Toxicon 36 (11/1998): 1651 – 8

Frings S., Grammig, D.: Vorlesungsskripte Zoophysiologie: Conotoxine – Muskelgifte der Kegelschnecken, Uni-Heidelberg, 1998, unveröffentlicht

Leipold E., Hansel A., Olivera B. M., Terlau H., Heinemann S.H.: „Molecular interaction of delta-conotoxins with voltage-gated sodium channels". FEBS Lett. 579 (18/2005): 3881 – 4.

Li R. A., Tomaselli G. F.: „Using the deadly mu-conotoxins as probes of voltage-gated sodium channels". Toxicon 44 (2/2004): 117 – 22.

Mebs, D.: Gifttiere. Ein Handbuch für Biologen, Ärzte und Apotheker, 1992

Nicke A., Wonnacott S., Lewis R. J.: „Alpha-conotoxins as tools for the elucidation of structure and function of neuronal nicotinic acetylcholine receptor subtypes". Eur. J. Biochem. 271 (12/2004): 2305 – 19

Shon K. J., et al.: „kappa-Conotoxin PVIIA is a peptide inhibiting the shaker K^+ channel". J. Biol. Chem. 273 (1/1998): 33 – 8

Aufgabe 7: Hemeralopie – verminderte Sehleistung in Dämmerung und Dunkelheit

Grundlagen der Wahrnehmung: Bau und Funktion der Netzhaut, Erregungsentstehung, Erregungsleitung

Einleitung

Anzeichen einer Hemeralopie können Orientierungsprobleme in einem dunklen Schlafzimmer sein. Auch wer sich nachts häufiger an Möbeln stößt, sollte aufmerk-sam werden. Es könnten erste Symptome einer Nachtblindheit (Hemeralopie) sein.

Fahren Betroffene aus einer hellen Umgebung z. B. in einen dunklen Tunnel, beschreiben sie es wie eine Reise in ein schwarzes Loch. Setzt die Dämmerung ein verschwimmen die Scheinwerfer entgegenkommender PKWs und die Konturen werden zunehmend unscharf.

Daher schätzen manche Experten, dass Hemeralopie als Ursache für Unfälle mit Personenschäden ebenso häufig ist wie Fahren unter Alkoholeinfluss, häufig als Unfallursache aber unerkannt bleibt.

AUFGABENSTELLUNG

1 **Beschreiben** Sie die Aufnahme und Verarbeitung eines Reizes durch die Fotorezeptoren am Beispiel der Stäbchen der menschlichen Netzhaut (Signaltransduktion).

2 **Erläutern** Sie auch mithilfe von M1 (Abbildung 1) die Hell- und Dunkeladaptation der verschiedenen Fotorezeptoren (Zapfen und Stäbchen) des menschlichen Auges.

3 **Stellen** Sie mithilfe von M2 die häufigsten Ursachen für Hemeralopie **dar** und **erläutern** Sie mithilfe von M1 und M3 die zugrundliegenden Mechanismen.

4 **Erstellen** Sie eine **Hypothese** über die erhöhte Erkrankungswahrscheinlichkeit an Hemeralopie in den sogenannten Entwicklungsländern und **beschreiben** Sie eine mögliche Therapie sowie vorbeugende Maßnahmen.

Material

M1 **Dunkeladaptation bei Normalsichtigen und Nachtblinden**

Die Diagnose der Hemeralopie erfolgt mit relativ einfachen Mitteln. Die klassische Untersuchungsmethode besteht darin, einen Patienten für einige Minuten relativ hellem Licht auszusetzen, um dann die Empfindlichkeit der Netzhaut gegen die Zeit zu messen, d.h. den Zeitraum zu ermitteln, den der Patient benötigt, um sich an eine dunklere Umgebung zu gewöhnen, um dort vorgegebene Konturen oder Bilder zu erkennen.

Die Vorgänge in den Fotorezeptoren der Netzhaut zeigt Abbildung 1, die Ergebnisse der Messungen werden in Abbildung 2 dargestellt.

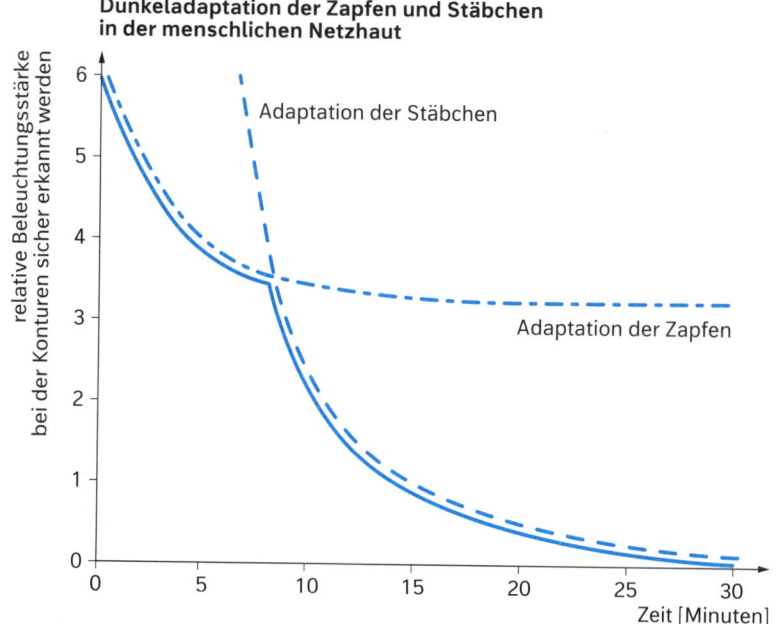

Dunkeladaptation der Zapfen und Stäbchen in der menschlichen Netzhaut

Adaptation der Stäbchen

Adaptation der Zapfen

relative Beleuchtungsstärke bei der Konturen sicher erkannt werden

Zeit [Minuten]

M1 a Dunkeladaptation der Zapfen und Stäbchen in der menschlichen Netzhaut

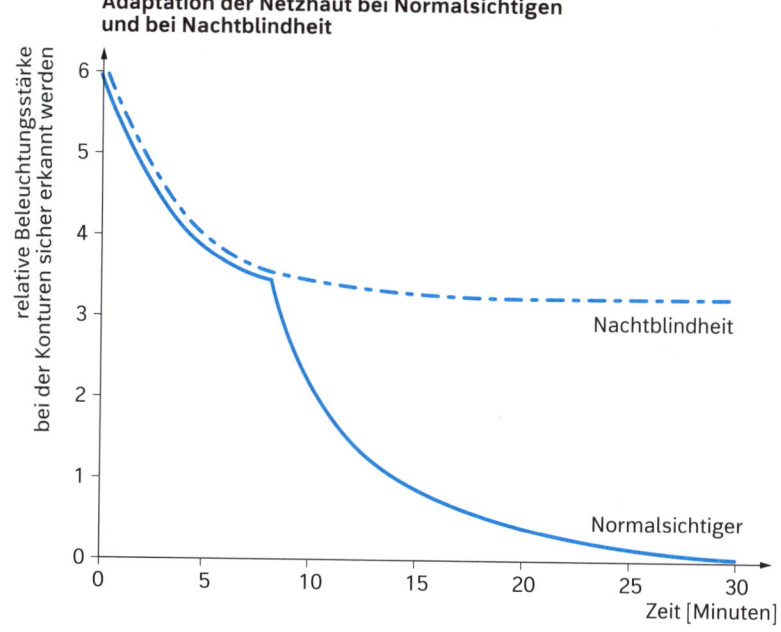

Adaptation der Netzhaut bei Normalsichtigen und bei Nachtblindheit

Nachtblindheit

Normalsichtiger

relative Beleuchtungsstärke bei der Konturen sicher erkannt werden

Zeit [Minuten]

M1 b Dunkeladaptation der Zapfen und Stäbchen in der menschlichen Netzhaut bei Normalsichtigen und bei Nachtblindheit

M2 **Ursachen der Hemeralopie**

Nachtblindheit kann erbliche oder im Laufe des Lebens erworbene Ursachen haben. Eine Form der erblichen Nachtblindheit ist angeboren und auf verschiedene Mutationen zurückzuführen, die zu einer Funktionsunfähigkeit der Stäbchen führen.

Bei der vererbbaren Netzhauterkrankung Retinitis pigmentosa kommt es zum Absterben der Stäbchen, die bei der homozygoten Form bereits in der Kindheit zur Nachtblindheit führen. In der heterozygoten Variante tritt die Nachtblindheit oftmals erst im dritten Lebensjahrzehnt ein.

Weitaus häufiger treten jedoch erworbene Formen von Hemeralopie auf. Eine Choriore-tinitis, eine Entzündung der Aderhaut, kann ebenso zu einem Absterben der Stäbchen führen wie ein Glaukom (Grüner Star) oder Gefäßschädigungen als Folge eines Diabetes mellitus.

Die häufigste Ursache der Hemeralopie ist jedoch ein Mangel an Vitamin-A (Retinol). Dieser kann durch eine Störung der Vitamin-A-Aufnahme in die Zellen, durch langan-haltende Magen-Darm-Erkrankungen oder Leberversagen begründet sein, lässt sich in der Regel aber auf ungenügende Vitamin-A-Zufuhr durch die Nahrung zurückführen. Durch Zufuhr von Retinol oder Carotinoiden tritt bei letzterer Gruppe rasch eine Besse-rung ein, bis die Nachtblindheit schließlich völlig verschwindet.

Tierische Produkte wie Fisch, Leber, Milchprodukte, Eier enthalten viel Retinol. Vorstufen des Retinols, die Carotinoide, findet man aber auch in Pflanzen, die gelb-rot-orange ge-färbt sind. Dazu gehören beispielsweise Karotten, Paprika, Aprikosen, Kirschen, Grape-fruits, Rote Bete, Papaya, aber auch Spinat, Broccoli, Petersilie, Feldsalat und Fenchel.

M3 **Biochemie des Sehens – der Rhodopsinzyklus**

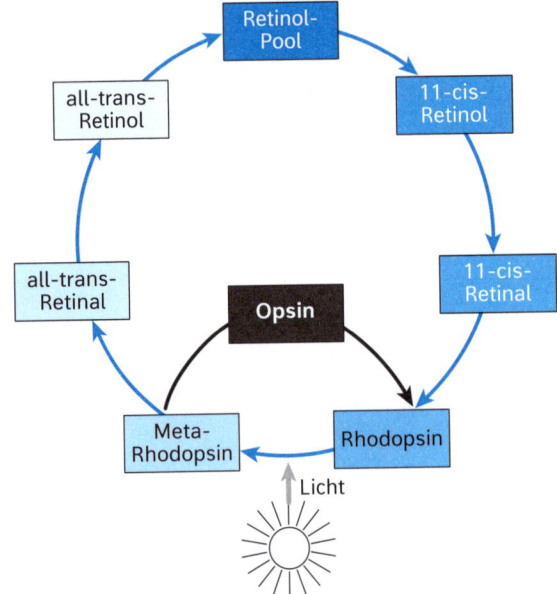

M3 Produktion und Recycling des Rhodopsins im menschlichen Auge

Lösungen

1. Die Fotosensoren der Netzhaut sind bei Dunkelheit depolarisiert. Die Depolarisation resultiert aus der Öffnung von cGMP-abhängigen Natriumionen-Kanälen.

    In den Stäbchen der Retina befindet sich Rhodopsin, das aus Opsin und 11-cis-Retinal hergestellt wird. Ein Lichtreiz bewirkt die Konformationsänderung des Rhodopsins in Meta-Rhodopsin. Das Meta-Rhodopsin aktiviert eine kaskaden-artige Enzymkette (über das G-Protein Transducin und die Aktivierung einer Phosphodiesterase (Zusatzpunkte)), welche cGMP von den Natriumionen-Kanälen abspaltet.

    Die Abnahme der cGMP-Konzentration führt zur Schließung der cGMP-abhängigen Natriumkanäle, sodass das Membranpotenzial nun stark von der Kalium-Leitfähigkeit beeinflusst wird. Es kommt zu einer Hyperpolarisation und infolgedessen zu einer Abnahme der AP-Frequenz in den nachgeschalteten Zellen.

2. Unter der Adaptation des menschlichen Auges versteht man die Anpassung des Auges an unterschiedliche Lichtverhältnisse.

    Dunkeladaptation: Wie M1 a zeigt wird bei schwächer werdenden Lichtverhältnissen von Zapfensehen auf das Stäbchensehen umgeschaltet, da die Stäbchen eine größere Lichtempfindlichkeit besitzen als die Zapfen. Daher können Farben nicht mehr erkannt werden und das Sehen erfolgt in Grauabstufungen. In der Dunkelheit wird die Pupille weitgestellt, sodass viel Licht in das Auge fallen kann.

    Die Empfindlichkeit der Stäbchen für Licht ist abhängig von der Konzentration des „Sehfarbstoffs" Rhodopsin. In Helligkeit wird viel Rhodopsin für die Transduktion benötigt, die Konzentration des Rhodopsins nimmt ab. Verschlechtern sich die Lichtverhältnisse, kommt es zur Regeneration des Rhodopsins und dieses steht wieder in größerer Menge zur Verfügung, so dass das Auge lichtempfindlicher wird. Bis zur maximalen Empfindlichkeit im Dunkeln dauert es über 30 Minuten.

    Helladaptation: Die Hell-Adaptation führt zu gegenläufigen Veränderungen. Bei guten Lichtverhältnissen wird zum Stäbchen- auch das Zapfensehen zugeschaltet. Farbliches Sehen ist nun wieder möglich.

    Ein höherer Lichteinfall führt zu einer Engstellung der Pupille. Darüber hinaus sinkt die Sehfarbstoffkonzentration und das Auge wird lichtunempfindlicher.

3. Bei der Nachtblindheit ist offensichtlich die Funktionsweise der Stäbchen im Auge gestört. In der Netzhaut des Auges befinden sich die Sehsinneszellen, die Zapfen und Stäbchen. Die Zapfen dienen dem Farbensehen, die Stäbchen sind dagegen für das Nacht- und Dämmerungssehen verantwortlich. Sie können keine Farben erkennen. Durch das Zusammenspiel zwischen Zapfen und Stäbchen wird das Auge den jeweiligen Lichtverhältnissen angepasst. Wie M1 a zeigt, funktioniert die Dunkeladaptation bei einem Menschen, der an Nachtblindheit leidet, nur über die Zapfen. Die Stäbchen fallen aus.

    Da die Zapfen erst bei größeren Lichtmengen tätig werden können, ist das Tagessehen erst einmal unbeeinflusst. Das Sehen in der Dämmerung oder während der Nacht ist jedoch beeinträchtigt oder weitgehend unmöglich. Die Anpassungsreaktion der Netzhaut an die Dunkelheit (Dunkeladaptation) ist offensichtlich gestört. Der Betroffene leidet unter Nachtblindheit (Hemeralopie).

Die häufigste Ursache liegt in einem Vitamin-A-Mangel, der in der Regel durch ungenügende Vitamin-A-Zufuhr über die Nahrung, manchmal auch durch lang-anhaltende Durchfallerkrankungen zustande kommt.

Das hängt damit zusammen, dass Vitamin A (Retinol) notwendig ist, damit sich Rhodopsin, der Sehfarbstoff der Stäbchen, bilden kann. Aus Retinol entsteht über einen Zwischenschritt 11-cis-Retinal, das mit Opsin zu Rhodopsin verbunden wird (vgl. M3).

Weil die Dunkeladaptation der Stäbchen zum größten Teil über die zunehmende Bildung von Retinol verläuft führt ein Vitamin-A-Mangel zur Situation, dass kein oder zumindest nicht genügend Rhodopsin hergestellt werden kann. Damit ist eine Dunkeladaptation der Stäbchen nicht oder in zu geringem Maße möglich, sodass bei betroffenen Personen Nachtblindheit auftritt.

4. In den Entwicklungsländern reicht das Einkommen vieler Menschen nicht, um tierische Produkte (Fisch, Leber, Milchprodukte oder Eier) bzw. die Obst- und Gemüse-Sorten (z. B. Karotten, Paprika, Rote Beete, Aprikosen), die viel Vitamin-A enthalten, in ausreichender Menge zu kaufen. Damit steigt die Wahrscheinlichkeit an Hemeralopie zu erkranken rapide an, sodass sich der hohe Anteil an Menschen, die an Nachtblindheit leiden, erklären lässt.

   Die Therapie der Erkrankten bestünde in einer hochdosierten Zufuhr von Retinol oder dessen Vorstufen, die den Retinol-Pool wieder auffüllen, sodass die Netzhaut der Betroffenen in ausreichendem Maße Rhodopsin herstellen kann.

   Die beste Prophylaxe bestünde natürlich in einer regelmäßigen Zufuhr von Retinol durch die Nahrung, d. h. durch Ergänzung der Nahrung um entsprechende tierische und pflanzliche Produkte. Letztendlich wird dies allerdings erst durch eine dauerhafte Verbesserung der ökonomischen Situation der Betroffenen möglich sein.

Selbstdiagnosebogen

Aufgabe Nr.	Kernkompetenzen	AFB	Punkte	erreichte Punkte	Förderung
1	Beschreibung der Signaltransduktion in den Stäbchen der menschlichen Netzhaut	I	8		Signaltransduktion in den Fotorezeptoren (S. 43)
2	Auswertung M1 a Zusammenfassende Darstellung der Dunkeladaptation Zusammenfassende Darstellung der Helladaptation	II II I	4 8 3		Umgang mit Abbildungen (S. 56) f.
3	Ermittlung der häufigsten Ursache der Hemeralopie Erläuterung der zugrunde liegenden Mechanismen	I II	4 13		Leistungen der Netzhaut (S. 42)
4	Hypothese Hemeralopie Entwicklungsländer Beschreibung Therapie und Prophylaxe	III III	5 5		Umgang mit Hypothesen (S. 71)

Gesamtpunkte: 50, davon AFB I: 15 Punkte (30 %); AFB II: 25 Punkte (50 %); AFB III: 10 Punkte (20 %)

Materialgrundlage:

Grehn, F.: Augenheilkunde. Springer, Berlin 2012

Hick, C., Hick, A. (Hrsg.): Intensivkurs Physiologie. Urban & Fischer, München 2012

Kanski, J. J.: Klinische Ophthalmologie. Urban & Fischer, München 2012

Gekle, M., et al.: Taschenlehrbuch Physiologie. Thieme, Stuttgart 2010

Patzelt, J.: Augenheilkunde. Urban & Fischer, München 2009

Szabo, V., Kreienkamp, H.-J., Rosenberg, T., Gal, A. p.Gln200Glu, a putative constitutively active mutant of rod alpha-transducin (GNAT1) in autosomal dominant congenital stationary night blindness. Hum. Mutat. 28: 741–742, 2007

Aufgabe 8: Bekämpfung der Demenz – Frühdiagnostik von Morbus Alzheimer

Aufbau und Funktion von Neuronen, Informationsverarbeitung, degenerative Erscheinungen bei Morbus Alzheimer, fMRT

Einleitung

Durch die erhöhte Lebenserwartung in nahezu allen Ländern nimmt die Zahl der Menschen mit einer neurodegenerativen Erkrankung stetig zu. So weisen von den über 90-jährigen rund 35 % eine zumindest mittelschwere Demenzerkrankung auf, wobei Morbus Alzheimer hier eine dominierende Rolle spielt.

Eine gesicherte Diagnose von Morbus Alzheimer ist oft erst durch eine Obduktion möglich oder erfolgt zu einem Zeitpunkt, wenn große Teile des Gehirns bereits irreversibel geschädigt sind.

Vor diesem Hintergrund gibt es eine Reihe von Forschungsprojekten, die sich der Frühdiagnostik von Morbus Alzheimer widmen, also der Diagnose zu einem Zeitpunkt, an dem die Symptome der Erkrankung noch nicht von normalen altersbedingten oder auf einer leichten Depression beruhenden Störungen des Gedächtnisses unterschieden werden können.

Ziel dieser Forschungsprojekte ist eine möglichst frühzeitige gesicherte Diagnose der Erkrankung, um den Krankheitsverlauf dauerhaft mit neuroprotektiven Medikamenten verlangsamen oder zukünftig auch stoppen zu können.

AUFGABENSTELLUNG

1. **Stellen** Sie die Ursachen für Morbus Alzheimer unter Einbeziehung von M2 zusammenfassend **dar**, und **erläutern** Sie die Folgen der Erkrankung anhand von M1.

2. **Stellen** Sie die Methode der funktionellen Magnetresonanztomographie (fMRT) **dar** und **werten** Sie die Abbildungen in M3 **aus**.

3. **Stellen** Sie die Erregungsübertragung an einer acetylcholinergenen Synapse zusammenfassend **dar**, und **erläutern** Sie in diesem Zusammenhang unter Einbeziehung von Abbildung 4 (M4), inwieweit die Aktivität der Acetylcholinesterase (AChE) ein geeigneter Anhaltspunkt für die Höhe des Acetylcholinspiegels in den beobachteten Synapsen ist.

   Stellen Sie eine begründete **Hypothese** für einen möglichen therapeutischen Ansatz zur Erhöhung des Acetylcholinspiegels **auf**, indem Sie einen möglichen Ansatzpunkt eines Medikamentes an einer cholinergenen Synapse **erläutern**.

4. **Beurteilen** Sie die in M2, M3 und M4 vorgestellten Methoden zur Frühdiagnostik von Morbus Alzheimer hinsichtlich ihrer Möglichkeiten und Grenzen. Berücksichtigen Sie in diesem Zusammenhang die Notwendigkeit körperlicher Eingriffe und den Zeitpunkt der Erkrankung, zu dem die jeweilige Frühdiagnostik erfolgen kann.

Material

M1 Veränderungen im Gehirn bei Morbus Alzheimer

Die klassischen Veränderungen, die sich im menschlichen Gehirn im Laufe der Erkrankung manifestieren, lassen sich sowohl in der Außenansicht eines von Morbus Alzheimer
betroffenen Gehirns als auch im Schnitt nachweisen.

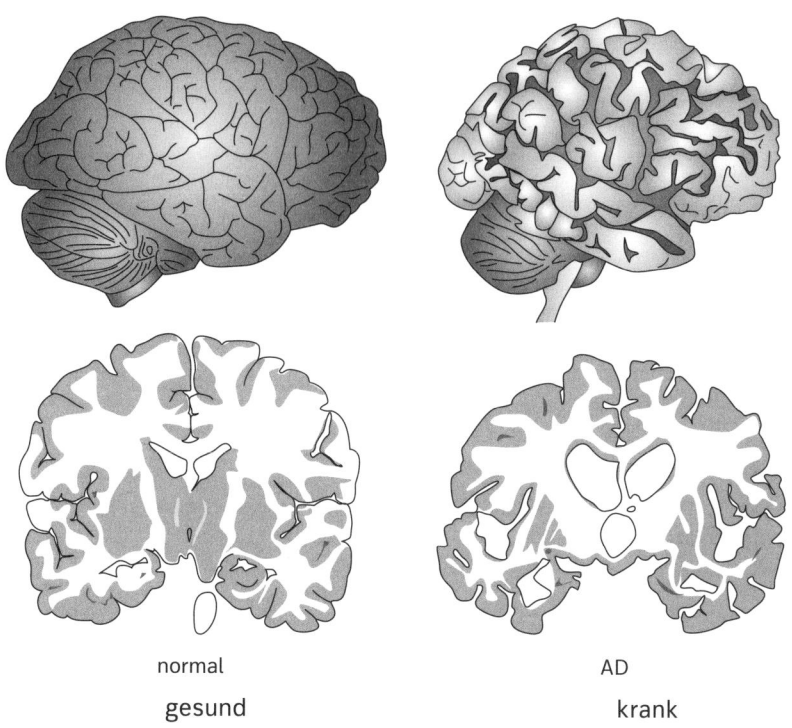

normal   AD

gesund   krank

M1 Veränderung im Gehirn bei Morbus Alzheimer (AD = Alzheimer's disease)

M2 Nachweis des Tau-Proteins mittels Positronen-Emissions-Tomographie (PET)

Ein Forschungsteam an der Tohoku-Universität in Sendai (Japan) arbeitet am Nachweis
von Morbus Alzheimer mittels Positronen-Emissions-Tomographie (PET).
Bei dieser bildgebenden Methode, die bisher hauptsächlich zur Krebsdiagnostik ange-
wandt wurde, wird dem Patienten ein radioaktiver „Tracer" gespritzt. Dieser Tracer ähnelt
natürlich im Körper vorkommenden Stoffen, ist jedoch mit einem schnell zerfallenen
radioaktiven Stoff markiert. Der Tracer wird daher auch im Rahmen von Stoffwechsel-
vorgängen auf natürlichem Wege verarbeitet und reichert sich so z.B. in bestimmten
Geweben an.
Ungefähr 10 bis 90 Minuten nach Injektion des Tracers erfolgt die Untersuchung im PET-
Scanner, bei dem die entstehende Gammastrahlung nachgewiesen werden kann. So
entstehen funktionelle Schnittbilder, in dem z.B. die Stoffwechselaktivität im lebenden
Organismus dargestellt werden kann.

Das Forschungsteam um NOBUYUKI OKAMURA aus Japan hat nun den Tracer ^{18}F-THK5105 entwickelt, der die Blut-Hirn-Schranke überwinden kann und sich selektiv an Teile des Tau-Proteins anlagert. Die Ergebnisse einer vergleichenden Untersuchung aus der Studie zeigt Abbildung 2.

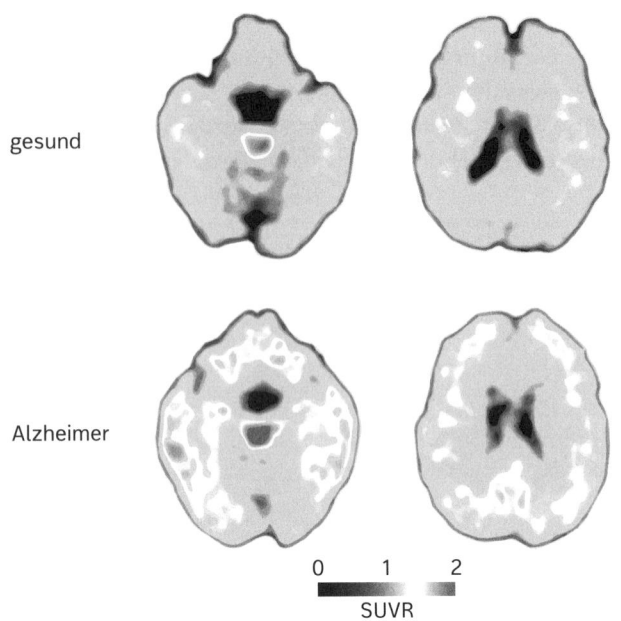

M2 60 bis 80 Minuten nach Injektion des Tracers (^{18}F-THK5105) aufgenommene PET-Bilder des Gehirns eines 72-jährigen gesunden Patienten und eines 68-jährigen Patienten mit Morbus Alzheimer (Horizontalschnitt)

M3 **Nachweis der Gehirnaktivität mittels funktioneller Magnetresonanztomographie (fMRT)**

Schon seit über einem Jahrzehnt gibt es Ansätze zum Nachweis von Morbus Alzheimer mittels funktioneller Magnetresonanztomographie. Die beiden Abbildungen zeigen die Gehirnaktivität bei gesunden und erkrankten Menschen.

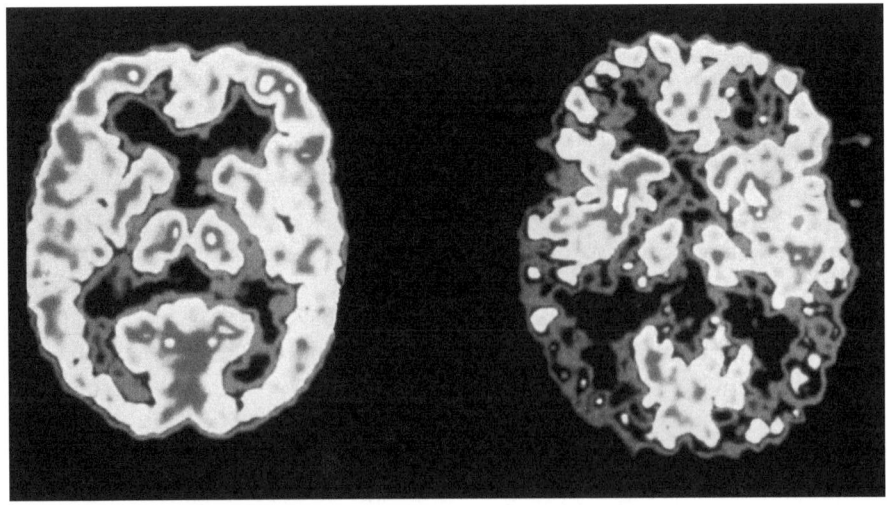

M3 Bilder der Gehirnaktivität eines gesunden (links) und eines an Morbus Alzheimer (= AD) (rechts) erkrankten Menschen

M4 Nachweis der Aktivität der Acetylcholinesterase (AChE) im Gehirn mittels Positronen-Emissions-Tomographie (PET)

Ein zu niedriger Acetycholinspiegel in bestimmten Gehirnbereichen ist ein typisches Symptom für Morbus Alzheimer, da bei Alzheimer in besonderem Maße Neurone betroffen sind, die den Neurotransmitter Acetylcholin produzieren.

Daher besteht ein weiterer Ansatz zur Frühdiagnostik von Morbus Alzheimer im Nachweis der Aktivität der Acetylcholinesterase mittels eines speziellen Tracers in Synapsen des Gehirns (M 4).

Normalbefund

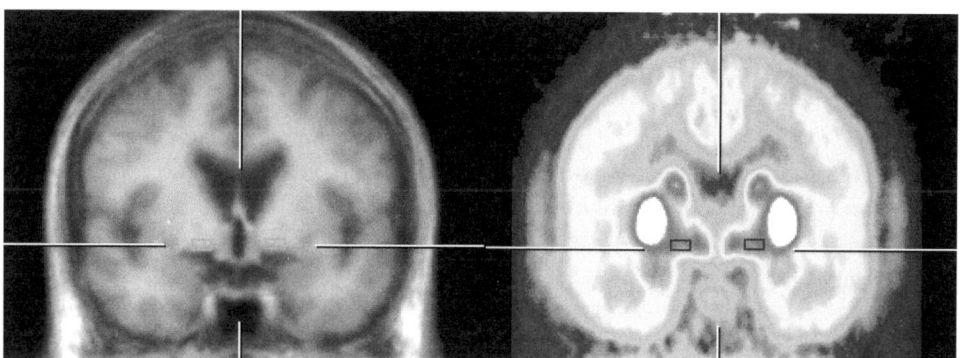

Beginnende Alzheimer Demenz

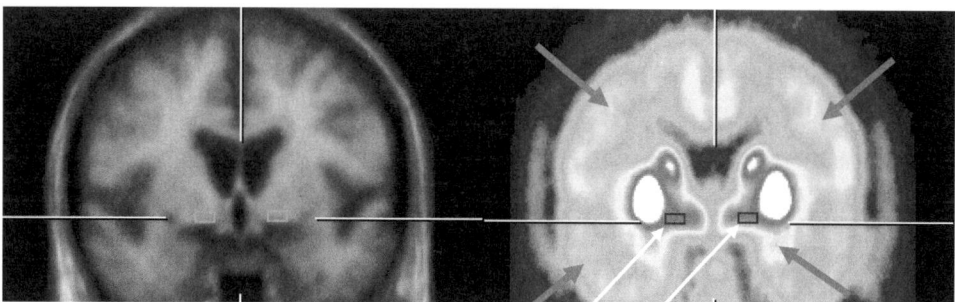

M4 PET-Bild der Acetylcholinesteraseaktivität im Normalbefund und bei beginnender Alzheimer-Demenz

Lösungen

1. Degenerative Hirnerkrankungen führen zum langsam fortschreitenden Untergang der Nervenzellen im Gehirngewebe, wobei Morbus Alzheimer einen Großteil der Erkrankungen ausmacht. Bei dieser Erkrankung häufen sich zwei Typen von Proteinen im Gehirn an, die zum Untergang der Zellen führen.

   Amyloid-ß-Proteine lagern sich zu den sogenannten senilen Plaques zusammen, die zur Störung der Mitochondrien führen, womit die Energieversorgung der betroffenen Zellen zusammenbricht.

   Zusammenschlüsse des Tau-Proteins bilden Neurofibrillen-Bündel, die das Transportsystem der betroffenen Zellen verstopfen und somit zu dessen Zusammenbruch führen (s. Basiskompetenten S. 52).

   Die Abbildung in M2 zeigt diese im Vergleich zum gesunden Gehirn deutlich erhöhte Produktion des Tau-Proteins im Gehirn eines 68-jährigen Alzheimer-Patienten. In der Abbildung finden sich die Bereiche, die auf eine erhöhte Aktivität des Tracers und damit auf eine Anhäufung von Tau-Proteinen schließen lassen, bei Morbus Alzheimer im gesamten Gehirn in deutlich höherem Maße als bei der gesunden Kontrollperson. Durch das stetige Absterben von Gehirnzellen, wobei Acetylcholin produzierende Zellen in besonderem Maße betroffen sind, kommt es neben einer verminderten Produktion dieses Neurotransmitters zu einer Hirnatrophie, d. h. zu einer fortschreitenden Abnahme der Hirnmasse.

   Dieser Vorgang wird in Abbildung M1 deutlich. Die Furchen im Cortex treten beim Alzheimer-Patienten deutlich hervor. Im Schnitt zeigt sich, dass das Absterben der Neuronen sogar zu einer Reihe von großen Löchern im Gehirngewebe geführt hat.

2. Wenn Nervenzellen im Gehirn aktiv sind, benötigen sie in höherem Maße Sauerstoff als Nervenzellen im Nachbargewebe, die nicht so aktiv sind. Dies führt in den aktiven Bereichen zu einer Weitung der Blutgefäße, sodass verstärkt sauerstoffreiches Blut in die aktive Region fließen kann. Der Unterschied im Sauerstoffgehalt zu den Nachbarregionen wird mittels funktioneller Magnetresonanztomografie (fMRT) gemessen, die hierfür den BOLD-Effekt ausnutzt. Auf den entstehenden Bildern wird das Niveau der Aktivierung in einer abgestuften Farbskala dargestellt.

   In Abbildung M3 wird deutlich, dass die Gehirnaktivität bei dem untersuchten Patienten insbesondere im Bereich des gesamten Cortexes stark nachgelassen hat. Darüber hinaus finden sich im Gehirn des gesunden Patienten z. T. scharf abgegrenzte Bereiche mit sehr niedriger und sehr hoher Aktivität. Diese Extreme erscheinen im Gehirn der von Morbus Alzheimer betroffenen Person nicht mehr. Sowohl die Bereiche mit sehr niedriger als auch die Bereiche mit sehr hoher Aktivität scheinen dauerhaft verloren zu gehen.

3. Wenn ein Aktionspotenzial das Endknöpfchen erreicht, öffnen sich spannungsabhängige Calciumionen-Kanäle kurzzeitig und Calciumionen können in das Endknöpfchen einströmen.

   Daraufhin verschmelzen synaptischen Vesikel, die den Neurotransmitter Acetylcholin enthalten, mit der präsynaptischen Membran. Acetylcholin diffundiert durch den synaptischen Spalt und besetzt die Rezeptoren ligandengesteuerter Natrium-ionenkanäle in der postsynaptischen Membran, woraufhin sich diese Ionenkanäle öffnen und Natriumionen in die postsynaptische Zelle strömen. Die einströmenden Natriumionen führen zur Depolarisation der postsynaptischen Membran. Der Neurotransmitter Acetylcholin wird im synaptischen Spalt vom Enzym Acetylcholinesterase in Acetat und Cholin gespalten und somit unwirksam. Anschließend werden die Bestandteile aktiv in die Endknöpfchen aufgenommen und recycelt.

Somit lässt die Aktivität der Acetylcholinesterase direkte Rückschlüsse auf den Acetylcholinspiegel in diesen Synpasen zu, wobei eine hohe Aktivität des Enzyms auf einen hohen Spiegel schließen lässt und umgekehrt.

Abbildung M4 zeigt schon bei beginnender Alzheimer-Demenz eine über nahezu das gesamte Gehirngewebe verteilte sinkende Aktivität der Acetylcholinesterase. Besonders deutlich wird dies im Bereich des Hippocampus und auch in diesem Fall wieder im Cortex. Damit bestätigt diese Abbildung das klassische Symptom eines sinkenden Acetylcholinspiegels bei Morbus Alzheimer.

Um dieser Entwicklung und ihren Folgen für die betroffenen Personen entgegenzuwirken, ist als Therapie die Erhöhung des Acetylcholinspiegels ein mögliches Mittel. Dies wäre z. B. durch medikamentöse Hemmung der Acetylcholinesterase möglich, was zu einem längeren Verbleib der Acetylcholinmoleküle im synaptischen Spalt und an den Rezeptoren der ligandengesteuerten Ionenkanäle führen würde. Weitere Möglichkeiten bestünden z. B. darin, die Öffnungswahrscheinlichkeit der Calcium-ionenkanäle in der präsynaptischen Membran zu erhöhen oder medikamentös die Verschmelzung der Vesikel mit der präsynaptischen Membran zu unterstützen. Diese Methoden würden die Menge des Neurotransmitters Acetylcholin im synaptischen Spalt erhöhen und somit die Symptome lindern.

4. Grundsätzlich ist jede Methode zu begrüßen, die eine Diagnose von Morbus Alzheimer in einem möglichst frühen Stadium ermöglicht, um frühzeitig Maßnah-men zur Verhinderung oder Verlangsamung der Hirnatrophie einzuleiten.

Die Darstellung des Tau-Proteins und der Acetylcholinesteraseaktivität erfolgen mittels PET. Hier ist der Nachteil, dass dem Patienten ein schwach radioaktiver Tracer gespritzt werden muss, um die gewünschten Bilder anfertigen zu können. Bei der Darstellung der Gehirnaktivität mittels fMRT ist keinerlei Eingriff von außen notwendig.

Allerdings können bei der Darstellung der Gehirnaktivität mittels fMRT erst Anzeichen für Morbus Alzheimer aufgedeckt werden, wenn das Absterben des Gehirngewebes bereits begonnen hat und soweit fortgeschritten ist, dass es schon zu Aktivitätsminderungen kommt.

Gleiches gilt auch für die Darstellung der Aktivität der Acetylcholinesterase. Anzeichen sinkender Aktivität treten erst auf, wenn Acetylcholin produzierende Zellen betroffen sind.

Aus diesen Gründen scheint die Darstellung des Tau-Proteins mittels PET die vielversprechendste Methode zu sein, da hier ggf. schon Anzeichen der Erkrankung erkannt werden können, bevor Gehirngewebe in nennenswertem Umfang abzusterben beginnt.

Selbstdiagnosebogen

Aufgabe Nr.	Kernkompetenzen	AFB	Punkte	erreichte Punkte	Förderung
1	Darstellung Morbus Alzheimer	I	6		Degenerative Erscheinungen bei der Alzheimer Krankheit (S. 38 f.)
	Auswertung der Abbildung 2	II	4		
	Auswertung der Abbildung 1	II	3		Umgang mit Abbildungen (S. 56)
2	Darstellung fMRT	I	4		Funktionelle Magnetresonanztomografie (S. 48)
	Auswertung der Abbildung 4	II	5		
3	Darstellung Erregungsübertragung an einer Synapse	I/II	10		Synapsenvorgänge (S. 40)
	Auswertung Abbildung 5	II	4		
	Hypothese therapeutischer Ansatz	III	7		Umgang mit Hypothesen (S. 71)
4	Beurteilung der Methoden	III	7		

Gesamtpunkte: 50, davon AFB I: 15 Punkte (30 %); AFB II: 21 Punkte (45 %); AFB III: 14 Punkte (25 %)

Materialgrundlage:

Herholz, Karl & Heiss, Wolf-Dieter: Frühdiagnostik neurodegenerativer Erkrankungen zur Bekämpfung der Demenz – Forschungsbericht 2004 – Max-Planck-Institut für Stoffwechselforschung

Herholz, K., et al.: PET measurement of cerebral acetylcholine esterase activity without blood sampling. Eur J Nucl Med 2001; 28: 472–477

Herholz, K. et al.: In-vivo Study of Acetylcholine Esterase in Basal Forebrain, Amygdala and Cortex in Mild to Moderate Alzheimer disease. in: Neuroimage 2004; 21(1): 136–14

Nobuyuki Okamura et al.: Non-invasive assessment of Alzheimer's disease neurofibrillary pathology using 18F-THK5105 PET – in: Brain – A Journal of Neurology, Volume 137, Issue 6, Pp. 1762–1771 – DOI: http://dx.doi.org/10.1093/brain/awu064 1762-1771 First published online: 28 March 2014

Zündorf G, et al.: PET functional parametric images of acetylcholine esterase activity without blood sampling. In: Senda M, Kimura Y, Herscovitch P, editors. Brain imaging using PET. San Diego, Ca.: Academic Press, 2002: 41–46

Aufgabe 9: Abiotische Faktoren eines Hochmoors; Angepasstheit einer Hochmoorpflanze

Untersuchungen in einem Hochmoor: Standortbeurteilung mithilfe von Zeigerwerten und Angepasstheiten an die Feuchtigkeit bei Pflanzen

Einleitung

Vegetationsaufnahmen erfassen die unterschiedlichen Pflanzenarten in ihrem Deckungsgrad an einem bestimmten Standort. Meist folgt man dabei der Methode nach BRAUN-BLANQUET. Die so ermittelten Pflanzenarten bilden mit ihrem Deckungsgrad die Pflanzengesellschaft dieses Standortes. Trifft man auf eine solche Pflanzengesellschaft in der Natur, lassen sich daraus Schlüsse auf die spezifischen Umweltfaktoren des jeweiligen Standorts ziehen.

AUFGABENSTELLUNG

1 Aus dem in M1 dargestellten Flachmoor kann sich unter bestimmten Bedingungen ein Hochmoor entwickeln. **Erläutern** Sie diese Bedingungen (M2). **Beschreiben** Sie typische Umweltbedingungen eines Hochmoors und stellen Sie diese denen eines Flachmoors gegenüber. Nutzen Sie dazu die Angaben in M1 bis M4 sowie den Text in M6.

2 In einem Hochmoor führte man u. a. an zwei Standorten Vegetationsaufnahmen durch (M2). Dann wurden die entsprechenden Zeigerwerte F, R und N hinzugefügt (M3). **Ermitteln** Sie die gewichteten Zeigerwerte für beide Standorte (mit Rechenweg), und beschreiben Sie deren Umweltfaktoren aufgrund der ermittelten Daten. Nutzen Sie dazu die Tabelle aus M4. **Begründen** Sie sodann die Zuordnung dieser Standorte zu den Bildern M4 a und M4 b.

3 **Benennen** Sie die Blattstrukturen 1 bis 5 der Krähenbeere in M6 b. Erläutern Sie die Besonderheiten im Blattaufbau der Krähenbeere und erklären Sie deren Vorteile für die Pflanze.

4 Erklären Sie den Widerspruch zwischen dem sehr feuchten Standort des Hochmoores und der typischen Blattstruktur der Krähenbeere als Angepasstheit an das Hochmoor, indem Sie dazu **Hypothesen aufstellen**.

Material

M1 Flachmoor

Die Abbildung M1 verdeutlicht die Entstehung eines Flachmoors, die vor allem mit der Verlandung eines Sees, z. B. aufgrund der Ablagerung von Seekreide, einhergeht. Als Seekreide bezeichnet man das Sediment eines Sees, das einen Kalkgehalt von über 95 % aufweist. Solches Sediment entsteht am Grunde von Gewässern, die von kalkreichem Grundwasser gespeist werden. Die im See lebenden fotosynthetisch aktiven Pflanzen (z. B. Armleuchteralgen) entziehen dem Wasser das Kohlenstoffdioxid, sodass Calciumcarbonat ausgefällt wird und sich am Seeboden anreichert.

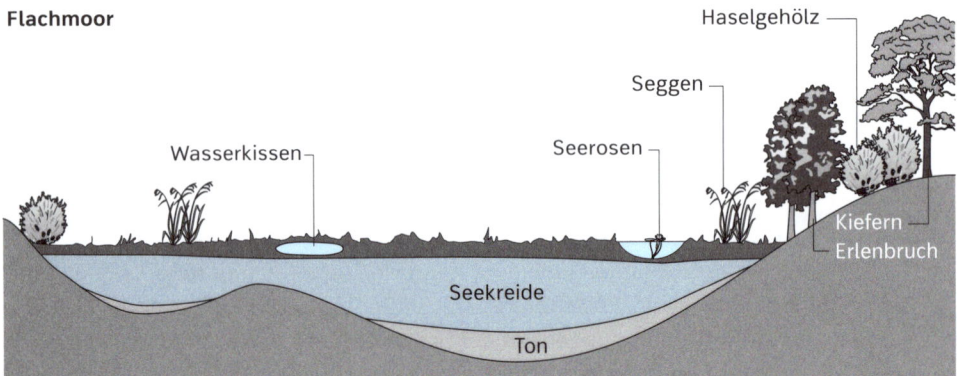

Flachmoor

M1 Schnitt durch ein Flachmoor.

M2 Torfmoose

Wenn in einem Gebiet mehr Niederschlag fällt als abfließen kann, kann sich das Torfmoos in Schlenken (vgl. M4) ansiedeln und in seinen Speicherzellen Wasser einlagern. Durch Abgabe von Hydroxonium-Ionen sorgt es für einen sauren Standort, an dem es nur an der Oberfläche weiter in die Höhe wächst. Der untere Teil der Pflanze stirbt allmählich ab, wird aber durch Einlagerung von Sphagnol gut konserviert, sodass aus diesen Pflanzenresten Torf entstehen kann.

M2 a Torfmoos in einer Schlenke (s. M4)

M2 b einzelnes Torfmoos

M3 Standortbeurteilung mit Hilfe von Zeigerwerten

Ellenberg hat die in Europa vorkommenden Blütenpflanzen in Tabellen erfasst und ihnen aufgrund ihrer Umweltansprüche Zeigerwerte von jeweils 1 bis 9 zugeordnet (bei der Feuchtezahl erweitert um 10 bis 12 für Pflanzen, die im Wasser stehen oder auch ganz untergetaucht sind). Folgende Standortfaktoren hat er für jede Pflanze ermittelt: Lichtangebot (L), Kontinentalität (K), Feuchte (F), Temperatur (T), Säuregehalt (R) und Stickstoffgehalt (N).

An zwei Standorten eines Hochmoores hat man jeweils die folgenden Vegetationsaufnahmen vorgenommen und dazu die entsprechenden Zeigerwerte für Feuchte (F), Säuregehalt (R) und Stickstoffgehalt (N) angegeben:

Standort 1:

Pflanzenart	Deckungsgrad	Zeigerwerte F	R	N
Faulbaum	1*	7	2	x
Moorbirke	2*	x	3	3
Heidekraut	+	x	1	1
Heidelbeere	1	x	2	3
Preiselbeere	1	4	2	2
Krähenbeere	1	6	x	2
Pfeifengras	3	7~	x	2
Zarte Binse	1	6	5	5

~ zeigt starken Wechsel in der Feuchtigkeit an
*nur Sträucher bis zu einer Höhe von 5 m

Standort 2:

Pflanzenart	Deckungsgrad	Zeigerwerte F	R	N
Moorbirke	2*	x	3	3
Graue Segge	1	9	3	2
Grönlandporst	1	9	2	2
Glockenheide	1	8	1	2
ScheidenWollgras	2	8	2	1

*nur Sträucher bis zu einer Höhe von 5 m

M4 Abbildungen zweier Standorte in einem Hochmoor

In den früheren Zeiten des Torfabbaus ließ man zwischen den Flächen, auf denen Torf gestochen wurde, schmale Streifen des Hochmoorrückens frei. Über diese Streifen führte der Weg ins Moor. Hier wurden auch Karren mit Torfziegeln gefüllt, die von Pferden aus dem Moor gezogen wurden. Diese Wege wurden deshalb als Abfahrten bezeichnet. Sie wurden mit der Zeit immer fester.

M4 a Weg auf einer sogenannten Abfahrt eines Hochmoors

Die Torfabbauflächen zwischen diesen Wegen füllten sich alsbald mit Regenwasser und bildeten Moorseen, in denen sich, falls auf eine Entwässerung verzichtet wurde, erneut das Torfmoos ansiedeln konnte. So entstanden also wieder Regenerationsflächen des Hochmoors mit Bulten (kleine Hügel aus Torfmoosen und Sauergräsern) und Schlenken (nasse, meist wassergefüllte Vertiefungen).

M4 b Regenerationsgebiet auf einer ehemaligen Torfabbaufläche mit Bulten und Schlenken, aber auch mit einigen Moorbirken

M5 Bedeutung der Zeigerwerte (vereinfacht)

Wert	Feuchtezahl (F)	Reaktionszahl (R)	Stickstoffzahl (N)
1	sehr trockener Standort	stark saurer Boden	stickstoffärmster Standort
2	sehr trocken bis trocken	stark saurer bis saurer Boden	zwischen 1 und 3
3	trockener Standort	saurer Boden	stickstoffarmer Standort
4	trocken bis frisch	stark sauer bis mäßig sauer	zwischen 3 und 5
5	mittelfeuchter Standort	mäßig saurer Boden	mäßig stickstoffreich
6	mittelfeucht bis feucht	mäßig sauer bis schwach sauer	zwischen 5 und 7
7	gut durchfeuchtet, nicht nass	schwachsauer- bis schwachbasisch	stickstoffreicher Standort
8	gut durchfeuchtet bis nass	schwachsauer- bis schwachbasisch bis basisch und kalkreich	sehr stickstoffreich
9	durchnässter Boden	kalkreicher Boden	übermäßig stickstoffreich

M6 Angepasstheit der Krähenbeere

Die Krähenbeere ist ein immergrüner Zwergstrauch, der maximal 50 cm hoch wird. Sie gehört zu den Mykorrhiza bildenden Heidekrautgewächsen, den Ericaceen. Die Blätter werden bis 6 mm lang und 2 mm breit.

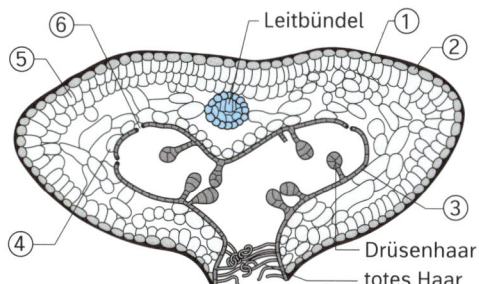

M6 a Krähenbeere

M6 b Blattquerschnitt der Krähenbeere

Lösungen

1. Das Flachmoor kann nur bis zum Grundhorizont mit mineralstoffreichem Grundwasser gespeist werden. Damit an dieser Stelle aus dem Flachmoor ein Hochmoor entstehen kann, muss mehr Regen fallen, als aus dem Moor abfließen kann. Dabei bilden sich Bulten und Schlenken (M4), in denen sich das Torfmoos ansiedeln und in seinen Speicherzellen Wasser zurückhalten kann. Das Moos breitet sich aus, wächst weiter in die Höhe und aus den konservierten absterbenden Pflanzenresten entsteht allmählich der Torf.

   Die Materialien charakterisieren das Hochmoor als einen säurereichen, stickstoffarmen und sehr feuchten Standort (M3), an denen sich z. B. Ericaceen ansiedeln können, die sich über Mykorrhiza-Wurzeln (M6) vor allem mit dem im Untergrund fehlenden Stickstoff versorgen. Der Standort ist ebenso kalkarm, denn durch die Säure im Torfboden würden Kalkreste sogleich zersetzt und ausgespült werden.

   Das Flachmoor ist dagegen sehr kalkreich (Seekreide) und bei der Verlandung von vielen toten organischen Resten aufgefüllt worden. Es ist daher ein sehr nährstoffreicher und aufgrund der Grundwasserzufuhr sehr feuchter Standort.

2. Berechnung der gewichteten Zeigerwerte
   Standort 1

Art (x wird nicht berücksichtigt)	Deckungsgrad (+ = 1)	Feuchte		Säuregehalt		Stickstoff	
		Feuchtezahl	Produkt	Reaktionszahl	Produkt	Stickstoffzahl	Produkt
Faulbaum	1	7	7	2	2	x	7
Moorbirke	2	x	-	3	6	3	6
Heidekraut	+	x	-	1	1	1	1
Heidelbeere	1	x	-	2	2	3	3
Preiselbeere	1	4	4	2	2	2	2
Krähenbeere	1	6	6	x	-	2	2
Pfeifengras	3	7	21	x	-	2	6
Zarte Binse	1	6	6	5	5	5	5
Summe	**7(F), 7(R), 10(N)**		**44**		**18**		**25**

Die Summe der Produkte wird durch die Summe der Deckungsgrade der zu berücksichtigenden Arten geteilt.
Feuchtezahl (F): 44 : 7 = rund **6,3**
Dieser Feuchtewert von 6,3 zeigt aufgrund der Tabelle M5 einen mittelfeuchten bis feuchten Standort an.
Reaktionszahl (R): 18 : 7 = rund **2,6**
Diese Reaktionszahl von 2,6 zeigt einen recht sauren Boden an.
Stickstoffzahl (N): 25 : 10 = **2,5**
Diese Stickstoffzahl von 2,5 zeigt einen stickstoffarmen Untergrund an.

Standort 2

Art (x wird nicht berücksichtigt)	Deckungsgrad (+ = 1)	Feuchte		Säuregehalt		Stickstoff	
		Feuchtezahl	Produkt	Reaktionszahl	Produkt	Stickstoffzahl	Produkt
Moorbirke	2	x	-	3	6	3	6
Graue Segge	1	9	9	3	3	2	2
Grönlandporst	1	9	9	2	2	2	2
Glockenheide	1	8	8	1	1	2	2
Scheiden-Wollgras	2	8	16	2	4	1	2
Summe	**5(F), 7(R), 7(N)**		**42**		**16**		**14**

Die Summe der Produkte wird durch die Summe der Deckungsgrade der zu berücksichtigenden Arten geteilt.

Feuchtezahl (F): 42 : 5 = **8,4**

Dieser Feuchtewert von 8,4 zeigt aufgrund der Tabelle M5 einen nassen Standort an.

Reaktionszahl (R): 16 : 7 = rund **2,3**

Diese Reaktionszahl von 2,3 zeigt einen stark sauren bis sauren Boden an.

Stickstoffzahl (N): 14 : 7 = **2,0**

Diese Stickstoffzahl von 2,0 zeigt einen stickstoffarmen bis stickstoffärmsten Untergrund an.

Die Abfahrt auf Bild M4 a hat aufgrund des verdichteten Bodens mit seinem höheren Niveau im Vergleich zum Regenerationsgebiet einen viel trockeneren Untergrund. Dadurch, dass über die Wege durch die Moorbesucher auch Mineralien ins Moor eingetragen werden, ist davon auszugehen, dass M4 a ein wenig stickstoffreicher und auch weniger sauer ist als M4 b.

Aus diesen Gründen ist der nasse, stickstoffärmere und säurereichere Standort 2 der Abbildung M4 b und somit Standort 1 der Abbildung M4 a zuzuordnen.

3. 1 Cuticula, 2 obere Epidermis, 3 untere Epidermis, 4 Zelle des Schwammgewebes, 5 Palisadenzelle, 6 Spaltöffnung

    Besonderheiten im Aufbau: Die kleinen nadelförmigen Blätter der Krähenbeere haben die Form eines Rollblattes. Die mit toten Haaren besetzten Blattränder stoßen so aneinander, dass die gesamte Blattunterseite zum Röhreninnern liegt. Die Transpiration über die in der unteren Epidermis liegenden Spaltöffnungen wird dadurch erheblich herabgesetzt, ebenso die cuticuläre Transpiration über die Blattunterseite. Die Feuchtigkeit in der Blattröhre kann nämlich nicht ungehindert die toten Haare passieren. Die Cuticula der oberen Epidermis ist relativ dick und vermindert die Transpiration über die Blattoberseite. Diese xeromorphen Besonderheiten ermöglichen der Pflanze, auch an einem trockenen Standort gut zu gedeihen.

    Ein weiterer Vorteil der Blattform besteht darin, dass das Palisadengewebe rundum direkt unter der gesamten Blattoberfläche liegt und das für die Fotosynthese nötige Licht gut ausgenutzt wird.

4. Die in Lösung der Aufgabe 3 beschriebenen xeromorphen Strukturen würde man eher bei einer Pflanze erwarten, die an einem trockenen Standort wächst. Die Zeigerwerte weisen dagegen für die Krähenbeere einen feuchten Standort aus. Dies könnte an folgenden Gründen liegen.

    Hypothese 1: Der in Form der Abfahrten übriggebliebene Hochmoorrücken kann in Trockenperioden leicht austrocknen. Eine Feuchtpflanze (Hygrophyt) könnte diese Zeiten als Zwergstrauch nur überdauern, wenn sie dann ihre Blätter abwerfen würde.

    Hypothese 2: Die Krähenbeere ist immergrün. Die Frosttrocknis im Winter verhindert die Wasseraufnahme. Deshalb ist es von Vorteil, wenn die Blätter über xeromorphe

Strukturen verfügen, die die Transpiration erheblich herabsetzen (analog zu den Rundblättern der immergrünen Nadelbäume).

Hypothese 3: Der mineralstoffarme und saure Untergrund des Hochmoors liefert zu wenig Baustoffe für die Pflanze, sodass eine Kümmerform mit nur kleinen runden Blättern ausgebildet werden kann.

Selbstdiagnosebogen

Aufgabe Nr.	Kernkompetenz	AFB	Punkte	erreichte Punkte	Förderung
1	Beschreibung der Hochmoorentwicklung Gegenüberstellung der Umweltbedingungen von Flach- und Hochmoor aufgrund der Materialien	I I II	4 5 4		Sukzession Flachmoor – Hochmoor; Umgang mit Tabellen und Abbildungen (S. 56 f.)
2	Berechnung der gewichteten Zeigerwerte der Standorte 1 und 2 Zuordnung der Standorte zu M4 a und M4 b	II III	8 3		Berechnung gewichteter Zeigerwerte (Kap. 4, S. 64); Umgang mit Abbildungen (S. 56)
3	Benennung der Blattstrukturen Beschreibung der Blattmerkmale der Krähenbeere und deren Vorteile	I II	3 8		Blattmerkmale der Xerophyten und Funktion xeromorpher Strukturen (S. 51)
4	Entwicklung der Hypothesen zu den Blattmerkmalen der Krähenbeere	III	5		Umgang mit Hypothesen (S. 71)

Gesamtpunkte: 40, davon AFB I: 12 Punkte (30 %); AFB II: 20 Punkte (50 %); AFB III: 8 Punkte (20 %)

Materialgrundlage:

Aschemeier, Chr. und D. Ikemeyer (1999): Moore und Heiden des westfälischen Münsterlandes. In: LÖBF-Mitteilungen 2/99. Recklinghausen, S. 73–78

Hegi G (1984): Illustrierte Flora von Mittel-Europa Band I Teil 1. Dritte Aufl., herausgegeben von KU Kramer. Berlin, Hamburg, Paul Parey.

http://www.lwl.org/LWL/Kultur/Westfalen_Regional/Naturraum/Umwelt_Naturschutz/Venner_Moor/

http://www.botanikus.de/Beeren/Kraehenbeere/kraehenbeere.html

http://www.ex-situ-erhaltung.de/pflanzenarten/e/empetrum-nigrum/

Aufgabe 10: Der Einfluss der Aga-Kröte (*Bufo marinus*) als Neozoon in Australien auf einheimische Arten

Ökologische Nische, Wechselbeziehungen, Populationsdynamik, Beziehungen zwischen Populationen

Einleitung

Die Aga-Kröte wurde 1935 an der Ostküste Australiens (Queensland) vom Menschen eingeführt, um die Verbreitung der Larven eines Zuckerrohrschädlings, dem Käfer *Lepidoderma albohirtrum*, zu reduzieren. Heute stellt die Aga-Kröte eine Gefahr für zahlreiche einheimische Arten dar. Eine im Jahr 2008 publizierte wissenschaftliche Studie der Universität Sydney zeigt den Einfluss der Aga-Kröte auf Populationen einheimischer Süßwasser-Krokodile in der Region des Victoria River im Nordwesten Australiens (Northern Territory).

AUFGABENSTELLUNG

1 **Erläutern** Sie die Nahrungsbeziehungen im Ökosystem des Victoria River (M1). Gehen Sie dabei insbesondere auf die verschiedenen Trophieebenen ein.

2 **Analysieren** Sie mithilfe der Ihnen vorliegenden Materialien die Beziehungen zwischen Zuckerrohrkäfer und Aga-Kröte sowie der Aga-Kröte und dem Süßwasser-Krokodil.

3 **Stellen** Sie auf Basis der Materialien **Hypothesen auf**, wie sich die Populationsdichten von Aga-Kröte und Süßwasser-Krokodil in den verschiedenen Flussabschnitten des Victoria River (M4) voraussichtlich entwickeln werden und inwiefern es zu Veränderungen der Körpergrößenstruktur der Süßwasser-Krokodile kommen könnte.

4 Der für die Einführung der Aga-Kröte in Australien verantwortliche Reginald Mungomery wurde 1936 folgendermaßen zitiert: *„Die Ansiedlung in Queensland erfolgte nach einer sorgfältigen Abwägung der Pros und Contras und nachdem das Verhalten der Kröte bis heute keinen Anlass zur Befürchtung gibt, dass wir uns in unserem Urteil über sie getäuscht haben."*
Nehmen Sie mithilfe der Materialien begründet **Stellung** zu dieser Aussage hinsichtlich der Auswirkungen, die das Aussetzen der Kröte (langfristig) auf das Ökosystem hat und **erörtern** Sie, ob diese Auswirkungen – entgegen der Einschätzung R. Mungomerys – vor dem Aussetzen der Kröte absehbar gewesen wären.

Material

M1 Nahrungsnetz der Aga-Kröte im Victoria River

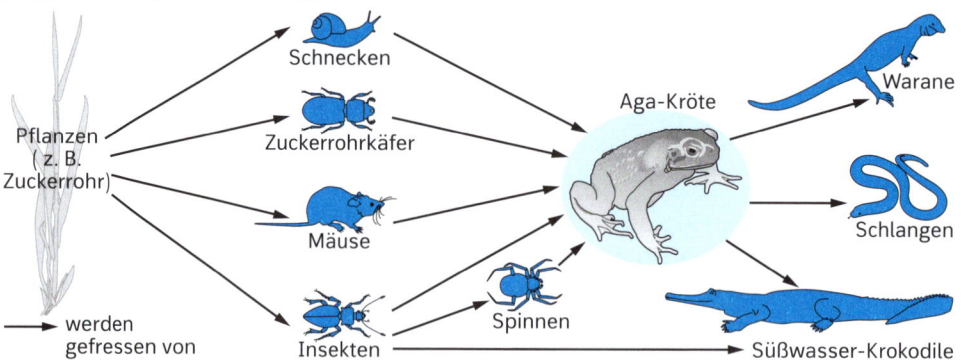

M2 Basisinformationen zur Aga-Kröte

Die Aga-Kröte (*Bufo marinus*) gehört zur Familie der echten Kröten (Bufonidae). Ausgewachsene Tiere sind bis zu 25 cm lang und 1,5 kg schwer. Als besonderes Merkmal besitzt die Aga-Kröte zwei Giftdrüsen, die sich an ihrem Kopf befinden. Das dort produzierte, giftige Sekret setzt die Aga-Kröte zu ihrer Verteidigung ein. Das ursprüngliche Verbreitungsgebiet ist Südamerika. Dort existieren neben spezialisierten Parasiten, die eine Ausbreitung der Aga-Kröte reduzieren, weitere Fressfeinde der Kröte. So ist z. B. der Breitschnauzenkaiman, ein Krokodil, gegen das Gift der Kröte resistent. Seit der Einführung von einigen Tausend Aga-Kröten an die Ostküste Australiens (Region um Cairns) im Jahr 1935 hat sich der Bestand der Aga-Kröte in Australien Schätzungen zufolge auf über 200 Millionen Tiere vergrößert. Im Jahr 2005 sind erstmals Exemplare im Becken des 3000 km entfernten Victoria River (Northern Territory) gesichtet worden. Die Aga-Kröte wurde 1935 von Mitarbeitern einer landwirtschaftlichen Versuchsanstalt in Cairns mit dem Ziel eingeführt, die Larven des Zuckerrohrkäfers Lepidoderma albohirtrum zu dezimieren. Die Kröten erwiesen sich aber nicht als Räuber des Schädlings, was durch die verschiedenen Lebensräume der beiden Arten zu erklären ist: Während die Aga-Kröte auf dem Boden lebt und jagt, klettern die Larven des Zuckerrohrkäfers die Zuckerrohrpflanzen hoch. Adulte Käfer können fliegen. Die Aga-Kröten in Nord-Ostaustralien hatten somit keinen Einfluss auf die Population des Zuckerrohrschädlings.

M3 **Informationen zum Lebensraum am Victoria River**

Der Victoria River ist mit 547 km der längste Fluss im Northern Territory Australiens. Das Klima ist semiarid. In den Monaten Dezember bis März ist es sehr heiß und feucht, von April bis November sind ebenfalls hohe Temperaturen zu verzeichnen, es ist aber auch sehr trocken. Am Zusammenfluss von Victoria River und Wickham River (Victoria River and Wickham River Junction) übersteigt die durchschnittliche Temperatur an 286 Tagen 30 °C. Während der Victoria River in den feuchten Monaten durch Monsunregen einen sehr hohen Wasserstand hat, trocknet das Flussbett in der Trockenzeit an einigen Stellen vollständig aus. Das Flussbett ist durchzogen von zahlreichen Wasserlöchern, die durch Sandbänke und Gesteinsbrocken voneinander getrennt sind. Die durchschnittliche Niederschlagsmenge variiert auch innerhalb einzelner Flussabschnitte des Victoria River noch stark. So fallen an der „Victoria River Gorge" (Gorge = Schlucht/Klamm) mit 802 mm pro Jahr die höchsten Niederschläge, während es in „Longreach Lagoon" mit 582 mm pro Jahr deutlich weniger regnet. Verteilt über den Flusslauf nehmen die Niederschlägen von Norden nach Süden ab. Bedingt durch diese besonderen klimatischen Bedingungen sind viele Tierarten (u. a. auch die Aga-Kröte) gezwungen, Wasserlöcher zur Wasseraufnahme aufzusuchen, sodass sich diese Tiere überwiegend in Flussnähe aufhalten.

M4 **Geografische Lage des Victoria River im Northern Territory (AU)**

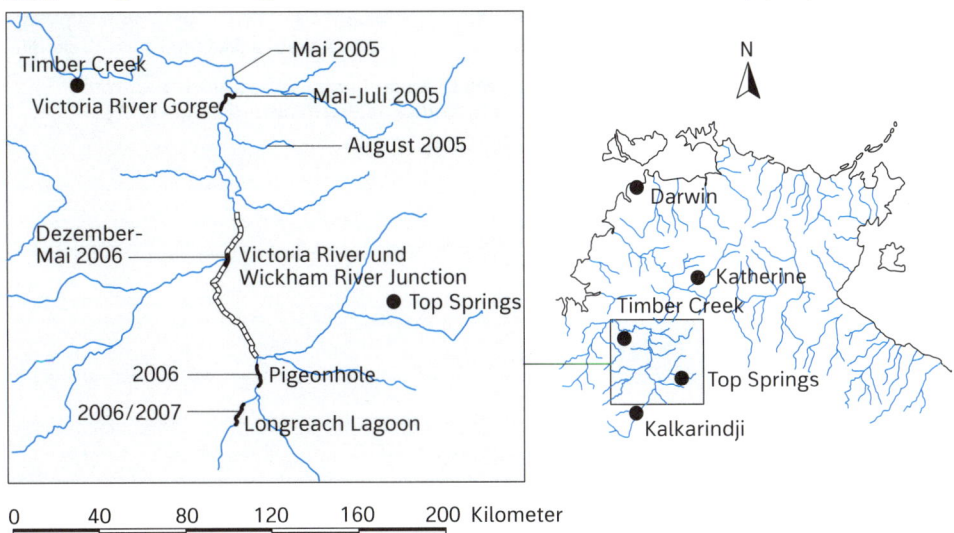

M4 Ankunftszeiten der Aga-Kröte an verschiedenen Untersuchungsstandorten

149

M5 **Daten zur Populationsdichte der Süßwasser-Krokodile in Abhängigkeit zum Vorhandensein der Aga-Kröte**

Im Rahmen einer biologischen Feldstudie der Universität Sydney wurden an verschiedenen Flussabschnitten des Victoria River die Entwicklungen der Populationen der Süßwasser-Krokodile der Art *Crocodylus johnstoni* durch nächtliche Bootsfahrten mit Scheinwerfern und Luftbeobachtungen erfasst. Untersucht wurden die Anzahl toter und lebend gesichteter Krokodile und deren Körpergröße. Die Ergebnisse der Untersuchung sind in den folgenden Diagrammen dargestellt.

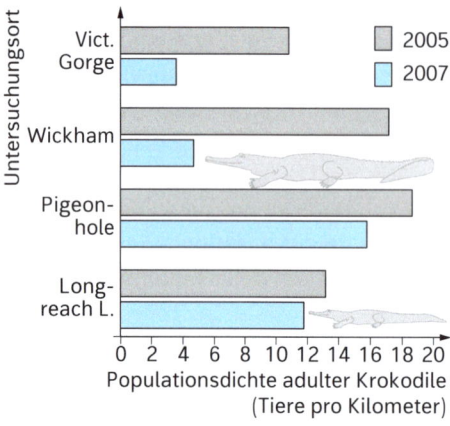

M5 a Populationsdichte erwachsener Krokodile in den Jahren 2005 und 2007

M5 b Anzahl und Größe gesichteter toter Krokodile nach Ankunft der Aga-Kröte

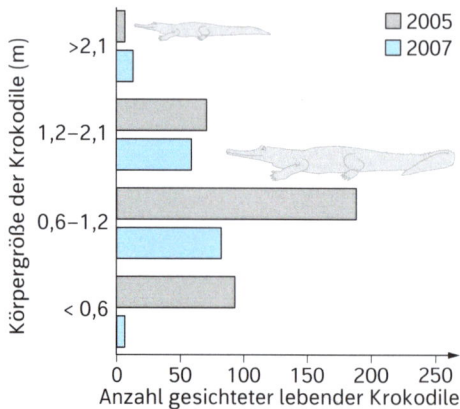

M5 c Anzahl und Größe gesichteter lebender Krokodile in den Jahren 2005 und 2007

Lösungen

1. Pflanzen wie z. B. das Zuckerrohr werden von Schnecken, Zuckerrohrkäfern, Mäusen und Insekten gefressen, Insekten wiederum von Spinnen, Aga-Kröten und Süßwasser-Krokodilen. Die Aga-Kröte ernährt sich von Insekten, Mäusen, Spin-

nen, Zuckerrohrkäfern und Schnecken. Zu den Fressfeinden der Aga-Kröte zählen Süßwasser-Krokodile, Warane und Schlangen. Warane, Schlangen und die Krokodile stehen am Ende des Nahrungskette.

Pflanzen sind die Produzenten und stellen die erste Trophieebene dar. Schnecken, Käfer, Mäuse und Insekten stellen dadurch, dass sie sich von den Produzenten ernähren, die Konsumenten erster Ordnung dar. Spinnen, die sich von Insekten als Konsumenten erster Ordnung ernähren, sind die Konsumenten zweiter Ordnung. Die Aga-Kröten haben sowohl Konsumenten erster als auch Konsumenten zweiter Ordnung als Nahrungsquelle und können somit als Konsumenten zweiter oder dritter Ordnung bezeichnet werden. Warane und Schlangen stellen als Fressfeinde der Aga-Kröte demnach Konsumenten dritter oder vierter Ordnung dar. Süßwasser-Krokodile stellen je nach Betrachtungsebene Konsumenten zweiter, dritter oder vierter Ordnung dar. Warane, Krokodile und Schlangen sind Endkonsumenten.

2. Die Aga-Kröte ist ursprünglich zur biologischen Schädlingsbekämpfung der Zuckerrohrkäfer in Australien ausgesetzt worden. Das Aussetzen der Aga-Kröte hat jedoch keinen Einfluss auf die Populationsdichte der Zuckerrohrkäfer. Grund dafür sind unter anderem die unterschiedlichen Lebensräume der beiden Arten. Während die Aga-Kröte sich am Boden aufhält, klettern die Larven der Zuckerrohrkäfer die Pflanzen hinauf, adulte Tiere können sogar fliegen. Ein weiterer Grund liegt darin, dass es sich bei der Aga-Kröte um einen Nahrungsgeneralisten (M1) handelt. Sie ist daher nicht auf den Zuckerrohrkäfer als Hauptnahrungsquelle angewiesen. Dadurch konnte sich die Aga-Kröte sehr schnell und erfolgreich ausbreiten: Aus einigen tausend Tieren im Jahre 1935 sind Schätzungen zufolge über 200 Millionen geworden. Auch die geografische Ausbreitung ist enorm: von der Ostküste Australiens bis zum 3000 km entfernten Victoria River. Ein weiterer wichtiger Grund für die Ausbreitung der Kröte ist die Tatsache, dass sie aufgrund ihres Giftes kaum Fressfeinde zu befürchten hat.

    Am Victoria River hat das Eindringen der Aga-Kröte in das Ökosystem weitreichende Konsequenzen für die Populationsentwicklung der dort lebenden Süßwasser-Krokodile. Die Untersuchungen zeigen, dass die Populationsdichte der Krokodile genau nach dem Eintreffen der Aga-Kröte drastisch zurückgegangen ist (M5). Die Anzahl der adulten Krokodile am Flussabschnitt „Victoria Gorge" lag 2005 – vor der Ankunft der Aga-Kröte – bei ca. 10 Tieren pro Kilometer, 2007 nur noch bei 3 Tieren pro km. Bei „Wickham" waren es 2005 17 gesichtete Tiere, zwei Jahre später 5. In den beiden anderen Flussabschnitten, in denen Zählungen durchgeführt wurden, sank die Dichte der Krokodile lediglich von 19 auf 16 bzw. von 13 auf 12 Tiere pro km. In diesen Abschnitten hat sich die Aga-Kröte später angesiedelt. Der Rückgang der Krokodilpopulation lässt sich dadurch erklären, dass sich die Krokodile von den Kröten ernähren und dann durch das Gift der Aga-Kröte sterben.

3. Die Population der Aga-Kröte wird aller Voraussicht nach weiter ansteigen, da nahezu keine Feinde der Kröte existieren und die Tiere, die die Kröte zur Beute haben,

durch das Gift der Kröten getötet werden. In den Regionen des Oberlaufs des Flusses (Norden) wird die Populationsdichte der Süßwasser-Krokodile noch weiter sinken, da sich durch die klimatischen Bedingungen die Aga-Kröte häufig an den Wasserlöchern in der Nähe der Krokodile aufhalten wird und so von diesen erbeutet werden kann. Dem Lauf des Flusses nach Süden folgend wird ein Anstieg der Krötenpopulation noch gravierendere Folgen für die Population der Krokodile haben, da durch die noch geringeren Niederschläge (582 mm pro Jahr bei „Longreach Lagoon" im Vergleich zu 802 mm bei „Victoria Gorge") die Notwendigkeit der Kröten, zum Rehydrieren die Wasserlöcher aufzusuchen, noch größer ist. Damit steigt die Wahrscheinlichkeit eines Aufeinandertreffens von Krokodil und Kröte stark an.

Besonders betroffen von der Ankunft der Aga-Kröte sind die Krokodile mit einer mittleren Körpergröße von 0,6 bis 1,2 m (M5). Nach der Ankunft der Kröten wurden in dieser Größenkategorie 25 tote Tiere gesichtet und die Anzahl lebend gesichteter Tier ging von 2005 bis 2007 von knapp 200 auf ca. 80 Tiere zurück. Krokodile der Größe von 1,2 bis 2,1 m waren schon deutlich seltener betroffen, sodass in dieser Größenkategorie kaum ein Rückgang zu verzeichnen ist. Bei Krokodilen mit einer Körpergröße von über 2,1 m stieg die Populationsdichte im Untersuchungszeitraum sogar leicht an. Die Daten lassen die Vermutung zu, dass größere Tiere (ab 2,1 m) gegen das Gift der Kröte immun sind. Folglich wird sich die Körpergrößenstruktur der Krokodile zugunsten der größeren Krokodile verändern, während die Populationsdichte der mittelgroßen Tiere sehr stark abnimmt.

4. Die Materialien zeigen deutlich, dass die Vor- und Nachteile einer Aussetzung der Aga-Kröte in Australien nicht genügend abgewogen wurden. Ausmaß und Geschwindigkeit der Ausbreitung von 1935 bis heute legen den Schluss nahe, dass es sich bei der Aga-Kröte um einen r-Strategen handelt. Das Nahrungsnetz und die Beziehungen zu anderen Lebewesen wurden nicht gründlich genug untersucht. Die Nahrungsbeziehungen hätten z. B. in einem künstlich angelegten Ökosystem mit möglichst realen Bedingungen untersucht werden können. Dabei wäre aufgefallen, dass es sich bei der Aga-Kröte um einen Nahrungsgeneralisten handelt, der nicht auf den Zuckerrohrkäfer oder seine Larven als Beute angewiesen ist. Untersuchungen der Lebensräume hätten gezeigt, dass die Aga-Kröte am Boden lebt, während die Larven des Zuckerrohrschädlings die Pflanzen emporklettern. Zusätzlich muss bedacht werden, dass eine erfolgreiche Untersuchung in einem bestimmten Ökosystem keine Garantie für eine erfolgreiche Ansiedlung in anderen Ökosystemen garantiert. So stellt die Aga-Kröte z. B. in ihrem ursprünglichen Lebensraum in Südamerika keine Gefahr für Krokodile dar, da diese gegen das Gift der Kröte resistent sind. Für die Süßwasser-Krokodile am Victoria River hingegen ist das Gift tödlich. Die Untersuchungen zeigen deutlich, dass in den Regionen am Victoria River, in denen sich die Aga-Kröte angesiedelt hat, der Bestand der Krokodile drastisch zurückgegangen ist. Das Beispiel macht deutlich, wie komplex ein Ökosystem ist, und dass bei der Aussage R. Mungomerys dieser Umstand nicht genügend Berücksichtigung fand. Das Urteil Mungomerys, die Kröten hätten keine negativen Auswirkungen auf bestehende Ökosysteme, ist zu voreilig getroffen worden und falsch.

Selbstdiagnosebogen

Aufgabe Nr.	Kernkompetenzen	AFB	Punkte	erreichte Punkte	Förderung
1	Analyse eines Nahrungsnetzes	I	12		strukturierte Beschreibung einfacher Nahrungsnetze: Konzept der Trophiebenen und Aufbau von Ökosystemen (S. 59 ff.)
	Einordnung der Organismen in die verschiedenen Trophiebenen	II	12		
2	Beschreibung der Beziehung zwischen Aga-Kröte und Zuckerrohrkäfer	I	7		Beziehungen zwischen Populationen beschreiben
	Beschreibung der Ausbreitung der Aga-Kröte (Nahrungsgeneralist und Vermehrungsstrategie)	II	8		Nahrungsgeneralisten K- und r-Strategen
	Analyse der Auswirkungen der Aga-Kröte auf die Population der Krokodile am Victoria River	II	12		Auswertung von Diagrammen und Abbildungen und die Analyse der Ergebnisse (S. 56 f.)
3	Hypothesenbildung zur Entwicklung der Populationen von Aga-Kröte und Süßwasser-Krokodilen an den verschiedenen Flussabschnitten	II	12		strukturiertes Einüben der Hypothesenbildung bei vorheriger Materialanalyse (Belege im Text oder den Abbildungen nennen)
	Hypothesenbildung zur Entwicklung der Körpergrößenstruktur der Krokodile	III	5		
4	Stellungnahme zur Aussage R. Mungomerys	III	12		Erörterung zu verschiedenen biologischen Themen oder Fragestellungen verfassen

Gesamtpunkte: 80, davon AFB I: 19 Punkte (24 %); AFB II: 44 Punkte (55 %); AFB III: 17 Punkte (21 %)

Materialgrundlage:

Letnic M., Webb J.-K., Shine R. : Invasive cane toads (Bufo marinus) cause mass mortality of freshwater crocodiles (Crocodylus johnstoni) in tropical australia In: Biological Conservations 141 (2008) S. 1773–1782. Elsevier Ltd. 2008

Aufgabe 11: Neobiota in Kalifornien

Neobiota, Schädlingsbekämpfung, Populationsdynamik, Beziehungen zwischen Populationen, Lotka-Voltera-Regeln, nachhaltige Nutzung und Erhaltung von Ökosystemen

Einleitung

Pflanzen und Tiere haben immer neue Lebensräume besiedelt, z. T. sogar erobert. Diese Fähigkeit zur Ausbreitung und Anpassung an veränderte Lebensbedingungen stellt eine überlebenswichtige Eigenschaft dar. Die vielfältigen Formen der Samenverbreitung sind hierfür ebenso ein Beispiel wie die unterschiedlichsten Mechanismen zur Bewegung in Wasser, auf dem Land und in der Luft.

Seit der Mensch begonnen hat, Verkehrswege anzulegen, Waren zu verschiffen und selbst zu reisen, haben natürliche Barrieren wie Ozeane, Wüsten und Bergketten ihre Wirksamkeit verloren.

So gilt unter Naturschützern die Einwanderung oder Einschleppung neuer Arten mittlerweile als großes ökologisches Problem. Denn wenn fremde Organismen in neuen Lebensräumen erscheinen, kann sich ein Ökosystem gravierend verändern.

AUFGABENSTELLUNG

1 **Nennen** Sie eine Definition für den Begriff Neobiota. **Erläutern** Sie für alle im Material aufgeführten Neozoen Ursachen für deren Populationsentwicklung. **Diskutieren** Sie, ob es sich bei den aufgeführten Neozoen um invasive Arten handelt.

2 **Beschreiben** Sie **zusammenfassend** die Veränderungen in der Populationsdichte von Wollschildlaus und Marienkäfer (Abb. 3) und **erklären** Sie die möglichen Ursachen der Schwankungen.

3 **Nennen** Sie die 1. und 2. LOTKA-VOLTERRA-Regel und **diskutieren** Sie, ob diese ein geeignetes Erklärungsmodell für die Beziehung zwischen Marienkäfer und Wollschildlaus darstellen.

4 **Überprüfen** Sie die Effektivität des Einsatzes von DDT, indem Sie die Folgen des Gifteinsatzes für die Populationen von Wollschildläusen und Marienkäfern **erläutern**.

Material

M1 **Basisinformationen**

Die Australische Wollschildlaus erreicht als ausgewachsener Imago eine Körperlänge von bis zu 15 Millimetern. Dabei ist der weiße, längsgerillte Eisack, den die Weibchen mit sich tragen, für die Länge ausschlaggebend, da er mehr als zweimal länger als das Weibchen ist. Die Anzahl der Eier im Eisack beträgt zwischen 100 und 1500. Es werden durchschnittlich drei Generationen pro Jahr erzeugt.

Da die Weibchen Zwitter mit der Fähigkeit zur Selbstbefruchtung sind, die wiederum nur Weibchen hervorbringen, sind Männchen sehr selten.

Die Schildläuse saugen Pflanzensaft. In ihrem ursprünglichen Verbreitungsgebiet findet man sie vor allem auf Akazien und auf anderen derblaubigen, immergrünen oder holzigen Pflanzen.

Ein Befall mit Wollschildläusen verursacht Verfärbungen und Missbildungen und kann bis zur Vertrocknung der Pflanze führen. Die Sekundärschädigung liegt in der Absonderung zuckerhaltiger Ausscheidungsprodukte durch die Wollschildläuse, dem sogenannten Honigtau. Wollschildläuse fördern eine Besiedlung mit Rußtaupilzen, die zu einer weiteren Schädigung der Wirtspflanze führen.

M2 Biologische Bekämpfung der australischen Wollschildlaus

In Kalifornien gab es bereits Mitte des 19. Jahrhunderts ausgedehnte Plantagen für Zitrusfrüchte wie Orangen und Zitronen. Im Jahr 1868 oder 1869 wurde die australische Wollschildlaus vermutlich mit einer Lieferung Akazien nach Kalifornien eingeschleppt. Es stellte sich heraus, dass die Läuse Pflanzen der Gattung Citrus sogar noch stärker als die Akazien bevorzugen. 1886 standen die kalifornischen Zitrusfarmer durch die explosionsartige Vermehrung der australischen Wollschildlaus vor dem Ruin.

Erst ein Jahr zuvor hatte der amerikanische Forscher CHARLES RILEY Australien als Ursprungsland der Schildlaus entdeckt. Auf mehreren Expeditionen entdeckte der vom Kongress beauftragte FRAZER CRAWFORD die parasitische Fliege *Cryptochaetum iceryae*, die in Australien natürlicher Feind der Schildlaus ist.

Nach einer ersten kleineren Lieferung dieser Fliegen verschickte CRAWFORD im Herbst 1888 12.000 Exemplare nach Kalifornien. In dieser Lieferung befanden sich ebenfalls 129 Marienkäfer, auf die CRAWFORD während einer Exkursion anlässlich der Weltausstellung 1888 in Melbourne aufmerksam geworden war. Die Fliegen wurden sorgfältig auf die einzelnen Plantagen verteilt, die Marienkäfer lediglich unter einem Baum freigelassen. Ein Jahr später konnte die parasitische Fliege nur noch in geringer Zahl vorwiegend in Küstenregionen wiedergefunden werden, die Käferpopulation war geradezu explodiert. Die Ernte hatte sich innerhalb dieses Jahres verdreifacht und die australische Wollschildlaus stellte für die nächsten 60 Jahre in Kalifornien kein Problem mehr dar.

Da aus den kalifornischen Zitrusplantagen keine statistischen Daten zur Populationsgröße von Wollschildläusen und Marienkäfern im ausgehenden 19. Jahrhundert vorliegen, haben Biologen und Mathematiker des Studienseminars Koblenz den Versuch unternommen, die Populationsgrößen beider Arten in einem abgegrenzten Bereich unter Zuhilfenahme von Computerprogrammen modellhaft nachzubilden.

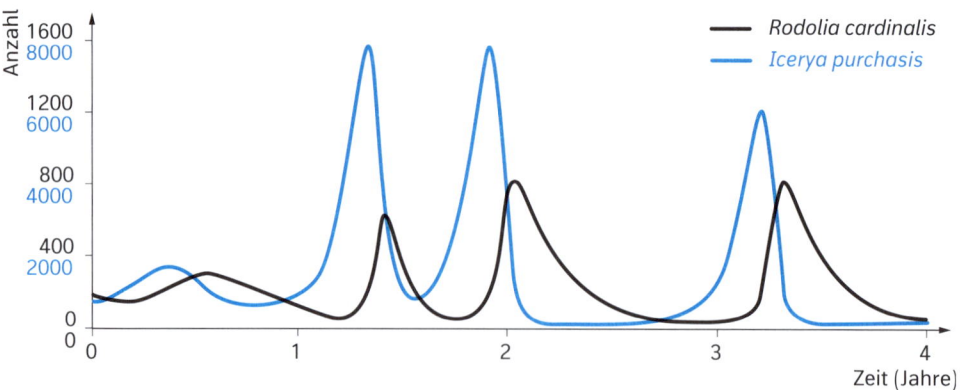

M2 Populationsentwicklung von australischer Wollschildlaus (*Icerya purchasi*) und Marienkäfer (*Rodolia cardinalis*) auf einer Zitrusplantage in Kalifornien in den ersten vier Jahren nach Einführung des Marienkäfers (Computermodell)

M3 Chemische Bekämpfung der australischen Wollschildlaus

Ab dem Jahr 1947 wurde in den kalifornischen Zitrusplantagen erstmalig das Insektizid DDT eingesetzt. Aufgrund seiner Unspezifität und seines hohen Wirkungsgrades – DDT tötet nahezu alle Insekten und oft über 99 % der Population – galt DDT als „Wundermittel" gegen jegliche Art von Schadinsekten.

Die Populationsgrößen der Wollschildlaus und damit die Schäden für die Plantagenbesitzer stiegen in den Folgejahren jedoch enorm, obwohl immer wieder neue Marienkäfer ausgesetzt und verstärkt DDT eingesetzt wurde. Erst mit dem Verbot von DDT in den USA im Jahre 1972 sanken die Populationsgrößen der Wollschildlaus auf die Werte zu Beginn des Jahrhunderts.

Lösungen

1. Unter dem Begriff Neobiota werden alle Arten zusammengefasst, die seit 1492 durch direkten oder indirekten Einfluss des Menschen in Regionen kommen, in denen sie nicht beheimatet waren, und dort neue Lebensräume für sich erschließen.

   Im vorliegenden Fall sind mit der australischen Wollschildlaus, der auf ihr parasitierenden Fliege *Cryptochaetum iceryae* und dem Marienkäfer *Rodolia cardinalis* drei Arten von Neozoen nach Kalifornien gebracht worden.

   Die australische Wollschildlaus muss bei ihrer Einschleppung im Jahre 1868/1869 abiotische und biotische Faktoren vorgefunden haben, die ihr Überleben in Kalifornien begünstigt haben. Das Fehlen natürlicher Feinde dürfte die von Natur aus sehr hohe Vermehrungsrate (Selbstbefruchtung, mehrere Generationszyklen pro Jahr, Vielzahl an Eiern pro Zyklus) noch gefördert haben. Durch die Erschließung der Monokulturen der Zitrusplantagen als Lebensraum herrschte nahezu keine intraspezifische und interspezifische Konkurrenz um Ressourcen wie Nahrung und Lebensraum, so dass es zur beschriebenen Massenvermehrung der Wollschildlaus und den von ihr verursachten Schäden in den kalifornischen Plantagen kam.

Mit dieser Massenvermehrung herrschte für die als natürliche Feinde eingeführte parasitische Fliege *Cryptochaetum iceryae* und den Marienkäfer *Rodolia cardinalis* ebenfalls ein enormes Nahrungsangebot. Während die Fliege in den Plantagen jedoch nur in einigen Küstenregionen überlebte, obwohl sie mehrfach gezielt ausgesetzt wurde, vermehrte sich der Marienkäfer „explosionsartig".

Nach dem Konzept der ökologischen Nische sind neben der Nahrung eine Vielzahl von weiteren biotischen und abiotischen Umweltfaktoren auch Evolutionsfaktoren für das Leben bzw. Überleben einer Art in einem Ökosystem von Bedeutung. In den Zitrusplantagen muss für die Fliege zumindest einer dieser Faktoren außerhalb ihres Toleranzbereiches gelegen haben, so dass ein Überleben dort nicht möglich war.

Invasive Neobiota verdrängen einheimische Arten aus ihrem Lebensraum. Da sich Cryptochaetum iceryae offensichtlich nicht dauerhaft etablieren konnte, kann es sich bei ihr nicht um eine invasive Art handeln. Bei der australischen Wollschildlaus handelt es sich hingegen um ein invasives Neozoon, da sie die Überlebensfähigkeit der Zitruspflanzen stark beeinträchtigt und zu einer Veränderung der Lebensraumbedingungen im Ökosystem führt, die auch weitere Arten betreffen muss. Der Marienkäfer Rodolia cardinalis etabliert sich als natürlicher Feind der Wollschildlaus und vermindert letztendlich aber die Folgen der Einschleppung der Wollschildlaus. Daher ist er nach der Definition nicht als invasive Art anzusehen.

2. Abbildung M2 zeigt die Veränderungen in der Populationsgröße von Wollschild-laus und Marienkäfer über einen Zeitraum von vier Jahren.

   Die Populationsgröße der Wollschildlaus schwankt dabei stark, zwischen ca. 100 und 8.000, wobei die Maxima am Beginn und Ende des zweiten und am Beginn des vierten Jahres liegen.

   Die Populationsgröße des Marienkäfers schwankt ebenfalls stark, zwischen ca. 50 und 800, wobei die Maxima Mitte des zweiten Jahres, zu Beginn des dritten und Mitte des vierten Jahres liegen.

   Da sich die Marienkäfer in den Plantagen vor allem von Wollschildläusen ernähren, schwankt ihr Populationsmaximum um einige Monate zeitversetzt zu dem der Wollschildläuse.

   Eine hohe Zahl an Räubern (Marienkäfer) sorgt wiederum für eine Dezimierung der Beutepopulation, die wiederum zeitversetzt zu einer Verminderung der Räuberpopulation aufgrund von Nahrungsmangel führt.

3. 1. LOTKA-VOLTERRA-Regel: Die Individuenzahlen von Räuber und Beute schwanken periodisch; Maxima und Minima folgen einander phasenverzögert.

   2. LOTKA-VOLTERRA-Regel: Die Mittelwerte beider Population bleiben langfristig konstant.

   Die LOTKA-VOLTERRA-Regeln scheinen ein Erklärungsmodell für den gegebenen Fall sein, da sie auf die in M2 B dargestellten Entwicklungen der Populationszahlen zutreffen. Auch die Voraussetzungen der Regel, nämlich die wechselseitige Beeinflussung (Beutezahl reguliert die Räuberzahl, Räuberzahl reguliert die Beutezahl) scheint unter den speziellen Bedingungen auf den Zitrusplantagen gegeben zu sein.

4. Mit dem Einsatz des Breitbandinsektizids DDT in den kalifornischen Zitrusplan-tagen stiegen die Schäden durch die Wollschildlaus wieder an. Diese Schäden konnten auch durch einen verstärkten DDT-Einsatz (führte zu Kostensteigerung, Belastung der Böden) nicht kompensiert werden, so dass es zu Einnahmeausfällen gekommen sein dürfte. Da sich die Zahl der Wollschildläuse erst mit dem Verbot von DDT wieder normalisierte, kann der Einsatz von DDT nur als äußerst ineffektiv beurteilt werden. Die biologischen Ursachen für dieses Phänomen liegen in der Unspezifität des DDT. Da es nahezu die gesamten Populationen aller Insekten vernichtet, werden neben den Wollschildläusen auch ihre „natürlichen" Feinde, die Marienkäfer, getötet. Aufgrund der deutlich höheren Vermehrungsrate der Wollschildläuse und des fehlenden Nahrungsangebotes für die Marienkäfer, erholt sich die Population der Wollschildläuse – nahezu ohne natürlichen Feind – deutlich schneller (3. LOTKA-VOLTERRA-Regel) und führt zu den beschriebenen Schäden in den Plantagen.

Selbstdiagnosebogen

Aufgabe Nr.	Kernkompetenzen	AFB	Punkte	erreichte Punkte	Förderung
1	Definition Neobiota	I	4		Neobiota;
	Darstellung der Faktoren, die zur Massenvermehrung der Wollschildlaus beitragen	I	3		Texterfassung; dichteabhängige Faktoren (S. 75)
	Erläuterung der kurz- und langfristigen Folgen	II	3		
	Erläuterung der Populationsentwicklung von Marienkäfer und Fliege	II	6		Konzept der ökologischen Nische u. Kompetenz (S. 54)
	Beurteilung der Neozoen als invasive Arten	III	6		
2	Beschreibung der Populationsentwicklung von Wollschildlaus und Marienkäfer	I	6		Umgang mit Diagrammen und Abbildungen (S. 56 ff.); Beziehungen zwischen Populationen (S. 52 ff.)
	Erläuterung der Wirkmechanismen	II	6		
3	LOTKA-VOLTERRA-Regeln (1 + 2)	I	6		Beziehung zwischen Populationen: LOTKA-VOLTERRA-Regeln (1 + 2) (S. 52 ff.)
	Überprüfung der Anwendbarkeit auf den vorliegenden Fall	II	4		

4	Erläuterung der Folgen des DDT-Einsatzes Beurteilung des Einsatzes von DDT	II	5		Maßnahmen zur Schädlingsbekämpfung, LOTKA-VOLTERRA-Regeln (3) (S. 50 ff.)
		III	4		

Gesamtpunkte: 53, davon AFB I: 19 Punkte (35 %); AFB II: 24 Punkte (45 %); AFB III: 11 Punkte (20 %)

Materialgrundlage:

Böhmer, H.J., Heger, T., Trepl, L.: Fallstudien zu gebietsfremden Arten in Deutschland – Case studies on Alien Species in Germany. – Texte 13, Umweltbundesamt, 2001

Cerutti, H.: Von Tieren – die göttlichen Serienkiller; in NZZ – Folio 03/2000

Geiter, O., Homma, S., Kinzelbach, R.: Bestandsaufnahme und Bewertung von Neozoen in Deutschland, Forschungsbericht 296 89 901/01 für das Bundesministeriums für Umwelt, Naturschutz und Reaktorsicherheit, Berlin 2002

Groenert, H., Leisen J.: Modellbildung und Modellbildungssysteme in den mathematisch-naturwissenschaftlichen Fächern – Skript zum Wahlpflichtkurs

Hoddle, M.S.: Biological Control of Icerya purchasi with Rodolia cardinalis in the Galapagos Islands; auf: http://www.biocontrol.ucr.edu

Hoy, M. A.: Biological Control in U.S. Agriculture: Back to the future. American Entomologist 1993: 140 – 150

Michels, C.: Auswirkungen invasiver Neobiota auf die heimische Flora und Fauna, – Natur in NRW 2/2008, S. 60 – 63

Sawyer, R.C.: To Make a Spotless Orange: Biological Control in California, Ames, 1996

Aufgabe 12: Vom Teilen

Evolution und Verhalten: Beurteilung von Verhaltensweisen auf der Basis der Synthetischen Theorie und der Fitnessmaximierung

Einleitung

Bei den Menschen wird der moralische Wert des Teilens schon früh z. B. in Kinderbüchern vermittelt: „Teilen macht Spaß". Sprichwörter unterstreichen den Wert des Teilens: „Geteiltes Leid ist halbes Leid, geteilte Freude ist doppelte Freude".

Gibt es diese Verhaltensweise des Teilens z. B. von Beute, Schlaf- oder Nistplätzen auch bei Tieren und wie ist solch ein Verhalten zu bewerten?

AUFGABENSTELLUNG

1 **Erläutern** Sie am Beispiel von M1, wie sich ein altruistischer Mensch im Vergleich zu einem kooperativen und einem egoistischen Mensch verhält.

2 **Vergleichen** Sie das Verhalten des Teilens in den Materialien 1 bis 4 miteinander, indem Sie die grundlegenden Unterschiede in den Verhaltensweisen herausarbeiten.

Analysieren Sie die Kosten und den Nutzen für die jeweils beteiligten Individuen.

Beschreiben Sie in diesem Zusammenhang Abb. M2 b und werten Sie sie aus.

3 **Begründen** Sie das Verhalten in M2, M3 und M4 evolutionsbiologisch und ordnen Sie es fachterminologisch ein.

4 **Bewerten** Sie abschließend die Verhaltensweisen M1 bis M4 im Vergleich miteinander.

Material

M1 Sankt Martin

Einer Überlieferung zufolge teilte ein römischer Soldat, der später zum Bischof geweiht und dann unter dem Namen Sankt Martin als Schutzheiliger der Armen und Bettler verehrt wurde, seinen Mantel mit einem Bettler, der in Lumpen am Straßenrand saß. An seinem Namenstag finden heute noch vielerorts Laternenumzüge statt, auf denen die Szene des Mantelteilens nachgestellt wird.

M2 **Futterteilen unter Geschwistern afrikanischer Bienenfresser**

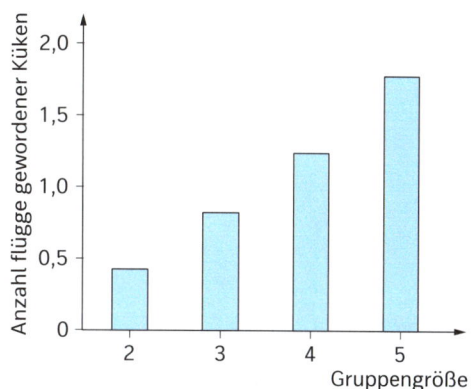

M2 a Weißstirnspinte

M2 b Anzahl flügge gewordener Küken in Abhängigkeit von der Anzahl erwachsener Vögel pro Nest

Der Weißstirnspint gehört zur Gruppe der afrikanischen Bienenfresser. Gegen Ende des ersten Lebensjahres wird er geschlechtsreif. Die Vögel leben monogam. Sie legen nach der Paarung im April bis zu fünf Eier und brüten in Kolonien bis in den August. Häufig helfen die Nachkommen der letzten Brut bei der Aufzucht des Nachwuchses und schaffen Futter, meist Bienen, aber auch andere Insekten herbei, die sie im Flug erbeuten. Das Nest ist eine über ein Meter lange Erdröhre, die meist an Steilhängen im weichen Material gegraben wird. Am Bau der Röhre sind beide Geschlechter beteiligt. Bleiben die Nachkommen des letzten Jahres unverpaart, so helfen auch sie beim Bau der Röhre mit. Sie können sechs Jahre alt werden. Es wird pro Jahr nur eine Brut aufgezogen.

M3 **Teilen der Blutmahlzeit bei Vampirfledermäusen**

Die mittelamerikanische Vampirfledermaus fliegt nachts zu Rindern und Pferden und saugt deren Blut; bei Tagesanbruch zieht sie sich an ihren Schlafplatz zurück, wo sie in Gruppen von acht bis zwölf Tieren bis zur folgenden Nacht ruht. Die nächtlichen Ausflüge sind nicht immer erfolgreich. Findet die Vampirfledermaus drei Nächte lang keine Nahrung, verhungert sie. Am Schlafplatz würgen die erfolgreichen Fledermäuse oft etwas von dem Beuteblut hervor und teilen es mit dem hungrigen Nachbarn, auch dann, wenn dieser

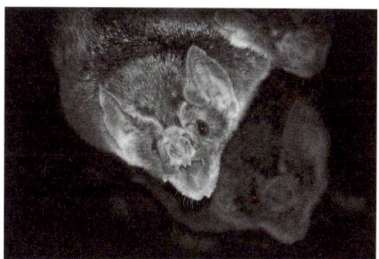

M3 Schnauze einer Vampirfledermaus

nicht verwandt ist. Die Vertrautheit mit der hungrigen Fledermaus genügt. Man konnte nachweisen, dass Vampirfledermäuse sich dann die Blutmahlzeit teilen, wenn sie in mindestens 60 % der Fälle den gleichen Schlafplatz aufsuchen. Eine Teilung der Nahrung mit wenig bekannten Nachbarn findet nicht statt.

M4 **Teilen von Nistplätzen bei Sturmschwalben**

Die Azoren sind eine Inselgruppe im Atlantik, die ca. 1400 km westlich vom europäischen (Portugal) und rund 4400 km östlich vom nordamerikanischen Festland liegt.

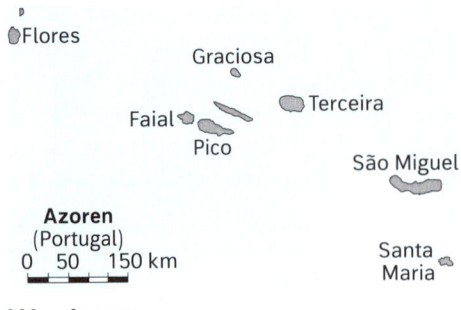

M4 a Azoren

Im Jahre 2008 beobachteten Wissenschaftler dort auf Graciosa die endemische Sturm-schwalbe *Oceanodroma monteiroi* (Monteiros Sturmschwalbe), von denen es hier noch etwa 200 Paare gibt.

Die meisten Vögel nutzen ihr Nest ausschließlich selbst. Bei dieser Sturmschwalbenart teilt sich dagegen ein Vogelpärchen ihr Nest mit anderen. Ihre Nester befinden sich in Höhlen, die auf kleineren Inseln in sandige Abhänge gegraben werden.

Die Höhlen werden nacheinander von unterschiedlichen Vogelpaaren genutzt. Das erste Paar zieht ein und bleibt darin bis die Jungen flügge werden, dann wird die Höhle von einem anderen Pärchen bezogen, das ebenfalls seine Jungen aufzieht und wieder verschwindet. Dann kehrt das erste Paar wieder zurück und der Wohnungstausch beginnt von neuem.

Diese Vogelpärchen, die sich äußerlich ähneln und im gleichen Nest zu unterschiedlichen Zeiten brüten, unterscheiden sich genetisch allerdings in wenigen DNA-Abschnitten. Deshalb hat man vorgeschlagen, die Sturmschwalben, die im Winter brüten, als Grants Sturmschwalbe zu bezeichnen.

Grants Sturmschwalben brüten also im Winter auf den Azoren und werden dann im Frühjahr von einem Pärchen der Monteiros Sturmschwalben abgelöst, die die gleichen Höhlen bis zum Sommer benutzen. Die ersten Grants Sturmschwalben kehren dann wiederum im Herbst zu ihren Nestern zurück, die oft noch für kurze Zeit von Monteiros Sturmschwalben zusammen mit ihren Jungen mitbenutzt werden.

Lösungen

1. Sankt Martin teilt seinen Mantel mit dem Bettler aus Nächstenliebe, also uneigennützig, ohne selbst einen Nutzen daraus zu ziehen. Dies bezeichnet man als altruistisch im Gegensatz zum Verhalten eines Egoisten, der nicht bereit ist zu teilen oder ohne Gegenleistung etwas abzugeben. Kooperativ handeln zwei oder mehr Individuen, wenn sie sich gleichzeitig helfen, also einen beiderseitigen Vorteil daraus ziehen.

2. Bei den afrikanischen Bienenfressern geben die Jungvögel der letzten Brut ihren ein Jahr jüngeren Geschwistern etwas von ihrer Beute ab. Dabei verzichten sie auf eigenen Nachwuchs. Sie investieren also nicht in ihren eigenen Nachwuchs (direkte Fitness), sondern in den Nachwuchs ihrer Eltern. Allerdings investieren sie dabei auch in ihre eigenen Gene, da sie mit ihren Geschwistern mit einem Verwandtschaftsgrad von r (Verwandtschaftskoeffizient) = 0,5 verwandt sind (indirekte Fitness). Den gleichen Verwandtschaftsgrad haben die Eltern mit ihren Kindern.
Abb. M2 b beschreibt die Abhängigkeit flügge gewordener Küken von der Anzahl der Helfer (erwachsener Geschwister) am Nest. Werden die Jungen von den Eltern alleine groß gezogen (Gruppengröße 2), werden pro Nest im Schnitt nur 0,4 Jungen flügge. Bis zu einer Gruppengröße von 5 wird die Anzahl flügger Küken pro Helfer um 0,4 gesteigert. Ziehen Eltern ihre Brut alleine groß, geben sie ihre Gene mit 0,4 (flügge Küken pro Nest) x 0,5 (Verwandtschaftsgrad) = 0,2 pro Jahr an die nächste Generation weiter, solange sie keine weiteren Helfer am Nest haben. Mit steigender Gruppengröße steigt ihre Fitness, denn bei einer Gruppengröße von 5 geben sie schon 1,6 x 0,5 = 0,8 ihrer Gene pro Jahr an die nächste Generation weiter. Der Helfer am Nest gibt mit 0,4 (flügge Küken pro Nest und Helfer) x 0,5 (Verwandtschaftsgrad) = 0,2 seiner Gene pro Jahr an die nächste Generation weiter. Für einen afrikanischen Bienenfresser lohnt es sich also, solange er unverpaart bleibt und noch kein eigenes Nest besitzt, in eigene Geschwister zu investieren und somit seine indirekte Fitness zu steigern. Da vermutlich dabei die Kosten geringer sind als bei den Eltern (für den Nestbau und für die Eiablage), ist seine Lebenserwartung und damit seine Gesamtfitniss sogar größer. An einem Nest kann die Anzahl flügger Küken durch zusätzliche Helfer nicht ins Endlose gesteigert werden, da die Eltern nie mehr als 4 bis 5 Eier pro Nest legen. Daher ist es je nach Situation der Populationszusammensetzung oft auch günstiger, eigene Nachkommen zu haben.
Das Teilen der Blutmahlzeit bei den Vampirfledermäusen kann nicht die indirekte Fitness steigern. Die Kosten der Nahrungsteilung erhält der Geber wieder zurück, wenn sich der Nehmer genauso verhält. Dazu müssen Fledermäuse ihre Nachbarn individuell erkennen können.
Das Teilen der Nistplätze geschieht bei den Sturmschwalben nicht im Sinne von Nehmen und Geben. Die Vögel nutzen ihre Nester nur zu unterschiedlichen Zeiten und gehen sich somit aus dem Wege.

3. Das uneigennützige Helfen am Nest (altruistisches Verhalten) wird durch Selektion begünstigt, indem der Fortpflanzungserfolg von Verwandten erhöht wird. Hier spricht man von Verwandtenselektion, die somit auch die Weitergabe der eigenen Gene fördert (Genegoismus).

   Das Teilen der Blutmahlzeit mit den Nachbarn beruht bei den Fledermäusen auf Gegenseitigkeit. In der Soziobiologie nennt man dies Tit-for-Tat-Strategie. Man spricht hier vom reziproken Altruismus. Der reziproke Altruismus (bzw. die Gene dafür) kann sich in einer Population ausbreiten, wenn er von dem Hilfeempfänger erwidert wird und damit die Überlebenschancen aller Beteiligten steigert.

   Die Sturmschwalben der Azoren haben sich sympatrisch in zwei Rassen aufgetrennt, die durch Annidation Konkurrenz vermeiden. Sie haben zwei voneinander getrennte ökologische Nischen in Form der zeitlich verschiedenen Nutzung ihrer Nistplätze herausgebildet.

4. Nur in M1 handelt es sich um ein ethisch wertvolles uneigennütziges Verhalten, das freiwillig gegenüber einem Hilfsbedürftigen geleistet wird.

   Das altruistische Verhalten der Helfer am Nest steigert die reproduktive Fitness des afrikanischen Bienenfressers. Es bleibt erhalten, wenn die Gesamtfitness durch Verwandtschaftsselektion zunimmt. Es kann nicht als uneigennützig gewertet werden. Der reziproke Altruismus bleibt auch nur erhalten, solange er erwidert wird, insofern ist auch er nicht uneigennützig.

   Das Teilen der Nistplätze kann nicht als altruistisch bezeichnet werden und kommt nur durch Annidation zustande.

Selbstdiagnosebogen

Aufgabe Nr.	Kernkompetenzen	AFB	Punkte	erreichte Punkte	Förderung
1	Definition Altruismus, Egoismus, Kooperation	I	5		Soziobiologie
2	Beschreibung M2 b	I	5		Umgang mit Diagrammen (S. 57)
	Auswertung M2 b	II	1		
	Berechnung Fitness Stints	II	5		
	Helfer versus Eltern Situationsabhängigkeit der Fitness	III	2		
	Bei Vampirfledermaus keine Verwandtenselektion	II	2		
	Beschreibung der Annidation bei Schwalben	II	2		
3	M2 Verwandtenselektion bzw. Genegoismus	II	3		Soziobiologie
	M3 reziproker Altruismus/Tit for Tat/Überlebenschance	II	2		
	M4 Sympatrische Rassenbildung/Beschreibung der ökologischen Nischen	II	1 2		Synthetische Theorie (S. 77), Artbildung (S. 82 ff.)
4	Bewertung M1 bis M4	III	6		

Gesamtpunkte: 36, davon AFB I: 10 Punkte (28 %); AFB II: 18 Punkte (50 %); AFB III: 8 Punkte (22 %)

Materialgrundlage:

Sturmschwalben
http://www.g-o.de/wissen-aktuell-7395-2007-11-15.html
http://creagrus.home.montereybay.com/bfow-storm-petrels/BRSP-gr13Jun09Hatt_7002w.jpg
Weißstirnspint
http://tierdoku.com/index.php?title=Bild:Wei%C3%9Fstirnspint-1312.jpg
http://behav.zoology.unibe.ch/sysuif/uploads/files/ZoolVorlVerh5SozVerh2010.pdf
Vampirfledermäuse
Diskurs und Reflexion: Wolfgang Kuhlmann zum 65. Geburtstag. Wulf Kellerwessel, Wolfgang Kuhlmann – 2005: books.google.de/books?isbn=3826031490

Aufgabe 13: Einordnung von Hominiden in einen Stammbaum

Evolution des Menschen: Einordnung von fossilen Hinweisen; Datierungsmethoden

Einleitung

Fossilien der Vorfahren des Menschen wurden im Laufe der letzten zwei Jahrhunderte gezielt gesucht, mit immer besseren Methoden datiert und analysiert. Dabei wurde gleichzeitig versucht, einen Stammbaum des Menschen zu konstruieren. Mit der Zunahme der Funde wurde dieser Stammbaum immer differenzierter und exakter. Dennoch lassen sich auch heute noch bestimmte Funde nicht genau im Stammbaum unterbringen, sodass er immer noch als hypothetisch anzusehen ist. Bei gleichem Kenntnisstand konkurrieren sogar mehrere hypothetische Stammbäume miteinander, wenn Fossilien unterschiedlich interpretiert werden.

AUFGABENSTELLUNG

1 **Stellen** Sie aufgrund der Angaben in M1 die grundsätzlichen **Unterschiede** zwischen den beiden hypothetischen Stammbäumen **heraus**.

2 **Vergleichen** Sie aufgrund von M3 Schädel und Unterkieferknochen bzw. Zahnbögen von Schimpanse und *Homo erectus* und ordnen Sie auch aufgrund der Tabelle M2 die abgebildeten Fossilien von *Homo erectus* zeitlich korrekt im Stammbaum des Menschen (M1) ein.

3 **Analysieren** Sie den Schädel von *Australopithecus africanus* (M4) hinsichtlich menschen- bzw. schimpansenähnlicher Merkmale und beschreiben Sie die dazu passenden typischen Eigenschaften.

4 **Vergleichen** Sie die drei Hominidenschädel aus M5 und **begründen** Sie die Einordnung der Fossilien in den Stammbaum des Menschen. Nehmen Sie aufgrund Ihrer Überlegungen Stellung dazu, welcher der beiden hypothetischen Stammbäume der geeignetere ist.

5 **Beschreiben** Sie im Vergleich zu den anderen abgebildeten Schädeln den Hominidenfund aus M6 und **begründen** Sie seine Einordnung im Stammbaum.

6 **Begründen** Sie, auch mithilfe des Diagramms M7, welcher Datierungsmethode Sie bei der zeitlichen Einordnung des unbekannten Hominidenfundes aus M6 den Vorzug geben würden.

Material

Die beiden hypothetischen Stammbäume stellen Hypothesen zum Ablauf der Evolution dar. Die Gattungsnamen der Hominiden sind mit *H.* für *Homo* und *A.* für *Australopithecus* angegeben. *H. s.* steht für *Homo sapiens*, *H. e.* für *H. erectus* und *H. n.* für *H. neanderthalensis*. Die Balken im Stammbaum geben die Zeitspanne an, die die Datierung der entsprechenden Fossilien ausgewiesen hat.

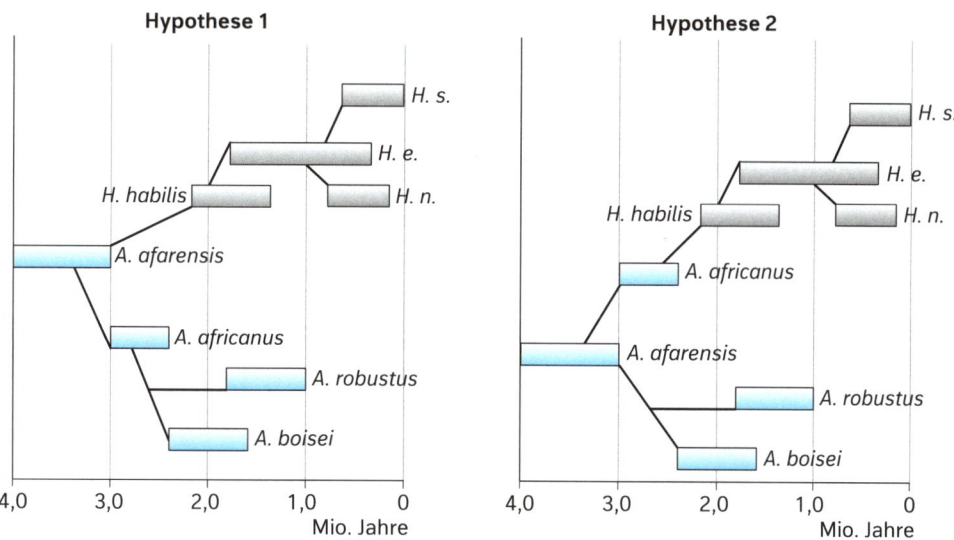

M1 Zwei Hypothesen zum Stammbaum des Menschen

M2 Hirnvolumina ausgewählter Hominiden

Art	Hirnvolumen [ml]
Homo sapiens sapiens	1100 – 2000
Schimpanse	320 – 470
Australopithecinen	400 – 550
Homo habilis	550 – 700
Homo erectus	650 – 1250

M3 Schädel- und Unterkieferknochen von Schimpanse und *Homo erectus*

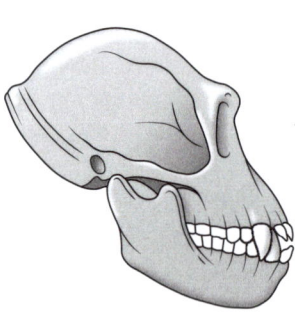

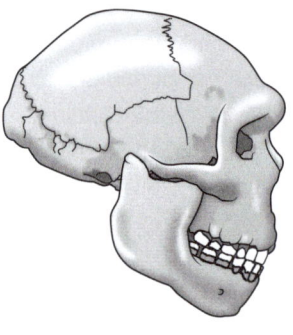

M3 a Schimpanse (Hirnvolumen 390 ml)

M3 b *H. heidelbergensis* (1200 ml; später *H. erectus*)

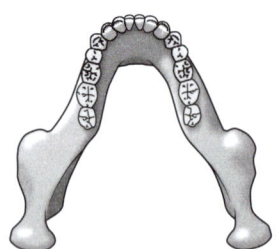

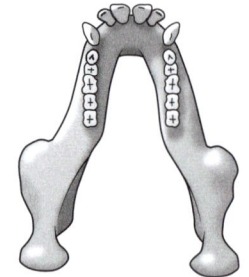

M3 c Unterkiefer *H. erectus*

M3 d Unterkiefer *Schimpanse*

M4 Schädel von *Australopithecus africanus* aus Südafrika

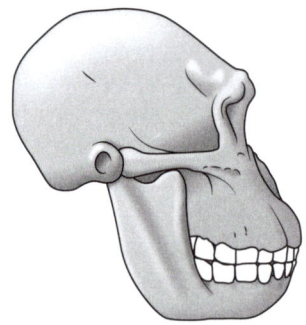

M4 *A. africanus* (Hirnvolumen 500 ml)

M5 Schädel dreier Hominiden mit Angabe des Hirnvolumens in ml

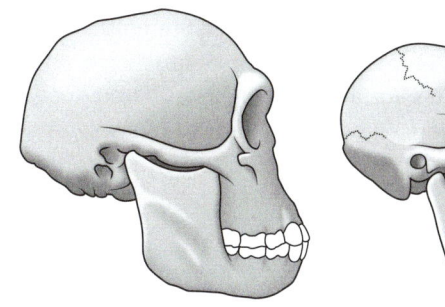
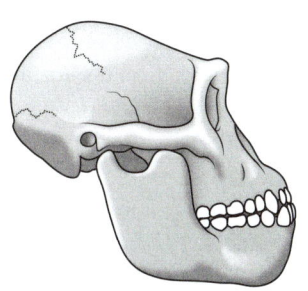
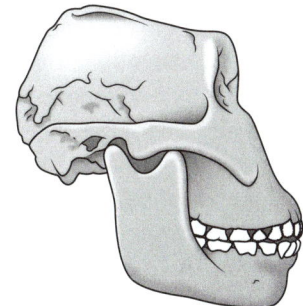

M5 a *H. habilis* (650 ml)   M5 b *A. afarensis* (490 ml)   M5 c *A. boisei* (450 ml)

M6 Schädel eines unbekannten Hominidenfossils aus Afrika

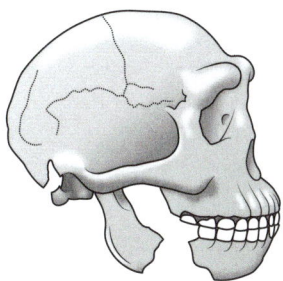

M6 Fossiler Hominidenschädel aus Afrika (Hirnvolumen 900 ml)

M7 Radioaktiver Zerfall von 14C

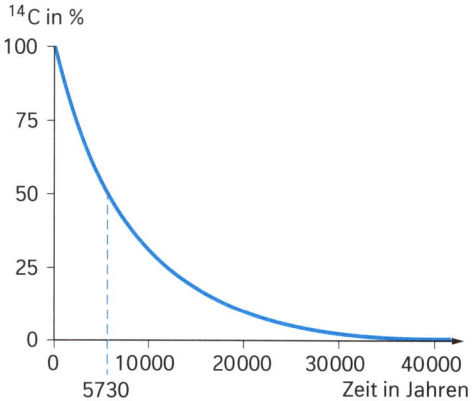

M7 Radioaktiver Zerfall von ^{14}C in Prozent bezogen auf den Anfangsgehalt, d. h. ursprünglich in der Atmosphäre enthaltenen Anteil an ^{14}C

Lösungen

1. Der grundsätzliche Unterschied zwischen den beiden hypothetischen Stammbäumen liegt in der Einordnung des *Australopithecus africanus* in den Stammbaum des Menschen. Alle übrigen Fossilienfunde des Menschen werden genau gleich eingefügt. Laut Hypothese 1 ist *A. africanus* direkter Vorfahr der zeitlich späteren Australopithecinen, z. B. von *A. boisei* und *A. robustus*. Hypothese 2 ordnet *A. africanus* als direkten Vorfahren von Homo habilis ein. Nach Hypothese 1 ist *A. africanus* somit einer ausgestorbenen Seitenlinie des Homo sapiens zuzuordnen, nach 2 gehört er zur Linie der direkten Vorfahren des heutigen Menschen.

2. Material 3 verdeutlicht folgende typische Merkmale des Schimpansenschädels:
    *   relativ kleiner Gehirnschädel verglichen mit dem großen Gesichtsschädel, der eine starke Schnauzenbildung aufweist
    *   Hirnvolumen verglichen mit anderen Hominiden recht klein, 390 ml
    *   Zahnbogen im Unterkiefer U-förmig
    *   Zahnlücken in Ober- und Unterkiefer, die die großen Eckzähne aufnehmen können („Affenlücken")
    *   stark ausgebildete Überaugenwülste

    Ebenso können folgende menschenähnliche Merkmale bei *H. heidelbergensis* erkannt werden:
    *   relativ großer Gehirnschädel, Schnauzenbildung kaum festzustellen
    *   Hirnvolumen relativ groß, 1200 ml
    *   Unterkiefer bzw. Zahnbogen parabolförmig
    *   keine Zahnlücken, Eckzähne klein
    *   Überaugenwülste wenig ausgebildet

    Die Tabelle von M2 weist für *H. erectus* ein Hirnvolumen von 650–1250 ml aus. Aus M1 geht hervor, dass *H. erectus* vor 1,8 Millionen bis vor 400 000 Jahren lebte. Anzunehmen ist, dass in diesem Zeitraum das Hirnvolumen von *H. erectus* immer größer geworden ist. Der *H. erectus*-Fund in M3 dürfte daher nur etwa 500 000 Jahre alt sein.

3. Material 4 zeigt die Schädelmerkmale von *Australopithecus africanus*.
    Eher schimpansenähnlich:
    *   relativ kleiner Gehirnschädel verglichen mit dem großen Gesichtsschädel, der eine deutliche Schnauzenbildung aufweist
    *   deutliche Überaugenwülste
    *   massiger Unterkiefer

    Eher menschenähnlich:
    *   Hirnvolumen verglichen mit anderen Hominiden noch recht klein, aber größer als das des Schimpansen, 500 ml
    *   keine Zahnlücken in Ober- und Unterkiefer, Eckzähne ähnlich groß wie Schneidezähne

4. Vergleich der drei Hominidenschädel:

Merkmal	H. habilis	A. afarensis	A. boisei
Schnauzenbildung	gering	stark	deutlich
Überaugenwülste	leicht ausgeprägt	stark ausgeprägt	stark ausgeprägt
Hirnvolumen	650 ml	490 ml	450 ml
Zahn(„Affen"-)lücke	nicht erkennbar	deutlich	nicht erkennbar
Scheitelkamm	nein	nein	vorhanden

A. afarensis ist die älteste der drei Hominidenformen. Die nahe Verwandtschaft mit den affenähnlichen Vorfahren wird vor allem mit der Schnauzenbildung, der Affenlücke und den starken Überaugenwülsten begründet. Das deutlich vergrößerte Gehirnvolumen zeigt die Verwandtschaft zu den direkten Vorfahren des Menschen. Im Vergleich dazu sind die menschenähnlichen Merkmale bei A. boisei insgesamt weniger stark ausgebildet. Die kräftige Schnauze im Vergleich zum kleinen Gehirnschädel, der Schädelkamm und die Tatsache, dass A. boisei später als afarensis, aber zur gleichen Zeit wie H. habilis lebte, verdeutlichen aber, dass dieser Australopithecine einer Seitenlinie des Menschenstammbaums zuzuordnen ist.
Die in der Tabelle verglichenen Merkmale sind bei H. habilis dagegen durchweg menschenähnlich, sodass dieser der Linie der direkten Vorfahren von H. sapiens zugerechnet werden kann.
Für den hypothetischen Stammbaum 1 sprechen die schimpansenähnlichen Merkmale von A. africanus, die er mit A. afarensis und A. boisei gemeinsam hat. Für die Hypothese 2 sprechen seine menschenähnlichen Merkmale, die er mit H. habilis, aber nicht mit A. boisei gemeinsam besitzt. Zeitlich liegt A. africanus genau zwischen A. afarensis und H. habilis. Gewichtet man die Befunde, sprechen sie insgesamt gegen Hypothese 1 und für den zweiten hypothetischen Stammbaum. Allerdings ist es auch denkbar, dass A. africanus zu einer weiteren Seitenlinie des Stammbaums gehört und nicht unmittelbarer Vorfahre von H. habilis ist.

5. Der Hominidenfund aus Afrika in M6 zeigt leichte Überaugenwülste und leichte Schnauzenbildung, Affenlücke und Zahnbogenform lassen sich nicht eindeutig erkennen. Sein Gehirnvolumen mit 900 ml ist recht groß. Aufgrund der Daten von Tabelle M2 stellt er eine frühe Form von H. erectus dar (die als erste in Afrika entstand).

6. Aufgrund des Hirnvolumens und der Angaben in den Stammbäumen ist zu vermuten, dass der Schädel aus M6 zwischen 1,6 und 1 Millionen Jahre alt ist. Die Radiocarbon- bzw. ^{14}C-Methode aus M7 eignet sich zur Altersbestimmung von Fossilien jedoch nur für Funde, die nicht älter als etwa 40 000 Jahre alt sind. Mit zunehmendem Alter wird, wie in der Abbildung M7 dargestellt, der Prozentsatz an radioaktivem Kohlenstoff sehr klein und liegt schon nach 40 000 Jahren weit unter einem Prozent. Das ist so wenig, dass dies kaum noch zu messen ist und andererseits kleinste Messfehler

eine zu große Abweichung bei der absoluten Altersbestimmung darstellen. Die Kalium-Argon-Methode wäre hier der Radiocarbonmethode vorzuziehen, weil sie für Gesteinsproben, die älter als 100 000 Jahre sind (bis etwa 4,5 Milliarden Jahre), gut eingesetzt werden kann.

Selbstdiagnosebogen

Aufgabe Nr.	Kernkompetenz	AFB	Punkte	erreichte Punkte	Förderung
1	Vergleich zweier konkurrierender Stammbäume	II	3		Stammbaum des Menschen (S. 90 ff.)
2	Kenntnis und Analyse bestimmter Schädeleigenschaften bei Mensch und Schimpanse	I	5		Hominideneigenschaften versus Affeneigenschaften am Skelett (S. 90)
		II	2		
	Analyse der Daten zu *H. erectus* zur begründeten Einordnung in einen Stammbaum	I	2		Kennzeichen der drei wichtigsten Hominiden und ihre Aufeinanderfolge im Stammbaum
		II	3		
3	Analyse der Schädeleigenschaften des Hominiden *Australicopithecus africanus*	I	1		Hominideneigenschaften versus Affeneigenschaften am Skelett; Umgang mit Abbildungen (S. 56 ff.)
		II	3		
4	Begründete Einordnung dreier fossiler Funde in einen Stammbaum	II	6		Stammbaum des Menschen (S. 90 ff.)
		III	6		
5	Analyse eines unbekannten Fossils und seine Einordnung	III	2		Stammbaum des Menschen (S. 90 ff.)
6	Kenntnis bestimmter Datierungsmethoden und Beurteilung ihrer Einsatzmöglichkeiten	I	3		Datierung von Fossilien: Radiocarbon- und Kalium-Argon-Methode (S. 80); Umgang mit Diagrammen (S. 57 ff.)
		II	4		

Gesamtpunkte: 40, davon AFB I: 11 Punkte (28 %); AFB II: 21 Punkte (52 %); AFB III: 8 Punkte (20 %)

Materialgrundlage:
Lucy und ihre Kinder. München: Elsevier, Spektrum, Akad. Verl., 2006, 2. aktualisierte und erw. Aufl. Linder Biologie Gesamtband. Schroedel-Verlag 2010

Aufgabe 14: Art und Artentstehung

Grundlagen evolutiver Veränderung, Art und Artbildung

Einleitung

Der Klimawandel, die Ausbreitung von Plastikinseln im Meer, zurückgelassene Fischernetze, der Handel mit Elfenbein und sonstigen Jagdtrophäen oder die Zerstörung der Regenwälder sind nur einige aktuelle Entwicklungen, die für viele Arten eine lebensbedrohliche Gefahr darstellen. In den Medien wird immer wieder berichtet, dass eine Art vor dem Aussterben bedroht ist oder gar ausgestorben ist.

Es entstehen aber auch neue Arten. Warum wird über diese Ereignisse aber im Vergleich so selten berichtet? Artbildung ist ein Prozess, der in der Natur schwer nachzuweisen ist, vor allem deshalb, weil es sehr lange dauert, bis eine Art sich in zwei Arten aufgespalten hat. Um diesen Prozess zu erforschen, sind aufwändige Langzeituntersuchungen nötig, die sich über viele Generationen hinziehen. Momentaufnahmen lassen dagegen einen großen Interpretationsraum zu.

Eine umfangreiche Untersuchung wurde bei der Fruchtfliege *Rhagoletis pomonella* durchgeführt. Sie belegt möglicherweise den Vorgang einer Artaufspaltung.

AUFGABENSTELLUNG

1 **Fassen** Sie anhand von M1 bis M2 Vorkommen und Lebensweise von *Rhagoletis pomonella* **zusammen**.

2 **Stellen** Sie mithilfe von M3 und M4 den Lebenszyklus von Rhagoletis pomonella schematisch **dar** und **erläutern** Sie die Unterschiede zwischen den Apfelliebhabern und den Weißdornliebhabern.

3 **Beschreiben** Sie allopatrische und sympatrische Artbildung in ihren Grundzügen.

4 **Beschreiben** Sie die Versuchsergebnisse aus M5. **Erörtern** Sie anhand von M1– M5, ob bei *Rhagoletis pomonella* eine Artaufspaltung stattgefunden hat. Gehen Sie in diesem Zusammenhang auch auf die Situation der Hybride zwischen Apfel- und Weißdornliebhaber ein.

4 **Erläutern** Sie die Fragestellung des Dodd-Experiments und werten Sie es aus. **Diskutieren** Sie, inwiefern Dodds Experiment als wissenschaftliche Erklärungsgrundlage für eine Artbildung bei *Rhagoletis pomonella* dienen kann.

Material

M1 *Rhagoletis*

Die Gattung *Rhagoletis* umfasst verschiedene Fruchtfliegen, deren unterschiedliche Art-
bezeichnung Rückschlüsse auf die Frucht zulässt, auf der sich die Larven entwickeln. So
unterscheidet man beispielsweise *Rhagoletis cesaris* (Kirschfruchtfliege) von *Rhagoletis
pomonella* (Apfelfruchtfliege). Die vor allem in Nordamerika vorkommende Apfelfruchtfliege trägt streng genommen aber einen falschen Namen, da sie ursprünglich nur die
Früchte des Weißdorns oder der Hagebutte befallen hat. Die Europäer brachten Äpfel
nach Nordamerika. So wurde 1864 erstmalig der Befall von Äpfeln durch *Rhagoletis
pomonella* dokumentiert.

Die Fruchtfliegen legen ihre Eier auf die jeweilige Frucht. Die geschlüpften Larven entwickeln sich dort, indem sie sich von der Frucht ernähren. Auch die Verpaarung der Fliegen
findet auf den jeweiligen Pflanzen während der Blütezeit statt. Es ist zu beobachten,
dass die Apfelliebhaber und die Weißdornliebhaber sich trotz räumlicher Nähe kaum
verpaaren. Die Vorlieben der einzelnen Fliegen für die jeweilige Frucht wirken sich direkt
auf ihre Fitness aus, denn die verschiedenen Früchte stellen die Fliegen aufgrund der
Reifezeit vor unterschiedliche Anforderungen. Eine Larve muss in zeitlicher Abstimmung
zur Reife der Frucht schlüpfen. Der Zeitpunkt des Schlüpfens ist genetisch festgelegt.
Untersuchungen des Genoms von Apfelliebhabern und Hagebuttenliebhabern haben
gezeigt, dass diese sich genetisch unterscheiden.

M2 Lebensraum der Larven von *Rhagoletis pomonella*

Lebensraum der Larven	Weißdorn (*Crataegus spec.*)	Apfelbaum (*Malus spec.*)
Fruchtart	Apfelfrucht 0,7 – 2 cm groß	Apfelfrucht
Blütezeit	Mai – Juni	April – Mai
Fruchtreife	September	Mitte August – Oktober
Überlebensrate der Larven	54 %	27 %

M3 Lebenszyklus von Rhagoletis

Die Fliegen überwintern in einer Puppendiapause (Entwicklungsruhe mit herabgesetztem
Stoffwechsel) im Boden und verlassen diesen im frühen Sommer als adultes Insekt.
Sieben bis zehnTage danach erreichen die Insekten die Geschlechtsreife und verbringen
4 bis 6 Tage im Feld. Die Weibchen erkennen mithilfe ihres Seh-, Geruchs- und Tastsinns
die Wirtspflanze. Die Männchen folgen denselben Signalen. Es kommt zur Verpaarung
und anschließenden Eiablage durch die Weibchen. Der Ort, in diesem Fall die Frucht, der
Larvenentwicklung wird durch die Eiablage festgelegt. Wenn die Frucht reif ist, fällt sie
zu Boden. Die Larve verlässt diese und gräbt sich in den Boden ein, wo sie sich verpuppt.

M4 Zeitraum des Befalls bei Apfel und Weißdorn durch Rhagoletis pomonella

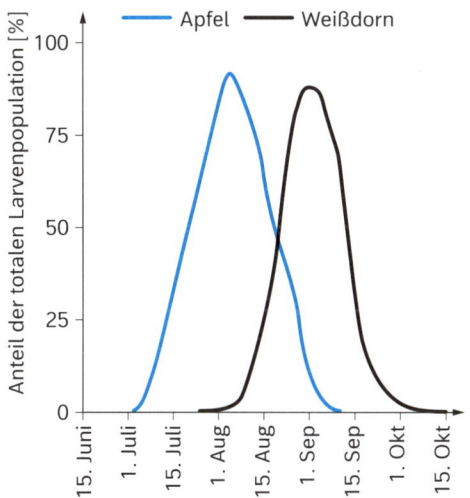

M4 a Larven befallen Apfel- oder Weiß-
dornfrüchte

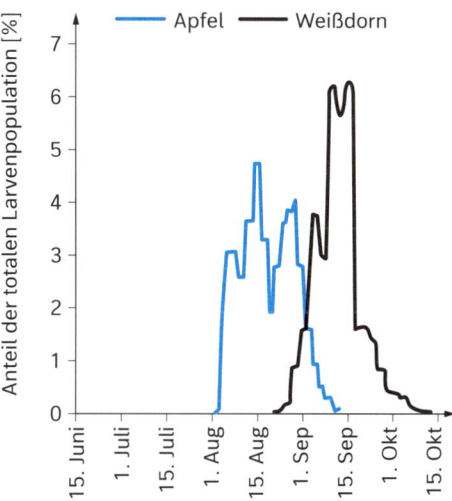

M4 b Larven verlassen Apfel- oder Weiß-
dornfrüchte

M5 Immer der Nase nach?

Es ist noch nicht eindeutig geklärt, wie genau die Sinne der Fliegen bei der Erkennung der Wirtspflanze zusammenspielen. Zwischen 1999 und 2003 wurden verschiedene Experimente mit *Rhagoletis*-Fliegen durchgeführt, um zu klären, inwiefern der Geruch einer Frucht die Wahl der Wirtspflanze beeinflusst.

Zuvor hatte man sowohl Larven der Apfelliebhaber als auch solche der Weißdornliebhaber gesammelt. Diese entwickelten sich im Labor unter Standardbedingungen zu adulten Tieren. Nach Erlangen der Geschlechtsreife wurden die adulten Tiere, die bisher nicht mit dem Geruch der Apfel- oder Weißdornfrucht in Kontakt gekommen waren, in verschiedene Flugtunnel gesetzt. In verschiedenen Ansätzen befanden sich am Ende des Tunnels, gegen den Wind unterschiedliche synthetische Geruchsgemische auf Gummipropfen: 1. Duft der Apfelfrucht, 2. Duft der Weißdornfrucht, 3. kein Duft. Die Fliegen wurden in den Tunnel gesetzt und das Flugverhalten in Richtung der Geruchsquelle wurde beobachtet. Weder Fliegen der Apfel- noch der Weißdornliebhaber zeigten eine Flugreaktion in Richtung des geruchsneutralen Gummipropfens. Die Ergebnisse zeigten, dass sowohl die Apfel- als auch die Weißdornliebhaber ‚ihren' Geruch bevorzugten. Nur wenige Apfelliebhaber zeigten eine Flugreaktion im 2. Tunnel und bei den Weißdornliebhabern wurden nur vereinzelt Flüge in Richtung des Apfelgeruchs beobachtet.

M6 Dodds Experiment mit isolierten Taufliegenpopulationen

Diane Dodd züchtete zwei unterschiedliche Populationen von *Drosophila* und teilte diese in jeweils vier Gruppen auf. Die Fliegen, die sich normalerweise von faulenden Früchten ernähren, erhielten entweder Maltose oder Stärke. Beide Populationen waren also jeweils auf nur eine Form der Nahrung angewiesen.

Zunächst waren die Populationen klein und das Wachstum gering, aber mit der Zeit wurden die Populationen größer, d. h. die Anpassung der Fliegen an das neue Medium war erfolgreich.

Nach mehreren Generationen wurden die unterschiedlichen Gruppen der Populationen miteinander kombiniert (4 Stärke x 4 Maltose → 16 Paarkombinationen). Alle Paarungen wurden beobachtet, und es zeigte sich, dass deutlich mehr Verpaarungen innerhalb einer Population als zwischen den unterschiedlichen Populationen stattfanden.

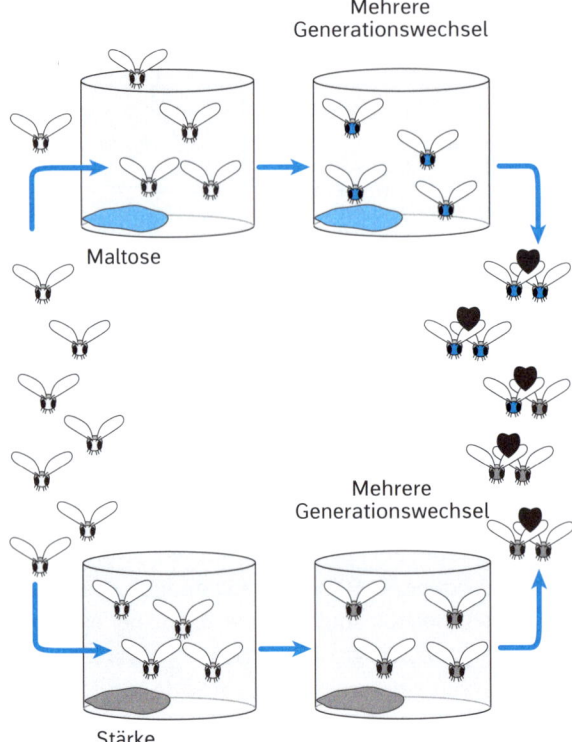

M6 Diane Dodd unterteilte eine Population von Taufliegen (Drosophila pseudoobscura) in zwei Populationen und isolierte diese. Nach mehreren Generationswechseln dokumentierte sie das Paarungsverhalten (♥: Verpaarung) der Taufliegen.

Lösungen

1. Die Fruchtfliegen der Art Rhagoletis pomonella kommen vorwiegend in Nordamerika vor. Die Fliegen paaren sich auf Blüten und legen ihre Larven auf Früchten ab, von denen sich diese dann ernähren. Ursprünglich befiel Rhagoletis pomonella nur die Früchte des Weißdorns oder der Hagebutte. Seit ca. 150 Jahren gibt es jedoch auch Fliegen, die die importierte Apfelfrucht befallen. Die Früchte unterscheiden sich in der Größe (Äpfel sind deutlich größer als die Weißdornfrucht), der Blütezeit (Apfel blüht eher als Weißdorn) und der Fruchtreife (Apfel von Mitte August bis Oktober, Weißdorn im September). Es überleben mehr Larven der Weißdornliebhaber als der Apfelliebhaber (54 % statt 27 %). Das Überleben der Larven hängt u. a.

vom Zeitpunkt des Schlüpfens, das zeitlich auf die Fruchtreife abgepasst sein muss, ab.

2. Die Kurven in M4 a und M4 b machen die Unterschiede im Lebenszyklus zwischen den Apfel- und Weißdornliebhabern deutlich. Der Apfelbaum wird zwischen Anfang Juli und Anfang September von Larven befallen. Anfang August ist der prozentuale Anteil der totalen Larvenpopulation mit ca. 90 % am höchsten. Zu dieser Zeit setzt der Larvenbefall des Weißdorns, der bis Anfang Oktober anhält, ein. Anfang September haben etwa 85 % aller Larven die Früchte befallen.

Die Unterschiede bezüglich des Zeitpunktes von Befall und Verlassen der Frucht wirken sich auf den Lebenszyklus der beiden Fliegen aus. Die Larven überwintern, nachdem sie die Frucht verlassen haben, im Boden. Die Verpuppung und anschließende Ruhephase findet bei den Apfelliebhabern eher statt. Es ist anzunehmen, dass die adulten Fliegen den Boden auch eher verlassen. Demnach treffen Fliegen der Apfelliebhaber eher aufeinander und paaren sich eher, die Larven schlüpfen eher und können folglich die Frucht auch eher befallen.

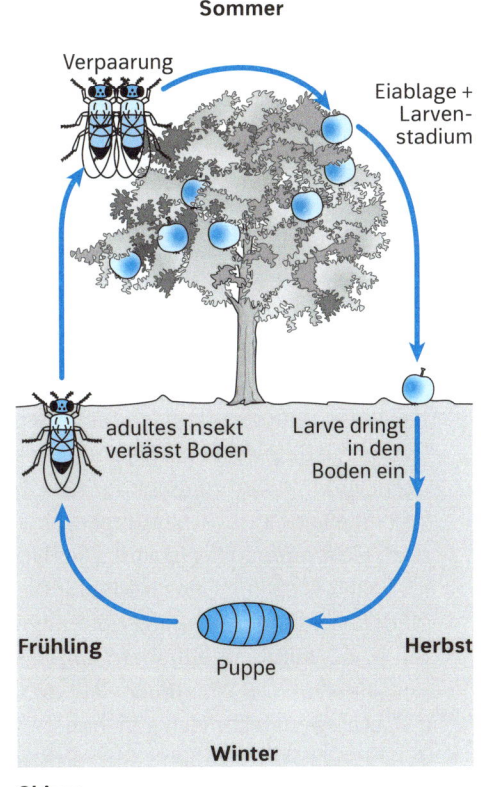

Skizze

3. Es kommt zu einer Artaufspaltung, wenn der Genfluss zwischen unterschiedlichen Populationen einer Art unterbrochen wird, d. h. dass sich Gruppen von Individuen, die einst einen gemeinsamen Genpool hatten, aufgrund von Isolation nicht mehr fortpflanzen können. Die Form der Isolation kann geografischer, ökologischer, ethologischer, genetischer oder mechanischer Natur sein. Es kommt zu einer Aufspaltung der Teilpopulation und als Folge unterschiedlicher Mutationen und Selektionen zur Veränderung der Genpools. Häufig ist die Fortpflanzungsschranke auf eine räumliche Trennung zurückzuführen. Diesen Vorgang bezeichnet man als allopatrische Artbildung. Wenn sich innerhalb eines Lebensraumes eine Fortpflanzungsbarriere herausbildet, spricht mach von sympatrischer Artbildung.

4. In dem Experiment wird der Frage nachgegangen, inwiefern die Wahl der Wirtspflanze bei *Rhagoletis*-Fliegen durch den Geruchssinn gesteuert wird. Den Fliegen

wurden in einem Flugtunnel in drei verschiedenen Ansätzen unterschiedliche synthetische Gerüche angeboten. Im ersten Ansatz wurden die Fliegen einem Apfelduft, im zweiten einem Weißdornduft ausgesetzt. Der dritte Ansatz war geruchsneutral. Das Flugverhalten der Fliegen wurde beobachtet und es zeigte sich, dass die Fliegen nur losflogen, wenn ihnen ein Fruchtgeruch angeboten wurde. Darüber hinaus flogen die Apfelliebhaber eher in Richtung des Apfeldufts und die Weißdornliebhaber in Richtung des Weißdornduftes. Die beobachteten Reaktionen belegen, dass der Geruchssinn die Wahl der Wirtspflanze beeinflusst.

Wie bereits erläutert haben sich bei *Rhagoletis pomonella* die Apfelliebhaber und die Weißdornliebhaber herausgebildet. Der Lebenszyklus der Fliegen ist von der Wirtspflanze abhängig, d.h. die o.g. Unterschiede zwischen Apfelbaum und Weißdorn begünstigen die Ausbildung der Teilpopulationen. Apfel- und Weißdornliebhaber wählen die Wirtspflanze nicht zufällig, sondern folgen dabei ihrem Geruchssinn. Die Tatsache, dass die Fliegen die namensgebende Wirtspflanze bevorzugten, obwohl sie zuvor keinen Kontakt mit dem Geruch hatten, lässt vermuten, dass die Wahl der Wirtspflanze genetisch festgelegt ist. Tatsächlich wurden bereits genetische Unterschiede zwischen Apfel- und Hagebuttenliebhabern nachgewiesen. Auch wenn Apfel- und Weißdornliebhaber jeweils Fliegen mit derselben Vorliebe bevorzugen, kommt es noch zu Verpaarungen zwischen den Teilpopulationen. Sie sind demnach noch nicht reproduktiv isoliert. Die Hybriden sind aufgrund ihrer Genmischung jedoch im Nachteil, da ihre Gene weder für die eine noch für die andere Wirtspflanze optimal sind. Das Paarungs-Timing der Fliegen ist gestört. Im Vergleich zu den reinen Apfel- bzw. Weißdornliebhabern haben sie folglich weniger Nachkommen und werden ausselektiert. Der Apfelbaum ist erst seit etwa 150 Jahren in Nordamerika heimisch, d.h. evolutionstechnisch gesehen, bildeten sich die Veränderungen in relativ kurzer Zeit heraus. Abschließend lässt sich sagen, dass bei *Rhagoletis* eine Artaufspaltung im Gang ist, diese jedoch noch nicht vollständig ist.

5. Fragestellung: Führt eine räumliche Isolation zweier Teilpopulationen einer Fruchtfliegenart zu einer Aufspaltung in zwei neue Arten, wenn beide Teilpopulationen unter unterschiedlichen Nahrungsbedingungen gehalten werden.

   Auswertung: Die zunächst langsame, dann aber gute Entwicklung der Teilpopulationen lässt vermuten, dass diese über Mutation und Selektion eine stoffwechselphysiologische Nahrungsspezialisierung auf ihre jeweilige Nahrungsquelle vollzogen haben. Interessant ist auch die Tatsache, dass nach dem Zusammenführen der beiden lange getrennt lebenden Teilpopulationen als Paarungspartner die Angehörigen der eigenen Teilpopulation bevorzugt werden. Gründe dafür können ethologische Auslöser sein wie Düfte, Verhaltensweisen, etc., die über zufällige Mutationen (Gendrift) oder z.B. auch über sexuelle Selektion in den lange getrennten Genpools der beiden Teilpopulationen angereichert wurden.

   In den beiden Teilpopulationen ist somit eine allopatrische Artaufspaltung in Gang gekommen, in deren Verlauf eine dynamische Selektion unterschiedliche Genpools zur Folge hatte. Wie sich allerdings nach dem Zusammenführen der beiden Teilpopulationen zeigte, war dieser Prozess noch nicht abgeschlossen, da sich die Angehörigen der beiden Teilpopulationen wieder miteinander verpaaren, wenn auch weniger häufig. Wie die Entwicklung der beiden Teilpopulationen sympatrisch weitergeht, wird experimentell nicht weiter untersucht. Da die nicht nur auf eine Nahrungsquelle spezialisierten Hybriden der beiden Teilpopulationen keine Nachteile, sondern eher Vorteile haben, ist zu vermuten, dass die Genpools der beiden Teilpopulationen ganz durchmischt werden und zu einem einheitlichen Genpool verschmelzen.

Die Ergebnisse des Dodd-Experiments können insofern die Situation der Apfel- und Weißdornliebhaber von *Rhagoletis* erklären, weil auch hier die Unterschiede in der Nahrungsanpassung von Veränderungen des Paarungsverhaltens begleitet sind. Auch für Rhagoletis gilt, dass diese Anpassungen an die Nachkommen weitergegeben werden, sodass kaum Verpaarungen von Apfel- und Weißdornliebhabern zu beobachten sind (vgl. M1).

Die Unterschiede in der Anpassung haben sich jedoch hier ohne eine räumliche Abgrenzung herausgebildet, d. h. es vollzog sich eine sympatrische Artbildung, bei der die Hybriden im Gegensatz zu den experimentellen Verhältnissen bei den Taufliegen benachteiligt sind. Daher ist zu vermuten, dass sich dieser Prozess der sympatrischen Artbildung fortsetzen wird.

Selbstdiagnosebogen

Aufgabe Nr.	Kernkompetenz	AFB	Punkte	erreichte Punkte	Förderung
1	Zusammenfassen von Fakten aus Text und Tabelle Vorkommen und Lebensweise von *Rhagoletis pomonella*	I	4		Operator zusammenfassen (S.15)
2	Bildliche Darstellung des Lebenszyklus auf der Basis von Informationen aus Text und Diagramm;	II	6		Umgang mit Abbildungen und Diagrammen (S. 56 f.); Operator Erläutern (S.15)
	Erläuterung von Unterschieden zwischen zwei Lebewesen	II	6		
3	Beschreibung sympatrischer und allopatrischer Artbildung	I	7		Art und Artbildung (S. 82 f.)
4	Beschreibung von Versuchsergebnissen;	I	4		Umgang mit Experimenten (S. 71);
	Erörterung von möglicher Artbildung an konkretem Beispiel;	II	8		Operator Erörtern (S. 15); Art und Artbildung (S. 83 f.);
	Erklärung von Besonderheiten bei Hybriden	III	5		Sexuelle Selektion (S. 86)

Aufgabe Nr.	Kernkompetenz	AFB	Punkte	erreichte Punkte	Förderung
5	Fragestellung zu einem Experiment formulieren und erläutern;	II	5		Umgang mit Experimenten (S. 71); Art und Artbildung (S. 82 f.)
	Diskussion der Anwendungsmöglichkeit eines Experiments als Erklärungsansatz für Artbildung bei einer anderen Art	III	5		Operator Diskutieren (S. 15)

Gesamtpunkte: 50, davon AFB I: 15 Punkte (30 %); AFB II: 25 Punkte (50 %); AFB III: 10 Punkte (20 %)

Materialgrundlage

Kenneth E. Filchak, Joseph B. Roethele & Jeffrey L. Feder (2000) Natural selection and sympatric divergence in the apple maggot Rhagoletis pomonella. Nature, Vol 407, S. 739 – 742

http://www.pnas.org/content/100/20/11490.full

http://evolution.berkeley.edu/evolibrary/article/evo_45

http://www.spektrum.de/news/ganz-schoen-waehlerisch/674263

5 Lösungen der Original-Prüfungsaufgaben 2022

Hinweis: Die Aufgabenstellungen der Original-Prüfungsaufgaben 2022 können Sie direkt vom Ministerium für Schule und Bildung des Landes NRW erhalten. Die hier vorgeschlagenen Lösungen wurden von erfahrenen Lehrern erstellt. Sprechen Sie bei Fragen Ihre Lehrkraft an.

Aufgabenauswahl
Ihnen werden sowohl im Grundkurs als auch im Leistungskurs jeweils zwei Aufgaben zur Bearbeitung vorgelegt.

Bearbeitungszeit
LK 270 Minuten; GK 180 Minuten.
Für Schülerexperimente und praktische Arbeiten zusätzlich 60 Minuten.

Zugelassene Hilfsmittel
- Wörterbuch zur deutschen Rechtschreibung (sollte ausliegen),
- wissenschaftlicher Taschenrechner.

Tipps: Schlagen Sie nicht nur bei Unsicherheiten in der Orthografie im Wörterbuch nach. Auch wenn Sie Unsicherheiten in der Wortbedeutung haben, hilft häufig das Wörterbuch weiter. Und auch wenn Sie eine Rechnung im Kopf leicht durchführen können, schafft der Griff zum Taschenrechner Sicherheit.

Bewertung der Schülerleistungen

a) inhaltlich
Im Erwartungshorizont ist pro Teilaufgabe eine Rubrik für Zusatzpunkte vorgesehen.
Tipp: Will man Zusatzpunkte für ein weiteres aufgabenbezogenes Kriterium erhalten, sollte man, nachdem man eine aufgrund des vorgelegten Materials zufriedenstellende Lösung gefunden hat, über eine weitere Lösungsmöglichkeit nachdenken. Diese sollte man zumindest erwähnen, falls sie – wenn auch nur entfernt – zutreffen könnte.

b) Darstellung
Für die Darstellungsleistung werden zusätzliche Punkte dafür vergeben, dass man
- seine Gedanken schlüssig, stringent und klar ausführt,
- seine Darstellung sachgerecht strukturiert,
- eine differenzierte und präzise Sprache sowie Fachbegriffe verwendet,
- seine Arbeit formal ansprechend gestaltet.

Tipps:
- Schreiben Sie eher in kurzen als in langen verschachtelten Sätzen. Begründen Sie Ihre Ausführungen. Vermeiden Sie Gedankensprünge. Strukturieren Sie Ihren Text durch Absätze und Überschriften, unterstreichen Sie Reizwörter mit dem Lineal. Beziehen Sie sich klar auf das Material, indem Sie darauf verweisen.

Grundkurs

Thema I: Die Vogel-Vampirfliege auf den Galapagos-Inseln

Allgemeine Lösungshinweise: Für die Lösung dieser Aufgabe benötigen Sie Kenntnisse aus der Ökologie und der Neurobiologie. In diesen Bereichen sind vor allem die Inhalte Nahrungsbeziehungen und Trophieebenen (s. Seite 59 ff.), Parasitismus (s. Seite. 53 f.) sowie die Entstehung und Weiterleitung von Aktionspotenzialen bzw. mögliche Einflüsse auf die Frequenz der Aktionspotenziale (s. Seite 37 ff.) von Bedeutung.

Studieren Sie das Material genau, bevor Sie Ihre Antworten formulieren. Lesen Sie die Teilaufgaben gründlich, markieren Sie die Operatoren (s. Seite 14 ff.) und bearbeiten sie die Aufgaben dann Schritt für Schritt. Auf diese Weise geben Sie Ihrer Lösung zum einen eine sinnvolle Struktur und stellen zum anderen sicher, dass Sie keinen Aspekt übersehen.

1. Stellen Sie die Nahrungsbeziehungen der in Material A beschriebenen Lebewesen in den Ursprungsregionen in Südamerika in einem Nahrungsnetz dar und ermitteln Sie die zugehörigen Trophieebenen (Material A). Begründen Sie die starke Ausbreitung der Vogel-Vampirfliege auf den Galapagos-Inseln (Material A). (19 Punkte)

Lösungshinweise: Bei dieser Aufgabe müssen Sie zunächst das Material A genau bearbeiten (Tabelle und Text). Nutzen Sie die Informationen, um die Nahrungsbeziehungen aller im Material erwähnten Lebewesen in Form eines beschrifteten Nahrungsnetzes darzustellen. Achten Sie hier auf die korrekte Verwendung der Pfeile (→ wird gefressen von). Ergänzen Sie dann in einem weiteren Schritt die Trophieebenen. Auf der Basis der Informationen und Ihrer Visualisierung der Beziehungen sollen Sie dann begründen, warum sich die Vogel-Vampirfliege auf den Galapagos-Inseln so stark ausgebreitet hat.

Lösungsvorschlag: Das Nahrungsnetz sollte sinngemäß so aussehen:

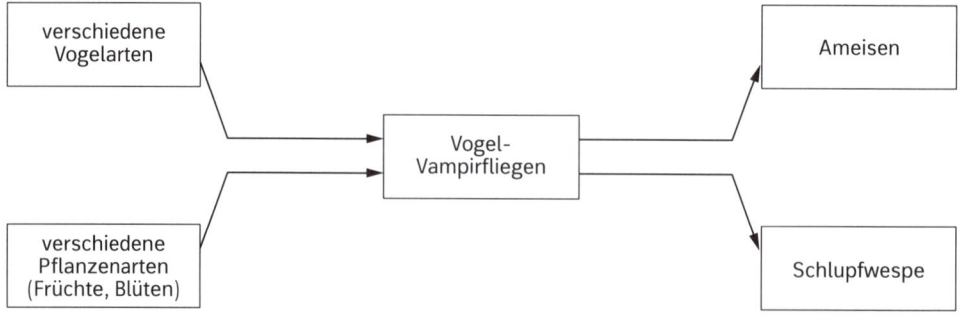

Die im Material beschriebenen Lebewesen in den Ursprungsregionen in Südamerika lassen sich verschiedenen Trophieebenen zuordnen. Die verschiedenen Pflanzenarten stellen die Produzenten dar. Sie bauen mithilfe der Fotosynthese organische Stoffe auf, die etwa von den Vogel-Vampirfliegen als Konsumenten erster Ordnung aufgenommen werden, indem die adulten Fliegen sich von Früchten, Blüten und Pflanzen ernähren. Die Larven der Vogel-Vampirfliegen ernähren sich außerdem vom Blut verschiedener Vogelarten, sodass die Fliegen auch Konsumenten zweiter Ordnung einzuordnen sind. Die Larven dienen wiederum den Ameisen und Schlupfwespen als Nahrung, sodass letztere als Konsumenten zweiter Ordnung einzuordnen sind.

Die Vogel-Vampirfliege ist auf den Galapagos-Inseln stark verbreitet. Sie wurde als Neobiont aus Südamerika eingeschleppt und stammt dort aus einem großen Verbreitungsgebiet mit unterschiedlichen Lebensräumen. Die Vogel-Vampirfliege kann auf den Galapagos-Inseln viele verschiedene Habitate mit unterschiedlichen klimatischen Bedingungen vorfinden und sich dort ausbreiten. Dies liegt zum einen in der ausreichenden Nahrungsgrundlage begründet. Die adulten Fliegen ernähren sich von frischen und faulen Früchten sowie von Blüten der unterschiedlichsten Pflanzen, wovon sie auf den Galapagos-Inseln ein ausreichendes Angebot vorfinden. Die Larven der Vogelvampirfliegen sind Parasiten, die in ihrem ursprünglichen Verbreitungsgebiet sie ein großes Spektrum an Wirtsvögeln nutzen. Auf den Galapagos-Inseln parasitieren die Larven Darwinfinken, die mit denen im Ursprungsgebiet verwandt sind. Zum anderen haben die Vogel-Vampirfliegen eine hohe Reproduktionsrate. Die hohe Anzahl an Nachkommen wird durch die Eiablage der Weibchen in viele verschiedene Nester erreicht. Aufgrund der Tatsache, dass je Brutzeit mindestens drei Generationen entstehen, wird eine rasche Vermehrung und schnelle Ausbreitung ermöglicht.

2. Stellen Sie die neurobiologischen Prozesse im Verlauf eines Aktionspotenzials in Form eines Fließschemas dar und fassen Sie die in Abbildung 1B dargestellten Ergebnisse zusammen (Material B). Erläutern Sie die neurophysiologische Wirkung von Permethrin und leiten Sie daraus die Folgen für das Insekt ab (Material B). (21 Punkte)

Lösungshinweise: Bearbeiten Sie diese Aufgabe entsprechend der vorgegebenen Schrittigkeit. Visualisieren Sie zunächst auf der Basis Ihres Wissens aus dem Unterricht, die einzelnen Schritte im Verlauf eines Aktionspotenzials und fassen Sie dann zusammen, wie sich die Bildung von Aktionspotenzialen nach Zugabe von Permethrin darstellt. Erklären Sie daraus folgend die Wirkung des Giftes und leiten Sie schließlich ab, welche Folgen sich für die Vogel-Vampirfliege ergeben.

Lösungsvorschlag: Das Fließschema sollte sinngemäß so aussehen:

Depolarisation bis zum Schwellenwert → Öffnung spannungsabhängiger Natriumionen-Kanäle → Einstrom von Natriumionen → Ladungsumkehr → Inaktivierung der Natriumionen-Kanäle → Stopp des Natriumionen-Einstroms → Öffnung spannungsabhängiger Kaliumionen-Kanäle → Ausströmen von Kaliumionen → Repolarisation und Hyperpolarisation → Verschluss der Kaliumionen-Kanäle → Ladungsausgleich → Ruhepotenzial

Wie in Diagramm B zu erkennen ist, bewirkt der kurze Reiz nach der Zugabe von Permethrin, dass mehrere Aktionspotenziale ausgelöst werden. Zwischen den einzelnen Aktionspotenzialen bleibt eine Depolarisation bestehen. Diese nimmt zwar im Verlauf der Folge ab, das Ruhepotenzial wird aber erst nach dem letzten Aktionspotenzial wieder erreicht.

Permethrin bindet an die spannungsabhängigen Natriumionen-Kanäle. Die Depolarisationsphase des Aktionspotenzials verläuft normal, das heißt, die Öffnung der spannungsabhängigen Natriumionen-Kanäle wird durch das Insektizid nicht beeinflusst. Die sich anschließende Öffnung der Natriumionen-Kanäle bewirkt eine Repolarisation nach dem ersten Aktionspotenzial. Das Ruhepotenzial wird jedoch nicht erreicht. Die Bindung von Permethrin bewirkt demnach eine länger anhaltende Öffnung der spannungsabhängigen Natriumionen-Kanäle. So strömen auch in der Phase der Repolarisation noch Natriumionen in das Axon, was eine länger anhaltende Depolarisation zur Folge hat. Da die Depolarisation über dem Schwellenpotenzial bleibt, können weitere Aktionspotenziale ausgelöst werden. Die Wirkung von Permethrin nimmt mit der Zeit ab, sodass das Ruhepotenzial nach einer Folge von Aktionspotenzialen wieder erreicht wird.

Die Wirkung des Insektizids Permethrin liegt demnach in der Erhöhung der Aktionspotenzialfrequenzen, da das Schwellenpotenzial für einen längeren Zeitraum überschritten bleibt. So können beispielsweise Überreizungen im zentralen Nervensystem auftreten oder Krämpfe ausgelöst werden. Diese Wirkung wird durch eine hohe Dosierung an Permethrin verstärkt. Das kann für das Insekt bedeuten, dass es zu langanhaltenden Abfolgen von Aktionspotenzialen in hoher Frequenz kommt, die eine koordinierte Weiterleitung von Erregungen im zentralen Nervensystem und im Körper verhindern und letztlich tödlich sein können.

3. Fassen Sie die in Material C dargestellten Daten zusammen. Diskutieren Sie den Einsatz von Permethrin-behandelter Watte zum Schutz von Darwinfinken vor der Vogel- Vampirfliege (Materialien A bis C). (14 Punkte)

Lösungshinweise: In dieser letzten Teilaufgabe gilt es zunächst die Daten aus dem Material zusammenzufassen, die die Wirkung von Permethrin auf die Larven der Vogelvampirfliegen sowie auf die Jungvögel der Darwinfinken darstellen. Auf der Basis der dargestellten Ergebnisse sollen Sie dann abschließend abwägen, ob das Insektizid ein geeignetes Mittel ist, um die Darwinfinken vor der Vogel-Vampirfliege zu schützen.

Lösungsvorschlag: In verschiedenen Experimenten wurde untersucht, wie Permethrin auf die Larven der Vogel-Vampirfliege wirkt und wie sich die Behandlung des Nistmaterials mit dem Insektizid auf die Jungvögel auswirkt. Die Ergebnisse der Freilandexperimente zeigen, dass in den Nestern mit Permethrin-getränkter Watte ein geringerer Befall mit Vogel-Vampirfliegen gegeben war als in den Nestern, die Watte aus dem Kontroll-Spender enthielten. In Nestern mit einer Mindestmenge von ca. 1 g der mit dem Insektizid behandelten Watte, wurden meist keine Larven der Vogel-Vampirfliege nachgewiesen. Im Freiland überlebten mehr Küken aus den behandelten Nestern als aus den mit Wasser behandelten Nestern.

Eine weitere Versuchsreihe erfolgte im Labor. Hier wurden die Nester von Zebrafinken und Permethrin behandelt. Zebrafinken sind mit den Darwinfinken nahe verwandt aber leichter zu halten und zu vermehren. Die Ergebnisse zeigten, dass das mit Permethrin behandelte Nistmaterial nach einer Generation keine signifikanten Auswirkungen auf die Nachkommen, hatte. In der zweiten Generation überlebten jedoch nur 64 % statt 100 % der Küken.

Das Insektizid Permethrin stört die Funktion von Nervenzellen bei Insekten. Die Ergebnisse der Experimente belegen, dass es bei ausreichender Dosierung erfolgreich gegen die Vogel-Vampirfliege wirkt. Der Bruterfolg der Vögel konnte im Freiland nach dem Einsatz von Permethrin gesteigert werden. Die Behandlung mit dem Insektizid zeigt jedoch Auswirkungen in der zweiten Generation. Permethrin sollte also nur kurzfristig, d. h. für eine Generation angewendet werden.

Im Freiland wurde eine Kükensterblichkeit von bis zu 95 % beobachtet, die durch die Vogel-Vampirfliegen verursacht wurde. In den Laborexperimenten lag die Überlebensrate der Küken in der zweiten Generation bei 64 %, wenn die Nester zuvor mit Permethrin behandelt wurden. Demnach lag die Sterblichkeit bei 36 %. Die Ergebnisse der Experimente zeigen, dass eine länger andauernde Behandlung mit Permethrin für den Schutz der Darwinfinken sinnvoll sein könnte, wenngleich der Einsatz des Insektizids auch für die Vögel schädlich sein kann. Grundsätzlich kann der Einsatz von Permethrin jedoch problematisch sein, weil nicht bekannt ist, wie es sich nach längerer Behandlungszeit auf die Darwinfinken, bzw. auf andere Vogel- und Insektenarten auswirkt, die auch mit der behandelten Watte in Berührung kommen.

Anmerkung: Es ist nicht entscheidend, dass Sie in Ihrer Diskussion konkrete Zahlen nennen. Sollten Sie weitere Argumente in Ihrer Diskussion aufführen, die sich sachlogisch aus den Versuchsergebnissen ableiten lassen, wie beispielsweise eine mögliche Ausbildung von Resistenzen gegen Permethrin, werden auch diese gewertet.

Thema II: Ökologie und Evolution Eurasischer Spitzmäuse

Allgemeine Lösungshinweise: Für die Lösung dieser Aufgabe benötigen Sie Kenntnisse aus der Evolution und der Ökologie. In diesen Bereichen ist vor allem Ihr Wissen zur ökologischen Nischenbildung, Konkurrenzvermeidung, Koexistenz (s. Seite 53 f.) , evolutiven Veränderungen (s. Grundlagen evolutiver Veränderungen, s. Seite 81 ff.) und dem Umgang mit Stammbäumen (s. Stammbäume, s. Seite 86 ff.) gefragt.

Entscheidend für die Bearbeitung der einzelnen Teilaufgaben ist ein intensives Studium des Materials, bevor Sie die Aufgabe lösen, da sich dort eine Vielzahl von zentralen Informationen und Lösungshilfen findet. Es empfiehlt sich generell die Aufgabenteile strikt in der vorgegebenen Reihenfolge abzuarbeiten, da dies der Lösung eine Struktur gibt und Sie damit die Gefahr vermeiden, Punkte zu verschenken, weil Sie nicht alle Aufgabenteile adäquat berücksichtigt haben. Achten Sie ferner genau auf die verwendeten Operatoren (s. Seite 12 ff.) und bearbeiten Sie die Teilaufgaben entsprechend.

1. Fassen Sie die Angaben zu den Beutespektren der drei genannten Spitzmausarten zusammen (Material A). Werten Sie Material A im Hinblick auf die ökologischen Beziehungen aus und begründen Sie die Koexistenz der drei Spitzmausarten (Material A). (14 Punkte)

Lösungshinweise: Bei dieser Aufgabe müssen Sie zunächst das Material A genau bearbeiten (Tabelle und Text), um die Beutespektren der drei Spitzmausarten zusammenfassen zu können. Bewerten Sie dann die Ergebnisse dieses ersten Schrittes, indem Sie mithilfe der gegebenen Informationen sowie Ihrem Wissen aus dem Unterricht aufzeigen, welche ökologischen Beziehungen zwischen den drei Arten herrschen, bzw. wie diese nebeneinander existieren können.

Lösungsvorschlag: Die drei Spitzmausarten zeigen in ihrem Nahrungsverhalten Gemeinsamkeiten und Unterschiede. Die Eurasische Spitzmaus ernährt sich von unterschiedlichen wirbellosen an Land lebenden Tieren wie Käfern, Tausendfüßern, Spinnen und Regenwürmern sowie von im Wasser lebenden Fliegenlarven und Wasserasseln. Darüber hinaus ernährt sie sich auch von kleineren Wirbeltieren, wie Fröschen und Fischen. Die Sumpfspitzmaus ernährt sich auch von kleineren Landtieren wie etwa Käfern und Tausendfüßern. Sie bevorzugt jedoch Regenwürmer und Spinnen. Außerdem erbeutet sie im Wasser lebende Fliegenlarven und Asseln. Im Unterschied dazu ernährt sich die Waldspitzmaus ausschließlich von Tieren, die an Land leben. Sie bevorzugt Regenwürmer und Käfer, ernährt sich aber auch von Ameisen und selten von kleineren Wirbeltieren.
Alle drei Spitzmausarten ernähren sich also carnivor, sodass zwischen ihnen und ihrer Beute ein Räuber-Beute-Verhältnis vorliegt. Das oben beschriebene Beutespektrum der drei Spitzmausarten ist breit und sie bevorzugen ähnliche Beute. Wasserspitzmaus und Sumpfspitzmaus ernähren sich zusätzlich noch von wasserlebenden Tieren. Somit überschneiden sich die ökologischen Nischen der drei Arten bezüglich der Beutespektren. Darüber hinaus bevorzugen sie feuchte Lebensräume, sodass auch mit Bezug auf die Wahl des Habitats eine Überschneidung der ökologischen Nischen festzustellen ist. Zwischen den drei Spitzmausarten herrscht demnach interspezifische Konkurrenz. Bei all den benannten Überschneidungen zeigen sich aber auch Unterschiede. So ist etwa die Waldspitzmaus im Gegensatz zu den beiden anderen Arten auch tagaktiv und die bevorzugten feuchten Habitate unterscheiden sich, beispielsweise die Fließgewässer hinsichtlich der Fließgeschwindigkeit. Die dargestellten Unterschiede bezüglich der Nahrung, der Aktivitätszeit sowie der Habitatswahl reduzieren die interspezifische Konkurrenz, sodass eine Koexistenz der drei Spitzmausarten aufgrund von Konkurrenzvermeidung möglich ist.

2. Fassen Sie die in Abbildung 1A dargestellten Ergebnisse zusammen und deuten Sie das Verhalten der Spitzmausarten (Materialien A und B). Stellen Sie unter Berücksichtigung der Daten aus Abbildung 1B eine begründete Hypothese über die Bedeutung des Giftes für die Eurasische Wasserspitzmaus auf (Materialien A und B). (20 Punkte)

Lösungshinweise: Diese Aufgabe ist dreigeteilt. In beiden Teilen ist eine genaue Bearbeitung des Materials A und B erforderlich. Fassen Sie die Ergebnisse erst zusammen und stellen Sie dann begründet dar, wie das Verhalten der Spitzmausarten zu erklären ist. Im letzten Schritt stellen Sie dann eine begründete Vermutung zur Bedeutung des Giftes bei einer der drei Arten auf.

Lösungsvorschlag: An der Eurasischen Wasserspitzmaus und der kleineren Waldspitzmaus wurde im Rahmen eines Laborexperiments der Umgang mit der Beute untersucht. Die Ergebnisse zeigen, dass kleinere Beutetiere wie Mehlkäfer von beiden Spitzmausarten größtenteils sofort gefressen werden. Bei mittelgroßen Beutetieren wie Regenwürmern wurde beobachtet, dass sie selten sofort sondern eher nach und nach gefressen wurden. Regenwürmer werden häufig immobilisiert und gehortet. Dieses Verhalten war bei der Waldspitzmaus häufiger zu beobachten als bei der Eurasischen Wasserspitzmaus. Im Gegensatz zur letzt genannten ignoriert die Waldspitzmaus auch anteilig weniger Beute.
Es wird deutlich, dass kleine Beutetiere sofort gefressen werden. Auf diese Weise kann der hohe aktuelle Energiebedarf gedeckt werden. Durch das Horten kann auch der ständige Energiebedarf, zum Beispiel in den Ruhephasen, in denen die Tiere nicht aktiv nach Nahrung suchen, gedeckt werden. Auch in den Wintermonaten, die durch ein geringeres Nahrungsangebot gekennzeichnet sind, könnte das Horten von Beute eine wichtige Funktion haben. Generell bietet das Horten größerer Tiere, wie dem Regenwurm, den Vorteil, dass die Tiere eine vergleichsweise höhere Biomasse haben.

In dem Experiment wurde deutlich, dass mittelgroße Beute (Regenwürmer) von der Eurasischen Wasserspitzmaus schneller überwältigt wird als von der Waldpitzmaus. Frösche, also große Beute, wurde ausschließlich von der Eurasischen Wasserspitzmaus getötet. Diese Beobachtungen könnten auf eine mögliche Bedeutung des Giftes der Eurasischen Spitzmaus für die Erbeutung mittelgroßer und größerer Tiere hindeuten. Es ist anzunehmen, dass das Gift bei den Fröschen zu einer Muskellähmung führt, die die Tiere an der Flucht hindert. Es zeigt sich außerdem, dass die Eurasische Wasserspitzmaus weniger Zeit zur Überwältigung braucht, als die nichtgiftige Waldpitzmaus und so Energie spart. Es ist also möglich, dass das Gift den Beutefang und die Hortung der Nahrung unterstützen und so einen Selektionsvorteil gegenüber nichtgiftigen Arten darstellt. Ein solcher Vorteil überwiegt vermutlich auch, dass zur Giftsynthese Energie benötigt wird.

Anmerkungen: Sollten Sie weitere Erklärungen zur Bedeutung der Immobilisierung beim Horten der Beutetiere geben, könnte dies ggf. ein weiteres aufgabenbezogenes Kriterium darstellen. Sollten Sie eine andere sachlogische Hypothese zur Bedeutung des Giftes formulieren, kann auch diese gewertet werden.

3. Analysieren Sie den in Abbildung 2 gezeigten Stammbaum im Hinblick auf das Auftreten von Giften bei den dargestellten Gattungen (Materialien B und C). Entwickeln Sie auf der Basis aller Materialien eine Hypothese zur evolutiven Entstehung von Eurasischer Wasserspitzmaus und Sumpfspitzmaus (Materialien A bis C). (20 Punkte)

Lösungshinweise: Bei dieser Aufgabe müssen Sie Ihr Wissen zu phylogenetischen Stammbäumen (S. 86 ff.) auf die vorliegenden Daten anwenden, um das Auftreten von Giften bei den verschiedenen Spitzmausgattungen erklären zu können. In einem letzten Schritt gilt es dann, alle vorliegenden Informationen und Arbeitsergebnisse zu nutzen, um eine begründete Vermutung aufzustellen, wie sich die Eurasische Wasserspitzmaus sowie die Sumpfspitzmaus entwickelt haben.

Lösungsvorschlag: Der Stammbaum zeigt die Verwandtschaftsverhältnisse ausgewählter Spitzmausgattungen. Der letzte gemeinsame Vorfahr der hier dargestellten Gattungen lebte vor circa 65 Millionen Jahren. Die Entwicklungslinie der Spitzmäuse spaltete sich vor etwa 20 Millionen Jahren auf. Giftige Arten treten in den nicht näher verwandten Gattungen *Neomys*, *Blarina* und *Crocidura* auf, wohingegen die anderen Gattungen ungiftig sind. Die hohe Anzahl an Entwicklungslinien, in denen keine giftigen Arten vorkommen, lässt vermuten, dass das Merkmal Giftigkeit im Verlauf der Evolution der Spitzmäuse mehrfach unabhängig entstanden ist. Das bedeutet, dass das Merkmal Giftigkeit keine nähere Verwandtschaft begründet und bei den verschiedenen Spitzmausgattungen mehrfach unabhängig voneinander durch konvergente Entwicklung entstanden ist. Es ist denkbar, dass in den Lebensräumen der giftigen Arten ähnliche Selektionsdrücke, wie zum Beispiel bezüglich der Hortung größerer Beutetiere, vorherrschten, sodass die Entwicklung der Giftigkeit begünstigt wurde.

Sowohl die Eurasische Wasserpitzmaus als auch die Sumpfspitzmaus gehören zur Gattung der *Neomys*. Die Stammart dieser Gattung war vermutlich giftig, denn alle Vertreter dieser Gattung weisen das Merkmal der Giftigkeit auf. Bei einem Vorfahren wird durch eine Mutation die Fähigkeit zur Giftbildung in den Drüsen unter der Zunge ausgebildet worden sein, die diesen Tieren einen Selektionsvorteil beim Beutefang verschaffte.
Der letzte gemeinsame Vorfahre von Eurasischer Wasserspitzmaus und Sumpfspitzmaus war vermutlich durch Schwimmborsten bereits an das Leben und den Beutefang im Wasser angepasst. Die Tatsache, dass die Eurasische Wasserspitzmaus auch in schneller fließenden Gewässern vorkommt, könnte damit zu erklären sein, dass ihre Vorfahren bereits ausgeprägtere Schwimmborsten an Hinterfüßen und Schwanz hatten, sodass eine Erschließung neuer Habitate möglich war. Eine darauf folgende allmähliche Isolierung der Population führte dann zur Trennung der Genpools und zu einer getrennten Entwicklung, die in einer Artaufspaltung mündete.

Anmerkung: Hier gilt es eine sachlogische Hypothese zur evolutiven Entstehung von Eurasischer Wasserspitzmaus und Sumpfspitzmaus zu formulieren, die sich aus dem Material ergibt. Sollten Sie zu einer anderen Vermutung kommen, die eine vergleichbare Detailtiefe aufweise, wird diese auch gewertet.

Thema III: Ivermectin-Überempfindlichkeit bei Hunden

Allgemeine Lösungshinweise: Für die Lösung dieser Aufgabe benötigen Sie Kenntnisse aus der Neurobiologie, insbesondere aus den Bereichen „Aufbau und Funktion von Neuronen" (s. Seite 37). Darüber hinaus benötigen Sie Kenntnisse aus dem Bereich „Genetik" (s. Seite 17 ff.), hier insbesondere zur Analyse von Stammbäumen und der Proteinbiosynthese (s. Seite 22).

1. Beschreiben Sie die Abläufe an einer hemmenden chemischen Synapse und erklären Sie auf molekularer Ebene die Wirkung von Ivermectin bei Wirbellosen (Material A). (12 Punkte)

Lösungshinweise: Diese Aufgabe ist zweigeteilt. Zunächst sollen Sie die Vorgänge an einer hemmenden chemischen Synapse beschreiben. Achten Sie darauf, dass nach einer hemmenden Synapse gefragt ist und unterstützen Sie Ihre Beschreibung gegebenenfalls durch Skizzen. Anschließend sollen Sie die Wirkung von Ivermectin auf molekularer Ebene der Wirbellosen erklären. Hier kann das Kapitel 3, S. 35 ff., hilfreich sein. Sie finden dort wesentliche Informationen zur neuronalen Informationsverarbeitung.

Lösungsvorschlag: Erreicht ein Aktionspotenzial das Endknöpfchen, öffnen sich kurzzeitig spannungsabhängige Calciumionen-Kanäle und Calciumionen strömen in das Endknöpfchen.
Das Endknöpfchen enthält synaptische Vesikel. Das sind kleine, mit Neurotransmitter gefüllte Bläschen, die in den Endknöpfchen von Axonen gebildet werden.
Synaptotagmine registrieren den Calciumeinstrom und Snare-Proteine steuern die Verschmelzung der synaptischen Vesikel mit der präsynaptischen Membran. Die Neurotransmittermoleküle diffundieren durch den synaptischen Spalt und besetzen nach dem Schlüssel-Schloss-Prinzip die Rezeptoren ligandengesteuerter Ionenkanäle in der postsynaptischen Membran, woraufhin sich Ionenkanäle für K^+- oder Cl^--Ionen öffnen. Es entsteht ein hemmendes postsynaptisches Potenzial (IPSP).
Die einströmenden Chlorid- bzw. die ausströmenden Kaliumionen führen zur Hyperpolarisation der postsynaptischen Membran, womit die Wahrscheinlichkeit für die Ausbildung eines Aktionspotenzials in der postsynaptischen Zelle erschwert wird.
Die Neurotransmittermoleküle besetzen die Rezeptoren jeweils nur für einen kurzen Zeitraum. Lösen sie sich vom Rezeptor, schließen die Ionenkanäle wieder. Die Neurotransmittermoleküle werden im synaptischen Spalt von Enzymen gespalten, um anschließend aktiv in die Endknöpfchen aufgenommen und recycelt zu werden.

Gelangt Ivermectin in den synaptischen Spalt, so kommt es zu einer Öffnung der glutamatgesteuerten Chloridionen-Kanäle in der postsynaptischen Membran. Dies bewirkt einen dauerhaften Chloridionen-Einstrom in die Postsynapse ohne das eine Ausschüttung der Neurotransmitter erfolgt sein muss.

Daraus resultiert eine dauerhafte Hyperpolarisation (IPSP) in der postsynaptischen Zelle, die bis zum Axonhügel weitergeleitet und dort mit Depolarisationen (EPSP) verrechnet wird.

Aufgrund der verstärkten Hemmung wird in der postsynaptischen Zelle der Schwellenwert zum Auslösen von Aktionspotenzialen seltener oder gar nicht erreicht. Dies kann zum Tod der wirbellosen Tiere führen.

2. Vergleichen Sie die Verteilung von Ivermectin in den verschiedenen Geweben der Mäuse (Tabelle 1) und leiten Sie die Funktion des MDR1-Proteins bei Säugetieren ab (Materialien A und B). Ermitteln Sie die Aminosäuresequenz der in Tabelle 2 dargestellten DNA-Sequenzen sowie den Mutationstyp (Materialien C und E).

Erläutern Sie die Auswirkungen für das MDR1-Protein und die betroffenen Hunde (Materialien A bis C). (24 Punkte)

Lösungshinweise: Diese Aufgabe besteht aus drei Teilaufgaben. Zunächst müssen Sie die Invermectin-Verteilung in verschiedenen Geweben vergleichen. Anschließend erklären Sie die eigentliche Funktion des MDR1-Proteins. Dazu ist es wichtig, die Transportfunktion der Proteine in Membranen zu beachten. Im zweiten Teil der Aufgabe sollen Sie zwei Aminosäuresequenzen vergleichen. Hier ist es hilfreich, die Codesonne im Material zu nutzen, um den Mutationstyp zu erkennen. Anschließend nutzen Sie Ihre Kenntnisse über die molekularbiologische Funktionsweise von Transportproteinen, um daraus Folgen für betroffene Hunde abzuleiten.

Lösungsvorschlag: Ivermectin ist ein fettlöslicher Stoff, der durch Zellmembranen diffundieren kann und sich dann in Geweben von Wirbeltieren nachweisen lässt.

Die Invermectin-Konzentration wurde jeweils bei Wildtyp-Mäusen und gentechnisch veränderten Mäusen in verschiedenen Geweben untersucht. Bei gentechnisch veränderten Mäusen mit ausgeschaltetem MDR1-Gen sind in allen untersuchten Geweben höhere Mengen von Ivermectin vorhanden.

Insbesondere ließ sich im Gehirn der gentechnisch veränderten Mäuse Ivermectin in etwa 90-fach höherer Konzentration als bei den Wildtyp-Mäusen nachweisen. Die Ivermectin-Konzentration in Leber und Fettgewebe erwies sich als besonders hoch mit fast 500 ng/g.

Das MDR1-Protein transportiert körperfremde Stoffe aus unterschiedlichen Geweben zurück in das Blut. Es ist insbesondere in den Blutgefäßwänden der Blut-Hirn-Schranke wichtig. So wird das dauerhafte Eindringen körperfremder Stoffe in das Nervengewebe des Gehirns unterbunden. Das Gehirn und das Rückenmark werden so vor diesen Stoffen geschützt.

Ivermectin ist fettlöslich und kann durch die Membran der Blutgefäßzellen in ihr Inneres und von dort ins Gehirn oder andere Gewebe gelangen. Das MDR1-Protein unterbindet dies und transportiert Ivermectin wieder zurück ins Blut.

Bei einer Untersuchung zur MDR1-Mutation bei Collies wurden genetische Analysen durchgeführt. Diese erbrachten die DNA-Sequenzen vom Wildtyp-Allel und vom mutierten Allel.

Die Aminosäuresequenz für das Wildtyp-Allel lautet:
Gly-Asn-Met-Thr-Asp-Ser-Phe-Ala-Asn

Die Aminosäuresequenz für das mutierte Allel lautet:
Gly-Asn-Met-Thr-Ala-Leu-Gln-Met

Es wird im Material deutlich, dass ab Position 77 das MDR1-Protein bei Collies eine vom Wildtyp-Protein abweichende Aminosäuresequenz aufweist. Beim veränderten MDR1-Allel liegt eine Deletion von vier Nukleotiden vor. Dies führt zu einem veränderten Leseraster. Es handelt sich daher um eine Rasterschubmutation. Da durch die Mutation die Abfolge der Aminosäuren ab Position 77 verändert ist, kommt es zu einer veränderten Raumstruktur des von den Aminosäuren gebildeten Proteins. Die veränderte Struktur führt sehr wahrscheinlich zu einer Dysfunktion des Proteins. Auch eine Verkürzung der für die Proteinstruktur notwendigen Polypeptidketten ist durch die Mutation möglich. So würden auftretende Stopp-Codons zur Verkürzung der Polypeptidketten führen und dadurch das Protein ebenfalls funktionslos werden. Eine Veränderung in der Raumstruktur des Proteins führt also dazu, dass körperfremde Stoffe nicht mehr aus den Blutgefäßwänden zurück in die Blutbahn transportiert werden können.

Hunde, die mit Invermectin behandelt werden und aufgrund der Mutation kein funktionsfähiges MDR1-Protein haben, zeigen eine erhöhte Invermectin-Konzentration im Zentralnervensystem. Bei den betroffenen Hunden tritt darüber hinaus eine stark erhöhte Ivermectin-Konzentration im Gehirn auf, da durch das Fehlen des MDR1-Proteins kein Rücktransport aus den Zellen der Blutgefäßwände stattfindet. Diese hohen Ivermectin-Konzentrationen im Gehirn können dazu führen, dass Ivermectin an die GABA-gesteuerten Chloridionen-Kanäle bindet und eine übermäßige Hemmung der postsynaptischen Zellen bewirkt. Die Symptome der Ivermectin-überempfindlichen Hunde wie Bewegungsstörungen, Benommenheit und manchmal auch der Fall ins Koma lassen sich also auf ein defektes Transportprotein aufgrund der Rasterschubmutation zurückführen.

3. Stellen Sie die wesentlichen Schritte der Polymerase-Kettenreaktion (PCR) dar und erklären Sie die Funktion der Primer im dargestellten Diagnoseverfahren (Abbildung 1, Materialien C und D). Werten Sie Abbildung 2 im Hinblick auf die Genotypen der untersuchten Hunde aus (Material D). Erläutern Sie mögliche Konsequenzen für die Hundezucht (Materialien A bis D). (18 Punkte)

Lösungshinweise: Diese Aufgabe besteht aus drei Teilaufgaben. Zunächst beschreiben Sie die PCR-Methode (s. Seite S. 31). Achten Sie dabei besonders auf die Rolle der Primer. Anschließend werten Sie die Gelelektrophorese aus, um homozygote Hunde (hier erkrankt) von heterozygoten Hunden zu unterscheiden. Bedenken Sie, dass kleinere DNA-Fragmente in einer Gelelektrophorese eine größere Strecke zurücklegen, als die zu vergleichenden größeren DNA-Stücke.

Lösungsvorschlag: Mit der PCR-Methode können geringe Mengen DNA vervielfältigt werden. Dazu wird die DNA zusammen mit einer hitzestabilen Polymerase, zwei DNA-Primern und DNA-Nukleotiden inkubiert. Die DNA-Polymerasen stammen beispielsweise aus dem Bakterium *Thermus aquaticus*, das in heißen Quellen lebt. Durch die Wahl der Primer (für jede Syntheserichtung einen) wird der DNA-Bereich bestimmt, der vervielfältigt werden soll. Die Vervielfältigung von DNA-Abschnitten mithilfe der PCR-Methode erfolgt in drei Schritten: Mittels Erwärmung der DNA auf über 94 °C wird durch Trennung der Wasserstoffbrücken die Doppelhelix in zwei Einzelstränge getrennt (Denaturierung). Danach wird auf 56 °C abgekühlt, sodass die Primer sich an den beiden entstandenen DNA-Einzelsträngen komplementär anlagern können (Primer-Anlagerung oder Hybridisierung). Nun wird auf 72 °C (Optimum der Taq-DNA-Polymerase) erwärmt, sodass die DNA-Synthese ausgehend vom 3'-Ende des Primers und mithilfe der Polymerase erfolgen kann (DNA-Synthese oder Polymerisation). Die drei Schritte der PCR werden im Thermocycler zyklisch wiederholt.

Um eine Ivermectin-Überempfindlichkeit nachzuweisen, werden zunächst DNA-Proben verschiedener Hunde mithilfe der PCR vervielfältigt und anschließend per Gelelektrophorese analysiert. Dabei kommen zwei verschiedene Primer zum Einsatz. Die Primer weisen jeweils verschiedene Sequenzen auf, die einmal zum Wildtyp und einmal zum mutierten MDR1-Allel pssen. So ist gewährleistet, dass die PCR unterschiedlich große Fragmente synthetisiert, die in der Gelelektrophorese entsprechend nachweisbar sind. Damit können Wildtyp-Allel und mutiertes Allel in zwei PCR-Reaktionen der Proben-DNA eines Hundes detektiert werden. Die Gelelektrophorese zeigt ein entsprechendes Bandenmuster, wobei kleinere DNA-Fragmente im Gel weiter wandern als große DNA-Fragmente. Bei Hund 1 ist kein PCR-Produkt des Wildtyp-Allels nachweisbar, allerdings das PCR-Produkt des mutierten Allels. Es handelt sich daher um einen homozygoten Hund mit zwei mutierten Allelen. Bei den Hunden 2 und 3 sind die PCR-Produkte des Wildtyp-Allels und des veränderten Allels nachweisbar. Es sind heterozygote Hunde. Bei Hund 4 tritt kein PCR-Produkt des mutierten Allels auf, allerdings das PCR-Produkt des Wildtyp-Allels. Dieser Hund besitzt zwei Wildtyp-Allele.

Durch die PCR-Methode mit anschließender Gelelektrophorese liegt eine Diagnosemöglichkeit vor, um heterozygote Anlageträger zu identifizieren. Diese erkranken nicht selbst, geben aber mit einer Wahrscheinlichkeit von 50 % die Anlage weiter. Dies ist bei der Hundezucht eine wesentliche Information, um Einfluss auf die Allel Häufigkeit innerhalb einer Rasse zu nehmen. So könnte, bevor Hunde betroffener Rassen wie etwa Collies zur Zucht zugelassen werden, ein PCR-Test durchgeführt werden. Züchter sollten die Käufer von Hunden mit der Anlage zur Ivermectin-Überempfindlichkeit auf mögliche Gefahren hinweisen. In diesem Fall müssten alternative Mittel zur Parasitenbekämpfung eingesetzt werden.

Leistungskurs

Thema I: Chemotaktile Wahrnehmung bei Octopus

Allgemeine Lösungshinweise: Für die Lösung dieser Aufgabe benötigen Sie Kenntnisse aus der Neurobiologie (s. Seite 37 ff.), insbesondere aus den Bereichen „Neuronale Informationsverarbeitung und Grundlagen der Wahrnehmung" (s. Seite 36) und „Methoden der Neurobiologie" (s. Seite 48). Darüber hinaus benötigen Sie Kenntnisse aus dem Bereich „Evolution" (s. Seite 77 ff.), hier insbesondere der Analyse von Stammbäumen (s. Seite 86).

1. Stellen Sie kurz die experimentelle Vorgehensweise dar und werten Sie die Abbildung hinsichtlich der Bedeutung der Reizarten für Octopus aus (Material A). (10 Punkte)

Lösungshinweise: Diese Aufgabe ist zweigeteilt. Zunächst sollen Sie die Vorgehensweise beim Experiment zur Wahrnehmung beim Octopus darstellen. Dabei ist es wichtig die Darstellung genau zu studieren, um die notwendigen Veränderungen im Versuchsaufbau zu erkennen. Anschließend sollen Sie die Ergebnisse aus dem Experiment auswerten, in dem Sie Kreisdiagramme hinsichtlich der verschiedenen Reizarten auswerten. Hier kann der Abschnitt S. 56 „Umgang mit Diagrammen" hilfreich sein.

Lösungsvorschlag: In einem Meerwasseraquarium werden *Octopus vulgaris* jeweils zwei Schraubgefäße mit verschiedener Nahrung angeboten. Ein Schraubgefäß enthält Sardellen, welche seine bevorzugte Nahrung darstellen, das andere Schraubgefäß enthält Miesmuscheln als alternatives Nahrungsangebot.
Die Nahrungsgefäße sind so präpariert, dass die Wirksamkeit von visuellen und chemischen Reizen untersucht werden kann. Dabei ermöglichen Löcher im Deckel der Schraubgefäße eine chemische Wahrnehmung und durchsichtige Schraubgefäße ermöglichen eine Untersuchung der optischen Wahrnehmung des *Octopus vulgaris*.
Als Maß für die Präferenz der angebotenen Nahrung wurde jeweils erfasst, welches Gefäß zuerst vom Octopus geöffnet wurde.
In drei Verhaltensexperimenten wurden die jeweils zuerst geöffneten Gefäße registriert. In Experiment A wurden *Octopus vulgaris* zwei Schraubgefäße mit Löchern im Deckel angeboten. In Experiment B waren diese Schraubgefäße verschlossen. In Experiment C hatten die Deckel der Schraubgefäße Löcher, jedoch waren die Gefäße nicht durchsichtig. Bei chemischem Reiz, aber Fehlen des optischen Reizes (Experiment C), wird zu 85 % zuerst das Gefäß mit der Sardelle geöffnet, ebenso wie bei der gleichzeitigen Erfassung von chemischem und optischem Reiz (Experiment A). Fehlt der chemische Reiz, öffnet der Octopus das Gefäß mit der Sardelle nur zu 61 % als erstes.
Daraus lässt sich schließen, dass der chemische Reiz für die Wahrnehmung der Nahrung, also der potenziellen Beute, wichtiger ist als der optische Reiz.
Wurden *Octopus vulgaris* blickdichte Schraubgefäße ohne Löcher im Deckel in einem Kontrollversuch angeboten, so ließ sich keine Präferenz nachweisen.

2. Fassen Sie die in den Abbildungen 2 und 3 dargestellten Ergebnisse zusammen und erklären Sie die Signaltransduktion bei Mechano- und Chemorezeptorzellen von Octopus bimaculoides (Material B). Deuten Sie diese Versuchsergebnisse im Hinblick auf die Bedeutung der verschiedenen Reizarten unter Berücksichtigung der neuronalen Informationsverarbeitung im Ganglion bei Octopus bimaculoides (Materialien A und B). (22 Punkte)

Lösungshinweise: Diese Aufgabe besteht aus zwei Teilaufgaben. Zunächst müssen Sie die Abbildungen 2 und 3 genau auswerten. Dazu kann Ihnen das Kapitel 3 (S. 54 ff.) helfen. Anschließend erklären Sie die Signaltransduktion. Hier ist die Reizweiterleitung mittels Rezeptorpotenzialen gemeint, die Sie im Basiswissen im Kapitel 3, S. 36 f. finden. Abschließend sollen Sie die Bedeutung der Reizweiterleitung, für die in den Octopus-armen vorhandenen Ganglien erläutern. Dafür ist es notwendig die im Material zur Aufgabe vorhandenen Informationen zum Jagdverhalten des Octopus zu berücksichtigen.

Lösungsvorschlag: In Material B wurden drei verschiedene Zelltypen der Saugnäpfe des *Octopus bimaculoides* genauer untersucht. Dabei wurden die Zelltypen entweder mechanisch (Verbiegung der Zellspitze um 1 μm) oder chemisch (Zugabe von Fischextrakt) gereizt.
Die Stützzelle reagiert nicht auf einen mechanischen oder einen chemischen Reiz. Die Mechanorezeptorzelle reagiert auf den mechanischen Reiz mit einem kurzen, starken Einstrom von Kationen, reagiert aber nicht auf einen chemischen Reiz. Die Chemorezeptorzelle reagiert auf den chemischen Reiz mit einem längeren, nicht so starken Einstrom von Kationen, nicht aber auf den mechanischen Reiz.

Um die elektrophysiologischen Eigenschaften der drei Zelltypen zu untersuchen, wurden die verschiedenen Zelltypen unterschiedlich starken Reizströmen ausgesetzt. Die Stützzelle zeigt keine Bildung von Aktionspotenzialen, auch nicht bei einem Reizstrom von 40 pA. Die Mechanorezeptorzelle reagiert auf den Reizstrom ab etwa 15 pA mit einer niedrigen Aktionspotenzial-Frequenz, die sich bei zunehmendem Reizstrom auf etwa zwei Aktionspotenziale pro Sekunde erhöht. Die Chemorezeptorzelle hingegen reagiert auf Reizstrom ab 10 pA. Die Frequenz der Aktionspotenziale steigt hier bei zunehmendem Reizstrom bis auf etwa 10 Aktionspotenziale pro Sekunde an.

Eine Signaltransduktion kommt in den Zellen zu Stande, wenn zum Beispiel die Mechanorezeptorzelle adäquat durch eine Auslenkung gereizt wird. Es kommt schnell zu einem starken und kurzen Einstrom von Kationen wie etwa Natriumionen in die Sinneszelle, wodurch ein Rezeptorpotenzial entsteht.
Wird die Chemorezeptorzelle adäquat durch einen chemischen Stoff gereizt, kommt es zu einem langandauernden Einstrom von Kationen in die Sinneszelle, dadurch kommt es zu einem Rezeptorpotenzial. Dieses führt zu einer Depolarisation der Sinneszelle. Das Rezeptorpotenzial wird in der Rezeptorzelle weitergeleitet wodurch am Axon spannungsgesteuerte Natriumionen-Kanäle geöffnet werden.

Da Chemo- und Mechanorezeptorzellen der Saugnäpfe nur auf den jeweiligen adäquaten Reiz reagieren, können bei der weiteren neuronalen Verarbeitung die Reizarten unterschieden werden.

Bei gleichem künstlichen Reizstrom reagieren Chemo- und Mechanorezeptorzellen mit unterschiedlich hohen Frequenzen von Aktionspotenzialen. Da Chemorezeptorzellen deutlich stärker als Mechanorezeptorzellen auf den jeweiligen adäquaten Reiz reagieren, kann dies bei der Unterscheidung der Reizarten im Ganglion oder der weiteren neuronalen Verarbeitung eine Rolle spielen.

Die Verarbeitung der neuronalen Informationen im Ganglion des jeweiligen Octopus-Arms könnte direkt zu passenden Bewegungen des jeweiligen Arms führen. Die Rezeptorzellen in den Saugnäpfen steuern somit die Bewegungen der Saugnäpfe und des Arms.

3. Stellen Sie die Patch-Clamp-Technik dar. Werten Sie Tabelle 1 im Hinblick auf die Spezifität der beiden CR-Proteine aus (Material C). Erläutern Sie die Bedeutung der ausgewählten CR-Proteine und der Mechanorezeptoren für das Verhalten von Octopus bimaculoides unter natürlichen Bedingungen (Materialien A bis C). (20 Punkte)

Lösungshinweise: Diese Aufgabe besteht aus drei Teilaufgaben. Zunächst beschreiben Sie die Patch-Clamp-Methode gemäß des Basiskapitels 3, S. 48. Anschließend werten Sie die Tabelle zur Reaktion zweier CR-Proteine in Abhängigkeit verschiedener Reizarten aus, um Rückschlüsse auf das Verhalten des Octopus in natürlichen Bedingungen zu ziehen. Achten Sie hier besonders auf die exakte Informationsentnahme aus dem Text im Material C.

Lösungsvorschlag: Um Ionenströme über einen eng begrenzten Membranbereich bzw. im Idealfall in einem einzigen Ionenkanal darstellen zu können, bedient sich die Neurobiologie der Patch-Clamp-Technik. Hierbei wird eine extrem feine Pipette bis auf die Membran herangeführt, ohne das diese durchstochen wird. Die Membran wird leicht angesaugt, sodass der Rand dicht abgeschlossen ist. Wird das Neuron einem Reiz ausgesetzt, kann der Ionenfluss durch den Kanal über die Änderung der Stromstärke ermittelt werden. Dabei werden die Ionenströme in dem von der Pipettenöffnung umschlossenen Membranbereich mittels zweier Elektroden innerhalb der Zelle und innerhalb der Pipette gemessen.

Beide Chemorezeptorproteine (CR-Proteine) reagieren auf Stoffe, die sich in Fischextrakt befinden, also auf chemische Signale potenzieller Beute. CR518 reagiert auf hydrophobe Substanzen wie Atractylon und Polygodial, die von möglichen Beutetieren bei Bedrohung abgegeben werden. Da Atractylon- und Polygodial nur schwer wasserlöslich sind, werden sie sich weniger schnell im Wasser verteilen, sondern in der Nähe der potenziellen Beute in höherer Konzentration auftreten.

CR840 hingegen reagierte auf diese beiden Substanzen nicht, daher muss dieses Chemorezeptorprotein eine andere Spezifität aufweisen.

Bei einer gleichzeitigen Gabe von Tinte und Fischextrakt führte dies bei CR518 nicht zur Aktivierung, bei CR840 hingegen zu einer mittleren Aktvierung.Tinte scheint CR518 zu hemmen. Da bei CR840 nur eine mittlere Aktivierung festgestellt wurde, dürfte Tinte im Fischextrakt auch hier in geringerem Umfang hemmend auf CR840 wirken. Vermutlich sind die Bindungsstellen für Liganden an diesen CR-Proteinen unterschiedlich.

Chemorezeptorzellen mit CR518, die empfindlich gegenüber beutespezifischen Stoffen sind, führen zu hohen Aktionspotenzial-Frequenzen, also zu einer Armbewegung und dadurch zu einem schnelleren Jagderfolg. Daher ist die Spezialisierung auf die hydrophoben Substanzen Atractylon und Polygodial von Vorteil bei der schnellen Lokalisation von Beute im Wasser.
Eine Hemmung der CR518-Kanäle und der CR840-Kanäle durch Tinte auch in Anwesenheit von Fischextrakt bewirkt eine Verringerung der Aktionspotenzial-Frequenzen. Dies ermöglicht dem Octopus bei Gefahr, eine sofortige Fluchtreaktion durch eine schnelle Beendigung des Jagdverhaltens.
Eine Kombination aus mechanischer Reizung durch Berühren der Beute und chemischer Reizung, zum Beispiel durch Atractylon oder Polygodial, könnte den Jagderfolg erhöhen, da die Beute sehr spezifisch erkannt werden kann. Die Verarbeitung der Reize bereits im Ganglion des jeweiligen Arms ist vorteilhaft für eine schnelle Reaktion und damit auch für den Jagderfolg.
Da der Octopus auch im Untergrund nach Nahrung sucht, spielen visuelle Reize für den Jagderfolg eine geringere Rolle.

Eine gute Auswertung mechanischer und chemischer Reize liefert Hinweise auf potenzielle Beute auch ohne visuellen Kontakt. Dies entspricht den Beobachtungen über die verschiedenen Reizarten aus den Verhaltensexperimenten und den neurophysiologischen Untersuchungen.

4. Analysieren Sie den Stammbaum in Abbildung 4 bezüglich der Evolution der ausgewählten Rezeptorproteine (Material D) und entwickeln Sie eine Hypothese zur Entwicklung der CR-Proteine mithilfe der Synthetischen Evolutionstheorie (Materialien A bis D). (14 Punkte)

Lösungshinweise: In dieser zweigeteilten Aufgabe analysieren Sie zunächst einen phylogenetischen Stammbaum (s. Seite 84 ff.). Dort finden Sie methodische Hinweise zur Analyse von Stammbäumen in der Evolutionsbiologie. Anschließend entwickeln Sie eine Hypothese zur evolutiven Entwicklung der CR-Proteine. Achten sie bei der synthetischen Evolutionstheorie auf Bezüge aus der Genetik (hier Genverdoppelung).

Lösungsvorschlag: Der vereinfachte phylogenetische Stammbaum zeigt, dass die dargestellten Kanalproteine der Octopus-Arten auf eine Stammform eines ACh-Rezeptorproteins zurückgehen. Es liegt sowohl bei den ACh-Rezeptorproteinen als auch bei den CR-Proteinen eine große Vielfalt innerhalb der Rezeptorprotein-Gruppe vor. Die ACh-Rezeptorproteine bilden eine gemeinsame Gruppe, deren Entwicklungslinien sich an der

Basis des Stammbaums verzweigen. Im Vergleich zu den CR-Proteinen sind Sie somit die evolutionär ursprünglichere Gruppe von ligandengesteuerten Ionenkanälen. Aus der Gruppe der ACh-Rezeptorproteine zweigt die Entwicklungslinie ab, die zu der Gruppe der CR-Proteine führt. Da sie nur bei Octopus-Arten und anderen Kopffüßern bekannt sind, handelt es sich vermutlich um eine abgeleitete Form von ligandengesteuerten Ionen-Kanälen. Durch Genverdopplungen kam es zu mehreren Genkopien, die unabhängig voneinander von Mutationen betroffen sein können. Ist der für die Ligandenbindung benötigte Bereich mutiert, kann sich die Bindungsspezifität des Rezeptorproteins verän-dern. So konnte zum Beispiel die Bindungsfähigkeit für Acetylcholin verloren gegangen sein, aber stattdessen eine Bindungsspezifität für andere Liganden entstanden sein. Die Vielfalt von Chemorezeptorproteinen für die Wahrnehmung unterschiedlicher Substan-zen entwickelte sich durch weitere Genduplikationen und sukzessive Veränderung der Genkopien. Octopus-Individuen mit Genvarianten, welche die Bindung von beutespe-zifischen Substanzen ermöglichen, hatten Selektionsvorteile aufgrund eines höheren Jagderfolgs. Die erfolgreicheren Individuen erzielten eine höhere reproduktive Fitness und brachten dadurch vermehrt ihre Allele in den Genpool der Folgegeneration ein.

Thema II: Genetik der Blütenfarben des Gewöhnlichen Kohlröschens

Allgemeine Lösungshinweise: Diese Aufgabe bezieht sich auf die Inhaltsfelder Genetik (s. Seite 17 ff.) und Evolution (s. Seite 77 ff.). Von zentraler Bedeutung sind die inhalt-lichen Schwerpunkte Genregulation (s. Seite 28 f.), Proteinbiosynthese (s. Seite 22 f.), Meiose und Rekombination (s. Seite 17 f.) sowie die Grundlagen evolutiver Veränderung (s. Seite 80 ff.). Entscheidend für diese Aufgabe ist das präzise Sichten und Beschrei-ben der fachspezifischen Materialien und die Verschriftlichung aller zu entnehmender Kernaussagen, um eine fachwissenschaftlich fundierte Lösung präsentieren zu können.

1. Fassen Sie auf Basis von Material A die Aspekte zur Blütenfärbung des Gewöhnlichen Kohlröschens zusammen. Leiten Sie auf dieser Grundlage mögliche genetische Ursachen für das Zustandekommen der unterschiedlichen Blütenfarben ab (Material A). (12 Punkte)

Lösungshinweise: Zunächst stellen Sie die Aspekte zur Blütenfärbung des Gewöhnli-chen Kohlröschens aus Material A zusammen, um dann auf den zweiten Teil der Aufgabe eingehen zu können. In diesem müssen Sie Ihr Wissen anwenden, um die verschiedenen Farbvariationen der Blüten begründen zu können. Vor allem dient die Abbildung 2 in Material A zur Unterstützung. Um die volle Punktzahl erreichen zu können, müssen Sie auf alle drei Farbvarianten eingehen.

Lösungsvorschlag: Das Gewöhnliche Kohlröschen, eine Orchideenart, besitzt in den meisten Fällen eine dunkelrote Blütenfärbung. Es gibt jedoch Farbvarianten. Die Blüten können auch weiß oder hellrot erscheinen. Diese Variationen sind vor allem in der Region am Puflatsch in Norditalien zu finden. Die hellrote Färbung kommt durch eine deutlich reduzierte Menge des Blütenfarbstoffs Cyanidin-3-glucosid zustande, in weißen Blüten fehlt dieser Farbstoff gänzlich.

Aus der Vorstufe Malonyl-CoA und Cumaroyl-CoA wird das rote Cyanidin-3-glucosid mittels sechs Enzymen synthetisiert. Ein Zwischenprodukt, das Leukocyanidin, ist farblos (siehe Abbildung 2).

Die genetische Ursache der unterschiedlichen Blütenfärbungen liegt in mutierten Genen, die für die Enzyme des Synthesewegs des Cyanidin-3-glucosid codieren. Schon bei einem Austausch nur einer Base im Gen, das für das Enzym 6 codiert, kann das entstehende Enzym aufgrund einer anderen Aminosäureabfolge in der Polypeptidkette in seiner Aktivität beeinträchtigt sein. Das Leukocyanidin könnte nur eingeschränkt zum roten Blütenfarbstoff umgesetzt werden. Ist weniger Farbstoff in der Zelle vorhanden, erscheint die Blütenfarbe hellrot. Eine andere Mutation, zum Beispiel eine Nonsens-Mutation, die zu einem vorzeitigen Abbruch der Translation führt, sodass die Aminosäuresequenz des entstehenden Enzyms inkomplett wäre, würde zu einem funktionslosen Enzym führen. Folge ist die Anhäufung des farblosen Leukocyanidins in den Zellen. Dadurch erscheint die Blüte weiß.

2. Erläutern Sie die Regulation des ANS-Gens (Material B). Nehmen Sie kritisch Stellung, ob sich die bei anderen Pflanzenarten gewonnenen Erkenntnisse auf die Funktionsweise des MYB1-Transkriptionsfaktors beim Gewöhnlichen Kohlröschen übertragen lassen (Material B). (13 Punkte)

Lösungshinweis: Diese Aufgabe fordert abbildungsgestützt die Beschreibung der Genregulation durch Transkriptionsfaktoren. Da die Abbildung didaktisch reduziert ist, fehlt die Information über die allgemeinen Transkriptionsfaktoren. Trotzdem sollten Sie diese in Ihren Ausführungen erwähnen.

Im zweiten Aufgabenteil sind Sie gefordert, den Sachverhalt kritisch zu beleuchten. Vergessen Sie dabei nicht, dass es immer Pro- sowie Kontra-Argumente gibt.

Lösungsvorschlag: Im Modell zur Regulation des ANS-Gens, das für die Synthese der Enzyme codiert, die den roten Blütenfarbstoff des Gewöhnlichen Kohlröschens synthetisieren, ist die positive Genkontrolle mittels allgemeiner und spezifischer Transkriptionsfaktoren (TF) dargestellt (Abbildung 3, Material B). Das ANS-Gen wird bei Bindung des Proteinkomplexes, bestehend aus den Transkriptionsfaktoren WDR, bHLH und MYB1, an den im stromaufwärts liegenden Promotorbereich transkribiert. Produkt ist schließlich nach weiteren Prozessen der Proteinbiosynthese das fertige Enzym, die Anthocyanidin-Synthetase.

Ist der Promotorbereich nicht an den TF-Komplex gebunden, kann die RNA-Polymerase nicht stabil an die DNA binden und die Transkription stoppt (Abbildung 3A).

Die Regulation des ANS-Gens mittels des MYB-Transkriptionsfaktoren ist bei anderen Pflanzenarten gut untersucht. Beim Gewöhnlichen Kohlröschen wurden die MYB1-

Transkriptionsfaktoren identifiziert, die große Übereinstimmungen in der Aminosäuresequenz mit den MYB-Transkriptionsfaktoren zeigen. Deswegen kann angenommen werden, dass MYB1-Transkriptionsfaktoren ähnlich wie MYB- Transkriptionsfaktoren wirken. MYB1-Transkriptionsfaktoren haben sehr wahrscheinlich eine ähnliche bis gleiche räumliche Proteinstruktur, da auch bei kleinen Abweichungen der Aminosäuresequenz die Funktion der Transkriptionsfaktoren weiterhin gegeben ist. Die Bindung könnte an die gleichen oder auch ähnliche Sequenzen im Promotorbereich stattfinden, wodurch die Transkription des ANS-Gens aktiviert wird.

Allerdings kann eine veränderte Aminosäuresequenz ebenso eine veränderte Funktionsweise des Proteins bedeuten, was die Übertragung der gewonnenen Erkenntnisse der MYB-Transkriptionsfaktoren anderer Pflanzenarten eher unsicher macht. Um Sicherheit über die Funktion der MYB-Transkriptionsfaktoren zu erlangen, sollten weitere Experimente durchgeführt werden.

3. Ermitteln Sie für die in Tabelle 1 dargestellten Nukleotidsequenzen die zugehörigen mRNA- und Aminosäuresequenzen sowie die Mutationstypen (Materialien C und E). Werten Sie die in Material C gezeigten Daten aus und entwickeln Sie eine Hypothese zu den Auswirkungen der Mutationen sowohl auf molekularer als auch auf phänotypischer Ebene (Materialien A bis C). (22 Punkte)

Lösungshinweis: Diese Aufgabe fordert das Fachwissen aus dem Bereich Genetik. Zunächst muss die mRNA-Sequenz von einem Genabschnitt abgelesen werden und in die Aminosäuresequenz mittels der Code-Sonne übersetzt werden. Wichtig dabei ist zu prüfen, ob es sich bei der angegebenen Basenabfolge des DNA-Stranges um den codogenen oder nicht-codogenen Strang handelt, um die korrekte mRNA-Sequenz zu ermitteln. Abgelesen wird bei der Transkription immer der codogene Strang.

Die Angabe des Mutationstypens gelingt einfach, wenn die mRNA korrekt abgelesen wurde. Das Material ist ausgewertet, wenn die Phänotypen den Allelkombinationen zugeordnet worden sind. Zuletzt muss eine Hypothese formuliert werden, welche phänotypischen und genotypischen Auswirkungen die vorliegende Mutation zeigen könnte.

Lösungsvorschlag:
5'→ mRNA →3'
Allel 1: UCG – GCA – GAU – UAC – GAC – CUC
Allel 2: UCG – GCA – GAU – UAG – GAC – CUC
Allel 3: UCG – GCA – GAU – UAA – GAC – CUC

Aminosäuresequenz
Allel 1 (Wildtyp): Ser – Ala – Asp – Tyr – Asp – Leu
Allel 2: Ser – Ala – Asp – Stopp
Allel 3: Ser – Ala – Asp – Stopp

In Material C ist ein Ausschnitt des nicht-codogenen Stranges des MYB1-Gens des Gewöhnlichen Kohlröschens angegeben. Das gesamte MYB1-Protein besteht aus 262 Aminosäuren.

Zu erkennen ist an der Aminosäuresequenz der in Tabelle 1 angegebenen Allele 2 und 3, dass es zu einem vorzeitigen Kettenabbruch durch ein Stopp-Codon kommt. Die Tripletts der mRNA UAG und UAA (DNA: TAG und TAA, anstatt TAC; Tripplettnummer 221) zeigen an der dritten Stelle statt Cytosins (Wildtyp) Guanin bzw. Adenin. Es handelt sich um eine Genmutation, genauer eine Punktmutation. Weil die dritte Base des 221. Tripletts jeweils ausgetauscht ist, handelt es sich um eine sog. Substitution. Es entsteht ein Stopp-Codon, man spricht von einer Nonsenses-Mutation. Die Translation der mRNA bricht frühzeitig ab. So ist die Polypeptidkette unvollständig und das entstehende Enzym in seiner Konformation so verändert, dass es funktionslos wird. Begründen lässt sich dies mit den Ergebnissen der Tabelle 2. Das Allel 1 liefert in homozygoter Form dunkelrote Blüten, wie es dem Wildtyp entspricht. Es liegt also keine Mutation vor. Allel 2 und 3 in heterozygotem Zustand mit jeweils Allel 1 zeigen immer hellrote Blüten. Das bedeutet, dass das Cyanidin in geringerer Konzentration in den Blütenzellen vorliegt, da nur das Gen mit Allel 1 funktionstüchtige Enzyme zur Farbstoffsynthese liefern kann. Liegen Gene mit den Allelen 2 und 3 zusammen in heterozygoter Form vor, erscheinen die Blüten weiß, da gar kein Cyanidin synthetisiert werden kann. Auch homozygote Pflanzen für die Allele 2 und 3 liefern jeweils weiße Blüten.

Ist das MYB1-Protein, das als spezifischer Transkriptionsfaktor die Transkription des ANS-Gens steuert, durch eine Mutation verändert, kann das verschiedene Auswirkungen haben. Für die positive Genregulation ist die Bindung sowohl des Transkriptionsfaktors MYB1 als auch von WDR und bHLH in der Promotorregion notwendig.

Ist das MYB1-Gen mutiert, könnte das die Funktion des Transkriptionsfaktors einschränken. Die Bindung an den Promoter könnte abgeschwächt sein oder auch gänzlich fehlen, wodurch eine nur sehr geringe bis keine Transkriptionsrate zu verzeichnen wäre, weil die RNA-Polymerase instabil bzw. gar nicht an die DNA binden kann. Folglich wird in den Pflanzen mit hellroten Blüten weniger ANS-Enzym gebildet. Weniger Farbstoff sammelt sich in den Blütenzellen und die Blüten erscheinen heller.

Kohlröschen mit weißen Blüten besitzen kein funktionsfähiges MYB1-Protein. Es kann keine ANS-Synthase gebildet werden, was zur Folge hat, dass kein Cyanidin-3-glucosid gebildet wird.

4. Fassen Sie die in Material D gezeigten Ergebnisse kurz zusammen und analysieren Sie diese im Hinblick auf die Bedeutung der Bestäuber (Material D). Entwickeln Sie auf dieser Basis eine Hypothese zur Erklärung der Anteile der Farbvarianten von 1997 bis 2016 und ihrer zukünftigen Entwicklung auch unter Berücksichtigung der MYB1- Allelverteilung (Materialien C und D). (19 Punkte)

Lösungshinweise: Diese Aufgabe ist zweigeteilt. Fassen Sie zunächst die gezeigten Ergebnisse des Material D zusammen. Denken Sie daran, die Grafiken nicht zu umfangreich zu verschriftlichen, da dies *kurz* geschehen soll. Anschließend erfolgt die Analyse der

Ergebnisse. Verlieren Sie dabei nicht den in der Aufgabe genannten Fokus aus den Augen (Bedeutung der Bestäuber). Auf dieser Grundlage können Sie eine Prognose erstellen, wie sich die Farbvarianten des Gewöhnlichen Kohlröschens weiter entwickeln werden.

Lösungsvorschlag: Die Ergebnisse der Untersuchung zum prozentualen Anteil der drei Farbvarianten des Gewöhnlichen Kohlröschens (Abb. 4) zeigt, dass von 1997 bis 2016 die dunkelrote Farbvariante der Pflanze von annähernd 100 % auf ca. 58 % zurückgegangen ist. Hingegen stieg der Anteil der hellroten Pflanzen von ca. 5 % auf 34 %. Die Kohlröschen mit weißen Blüten waren 1997 gar nicht zu finden, im Jahr 2016 machten sie jedoch einen Anteil von 10 % aus.

Die Abbildung 5 verdeutlicht die Effekte der verschiedenen Blütenfarben des Gewöhnlichen Kohlröschens im Hinblick auf die Samenanzahl der Pflanze und der Anzahl der Besuche von Bienen und Fliegen.
Die meisten Samen bilden die Pflanzen mit hellroten Blüten. Weiße Pflanzen bilden die wenigsten Samen aus. Die Anzahl der Samen der dunkelroten Pflanzen liegen zwischen der Anzahl der weißen und hellroten Pflanzen.
Abbildung 5A zeigt, dass die Kohlröschen häufiger von Fliegen als von Bienen angeflogen werden. Der Informationstext besagt, dass an Bienen jedoch dreimal häufiger Blütenpollen zu finden sind als an den Fliegen. Somit sind die Bienen die effizienteren Bestäuber des Gewöhnlichen Kohlröschens.
Fliegen bevorzugen weiße Blüten (fast 60 Besuche) und fliegen sie häufiger an als hellrote (43 Besuche) und häufiger als dunkelrote Blüten (25 Besuche). Bei den Bienen ist es andersherum. Sie bevorzugen die dunkelroten (22 Besuche) vor den hellroten (18 Besuche) vor den weißen Blüten (8 Besuche). Die effizienteren Bienen fliegen insgesamt die Kohlröschen weniger häufig an als die Fliegen.

Vergleicht man die Abbildungen 5 A und B, so wird deutlich, dass die hellroten Pflanzen von den effizienteren Bestäubern fast genauso häufig angeflogen werden wie die dunkelroten Blüten. Addiert man dazu den Anteil der Besuche der Fliegen bei den hellroten Blüten, sieht man, dass die hellroten Blüten am häufigsten angeflogen werden. Das erklärt, warum die hellroten Blüten den größten Samenanteil bilden, noch mehr als die dunkelroten Pflanzen. Weiße Pflanzen bilden durchschnittlich am wenigsten Samen aus, da der Anteil der Bienen, die diese anfliegen sehr gering ist. Fliegen bestäuben weniger effizient.
So wirkt die Präferenz der Bestäuber bezüglich der Blütenfarbe als Selektionsfaktor auf die Population des Gewöhnlichen Kohlröschens. Auf dieser Grundlage kann die Hypothese zur zukünftigen Entwicklung der Anteile der Farbvariationen aufgestellt werden. 1997 gab es nur sehr wenige hellrote Blüten. Das heißt, dass die zufällige Mutation des MYB1-Gens nur selten und in heterozygoter Form vorlag. Diese Pflanzen bilden zu gleichen Teilen Allele des Wildtyps (Allel 1) sowie Allele mit mutiertem Gen (Allel 2 und 3). Durch die Präferenz der Bienen und Fliegen der hellroten Blüten, konnten die Allele 2 und 3 vermehrt in den Genpool der nächsten Generation eingehen. Folge war ein Anstieg der Pflanzen mit hellroten Blüten, aber auch mit weißen Blüten. Pflanzen

mit weißen Blüten sind homozygot, mit hellroten Blüten heterozygot. Weil der Anteil des Allel 1 größer war als der Anteil der Allele 2 und 3 stieg die Anzahl der hellroten Blüten stärker, als die der weißen Blüten.

Thema III: Die Rispen-Flockenblume in Nordamerika

Allgemeine Lösungshinweise: Die Bezüge dieser Aufgabe zu den Kompetenzerwartungen und Inhaltsfeldern des Kernlehrplans und zu den ausgewiesenen Fokussierungen liegen in den Inhaltsfeldern Ökologie und Evolution (s. Seiten 49 – 76 und 77 – 91).
Inhaltliche Schwerpunkte des Bereichs Ökologie sind Umweltfaktoren und ökologische Potenz (s. Seite 49 ff.), Dynamik von Populationen (s. Seite 52 ff.), Stoffkreislauf und Energiefluss (s. Seite 59 f.) sowie Mensch und Ökosysteme (s. Seite 74).
Der inhaltliche Schwerpunkt des Themenblocks Evolution ist die Grundlage evolutiver Veränderung (s. Seite 81).
Im Material dieser Aufgabe sind viele Aspekte enthalten, die entscheidend für die Lösungen sind. Diese müssen präzise herausgefiltert und verschriftlicht werden. Seien Sie nicht schreibfaul und nutzen Sie die Materialien als Formulierungshilfe. So kann eine fachwissenschaftlich fundierte Lösung gelingen.

1. Erklären Sie allgemein Eigenschaften von invasiven Arten und begründen Sie das invasive Potenzial der Rispen-Flockenblume (Material A). Fassen Sie die in Material B gezeigten Ergebnisse zu Rispen-Flockenblumen aus Europa und Nordamerika zusammen (Material B). Entwickeln Sie evolutionsbiologisch begründete Hypothesen zur Erklärung der Unterschiede (Materialien A und B). (24 Punkte)

Lösungshinweise: Gleich die erste Aufgabe fordert Ihre Konzentration, alle vier Teilaspekte abzuarbeiten. Haken Sie Schritt für Schritt die Aufgabe ab, sodass nichts in Vergessenheit gerät und wertvolle Punkte verloren gehen.
Als erstes ist nur Ihr Fachwissen zu invasiven Arten gefordert. Zweitens müssen Sie dieses auf die Rispen-Flockenblume übertragen, dabei unterstützt Sie das Material A. Drittens müssen die Untersuchungen zu den Hintergründen der Ausbreitung der Pflanze in Europa und Nordamerika aus Material B zusammengefasst werden. Das bedeutet, dass erst im vierten Schritt die Analyse der Ergebnisse stattfindet, um Hypothesen zur Erklärung der Unterschiede formulieren zu können.
Halten Sie sich an die vorgegebene Struktur, die Ihnen die Aufgabe bietet. Dadurch erlangen Sie ein präzises Resultat.

Lösungsvorschlag: Als invasive Arten (s. Seite 74) bezeichnet man solche Lebewesen, die durch direkten oder indirekten Einfluss des Menschen in Regionen kommen, in denen sie nicht beheimatet waren und darum dort keine oder nur sehr wenige Feinde haben. Dort erschließen sie für sich neue Lebensräume und verdrängen die heimischen Arten im Wettbewerb um Nahrung oder Lebensraum, z. B. als Fressfeind, Überträger von

Krankheitserregern oder durch Veränderung der Lebensraumbedingungen. Sie gelten als Gefährdung der Biodiversität.

Invasive Arten haben eine breite ökologische Potenz, sind sehr konkurrenzstark und somit sehr anpassungsfähig an verschiedene abiotische Bedingungen. Außerdem zeichnen Sie sich durch eine hohe Reproduktionsrate aus.

Das invasive Potenzial zeigt sich bei der Rispen-Flockenblume wie folgt: Sie kann auf trockenen und halbtrockenen Standorten wachsen. Sie wird durch Insekten bestäubt, ist allerdings auch zur Selbstbestäubung fähig, was ihre Verbreitungsmöglichkeit in einem neuen Gebiet verbessert. Durchschnittlich werden 1000 Samen pro Jahr gebildet, die über mehrere Jahre im Boden keimungsfähig bleiben. Die Pflanze hat ein hohes Reproduktionspotenzial. Auch die von Schafen gefressenen Samen behalten ihre Keimungsfähigkeit, weil die Pflanze in ihren Trichomen auf den Blättern einen Stoff bildet, das Cnicin, welches das Bakterienwachstumim Verdauungstrakt der Schafe schwächt. Es handelt sich um einen Abwehrstoff, der Übelkeit, Erbrechen und Krämpfe auslöst. Daher werden die Pflanzen von größeren Herbivoren eher gemieden. Fressen Schafe die Rispen-Flockenblume trotz des giftigen Stoffs, tragen sie zur Verbreitung der Pflanze bei. Die Rispen-Flockenblume zeigt also Konkurrenzstärke und ein hohes invasives Potenzial. Material B bildet die Untersuchungsergebnisse zu den Hintergründen der Ausbreitung in Nordamerika ab. Dazu wurden Rispen-Flockenblumen zusammen mit und ohne dem Blaubüschel-Weizengras (*P. spicata*) angezogen. Biomasse und Blütenanzahl sowie die Trichomdichte und die Fraßschäden der Raupe der Aschgrauen Höckereule dienten als Wachstumsindikatoren dieses Versuchs.

Die nordamerikanische Rispen-Flockenblume produziert ohne *P. spicata* mehr Biomasse (7g) als die europäische (5g), aber weniger Blüten (24:38). Wird die Pflanze zusammen mit der Grasart angezogen, ist die Biomasseproduktion geringer, die der nordamerikanischen Pflanze aber deutlich höher als die der europäischen. Bei der Anzucht mit *P. spinata* ist die Blütenanzahl pro Pflanze jedoch bei der nordamerikanischen Flockenblume höher (16) als bei der europäischen (6).

Betrachtet man nun die Trichomdichte der beiden Arten, zeigt die nordamerikanische Variante eine Dichte von ca. 110 Trichomen/cm^2, die europäische Pflanze ca. 85 Trichome/cm^2. Ebenso werden die nordamerikanischen Flockenblumen weniger von Raupen der Aschgrauen Höckereule gefressen und sind häufiger auch nur leicht geschädigt sowie bis auf den Blattstiel abgefressen.

Die Rispen-Flockenblume stammt ursprünglich aus Europa und Asien, wo sie meist vereinzelt bis mäßig häufig verbreitet ist. Seit dem 20. Jahrhundert ist sie auch in Teilen Nordamerikas angesiedelt und verdrängt dort aufgrund ihrer Konkurrenzstärke heimische Arten. Wahrscheinlich gehen die nordamerikanischen Flockenblumen auf osteuropäische Populationen zurück. In Nordamerika herrschen andere Selektionsbedingungen als in Europa, sodass in Nordamerika möglicherweise andere Allele Selektionsvorteile bieten als in Europa. So können unterschiedliche Merkmalsausprägungen erklärt werden. Außerdem sind Mutationen nach dem Einschleppen nach Nordamerika möglich, die zufällig einen größeren Selektionsvorteil bedeuteten, z. B. die höhere Trichomdichte, die einen geringeren Blattfraß zur Folge hatte.

Der Gründereffekt besagt, dass nur ein kleiner Anteil eines Genpools zufällig eine neue Population in einem noch nicht besiedelten Gebiet ausmacht. Sind seltene Allelformen darunter, werden diese schnell in die nächste Generation eingebracht und etablieren sich im Genpool. So können andere Merkmalsausprägungen wie Biomasseproduktion, Trichomdichte und Blütenbildung entstanden sein.

Eine weitere Erklärung ist die Coevolution der Rispen-Flockenblume und der Höckereule. Die Raupe kann die giftigen Blätter der Flockenblume als Nahrungsquelle nutzen, was durch die lange gemeinsame Evolution zu begründen ist. Dieser Vorteil der Aschgrauen Höckereule ist wahrscheinlich durch interspezifische Konkurrenten entstanden.

2. Fassen Sie die in Material C dargestellten Ergebnisse zusammen und deuten Sie diese im Hinblick auf die ökologischen Beziehungen (Material C). (12 Punkte)

Lösungshinweis: Trennen Sie bei dieser Aufgabe die geforderten Bereiche voneinander. Fassen Sie zuerst die Ergebnisse zusammen und deuten Sie diese danach.

Lösungsvorschlag: In Material C ist eine Untersuchung vorgestellt, die den Einfluss der Rispen-Flockenblume auf das Wachstum heimischer Pflanzenarten im Freiland widerspiegelt. Als Maß für das Pflanzenwachstum wird der Bedeckungsgrad der Pflanzen angegeben.

Tabelle 1 zeigt deutlich, dass an den Standorten, an denen die Rispen-Flockenblume auftritt, die Dichte des Idaho-Schwingels oder des Blaubüschel-Weizengrases geringer ist. Normalerweise liegt der Bedeckungsgrad des Schwingels und des Weizengrases ohne Bewuchs der Flockenblume bei 15 – 20 %. Hingegen liegt der Bedeckungsgrad in Konkurrenz mit der Rispen-Flockenblume bei 3,8 % (Idaho-Schwingel) und 3,9 % (Blaubüschel-Weizengras). Da aufgrund dieser Beobachtung vermutet werden konnte, dass die Rispen-Flockenblume bioaktive Stoffe über ihre Wurzeln absondert, die die heimischen Pflanzen im Wachstum behindern, kultivierte man den heimischen Idaho-Schwingel mit der Rispen-Flockenblume mit und ohne Aktivkohle und bestimmte jeweils die Biomasse der beiden Pflanzen. Die Aktivkohle bindet die von den Wurzeln abgegebenen Stoffe im Boden. Wächst der Idaho-Schwingel in einem Topf mit der Flockenblume, so ist seine Biomasse in Anwesenheit von Aktivkohle größer als ohne. Die Biomasse der Rispen-Flockenblume ist entsprechend geringer, wenn die Aktivhohle im Boden vorhanden ist. Die Ergebnisse zeigen, dass eine interspezifische Konkurrenz um Ressourcen wie Mineralstoffe, Wasser, Licht und Raum zwischen den heimischen Pflanzen und der Rispen-Flockenblume besteht.

Durch die Absonderung von bioaktiven Stoffe durch die Rispen-Flockenblume in den Boden, kann sie andere Pflanzen wie den Idaho-Schwingel in ihrem Wachstum hemmen und sich selbst besser verbreiten, da ihr so die benötigten Ressourcen in größerem Maße zur Verfügung stehen. Da ihre ökologische Potenz größer ist als die der heimischen Pflanzen und sie dadurch konkurrenzstärker ist, verdrängt die Rispen-Flockenblume ihre interspezifischen Konkurrenten in immer höherem Maße, je mehr sie sich verbreitet. Das kann langfristig zum Konkurrenz-Ausschluss führen.

3. Skizzieren Sie auf der Grundlage von Material D ein Nahrungsnetz und geben Sie die Trophieebenen an (Material D). Erläutern Sie die Bedeutung der Bohrfliegen für die Hirschmäuse und entwickeln Sie eine Hypothese zu den Populationsentwicklungen von Hirschmäusen und Rispen-Flockenblumen in Nordamerika nach Einführung der Bohrfliegen (Material D). (21 Punkte)

Lösungshinweis: Diese Aufgabe ist dreigeteilt. Zuerst erstellen Sie ein Nahrungsnetz, das die ökologischen Beziehungen zwischen den beteiligten Organismen widerspiegelt. Wichtig dabei ist es, die Pfeilrichtung richtig zu wählen (→ wird gefressen von) und die Angabe der Trophieebenen nicht zu vergessen.

Danach gehen Sie auf die Bedeutung der eingeführten Fliegen für die Hirschmäuse ein und stellen begründete Vermutungen auf, wie die Populationen von Hirschmäusen und Rispen-Flockenblumen auf die ökologische Bekämpfung reagieren.

Lösungsvorschlag:

P= Produzenten
K = Konsumenten (1. und/oder 2. Ordnung)

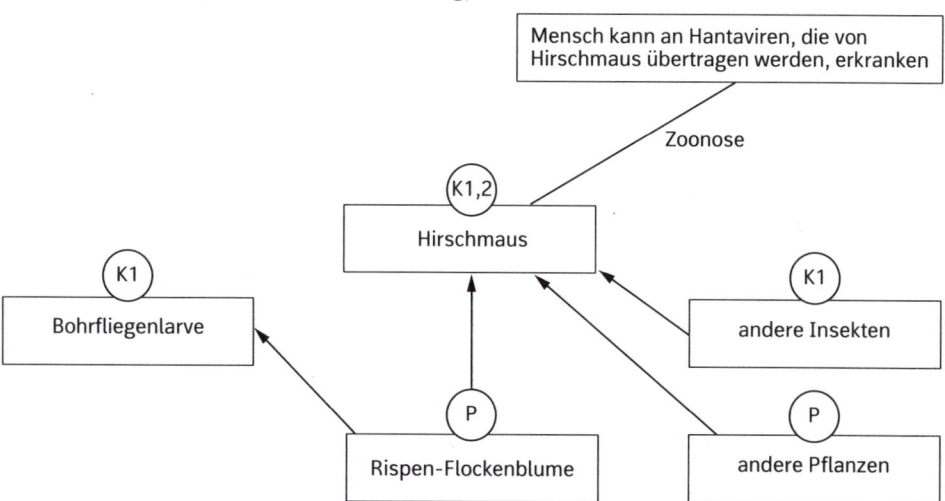

Hinweis: Es ist davon auszugehen, dass die anderen Insekten ebenfalls die anderen Pflanzen und auch die Rispen-Flockenblumen fressen, vielleicht sogar die Bohrfliegenlarven, jedoch fehlen weitere Angaben im Material, sodass das Nahrungsnetz diese Lücken zeigt.

Tipp: Wird die Zoonose in die Skizze integriert, kann das ggf. als weiteres aufgabenbezogenes Kriterium gewertet werden, das heißt, es können dafür Zusatzpunkte gegeben werden. Auch ohne Zoonose wird die volle Punktzahl erreicht.
Die Abbildung 5 zeigt die Nahrung der Hirschmäuse im Jahresverlauf. Auffällig ist, dass die Hauptnahrung Januar bis April die Bohrfliegenlarven sind, nur in den Monaten Juni

und Juli, wenn die Larven sich zu vollständigen Fliegen entwickelt haben und die Gallen verlassen, ernähren sich die Mäuse von anderen Insekten. Bis die Anzahl der Larven in den Flockenblumen wieder die Hauptnahrungsquelle ausmachen können, weichen die Hirschmäuse von August bis November auf andere Insekten sowie andere Pflanzenbestandteile und die Samen der Rispen-Flockenblume aus. Andere Nahrung spielt nur im September eine größere Rolle von knapp 30 %.

Zusammenfassend lässt sich feststellen, dass die Bohrfliegenlarven innerhalb weniger Jahrzehnte die bevorzugte Beute der Hirschmäuse geworden sind.
Daraus könnte man ableiten, dass sich bei Verbreitung der Rispen-Flockenblume auch die Bohrfliegenlarven stärker vermehren können, da immer mehr Orte für die Eiablage der Fliegen vorhanden sind. Weil die Hirschmäuse die Larven fressen, kann sich auch die Population der Mäuse vergrößern. Da aber die Rispen-Flockeblume bei Befall durch die Bohrfliegenlarven geschädigt wird und weniger Samen ausbilden kann, würden die Bohrfliegenlarven negativen Einfluss auf die Populationsdichte der Rispen-Flockenblume haben. Durch das erhöhte Nahrungsangebot für die Hirschmäuse, würde die Fortpflanzungsrate der Mäuse erhöht und die Populationen wachsen, wodurch die Bohrfliegenlarven dezimiert werden. Das wirkt sich wiederum positiv auf die Populationsdichte der Rispen-Flockenblume aus, die sich dann stärker verbreiten kann, da sie konkurrenzstärker als die heimischen Arten ist. Diese Überlegungen lassen folgern, dass diese biologische Bekämpfung der Rispen-Flockenblume langfristig keinen Erfolg verspricht.

4. Beurteilen Sie die Einführung der Bohrfliegen zur biologischen Bekämpfung der Rispen-Flockenblume in Nordamerika und entwickeln Sie eine alternative Vorgehensweise (Materialien A bis D). (9 Punkte)

Lösungshinweis: In der letzten Aufgabe ist Ihr Urteilsvermögen hinsichtlich der Bekämpfung der Rispen-Flockenblume verlangt. Die Aufgabe 3 zielte bereits darauf ab, dass Sie Überlegungen über verschiedene Möglichkeiten der Populationsentwicklung der beteiligten Organismen anstellen. Auf dieser Grundlage können Sie fundierte Beurteilungen der biologischen Bekämpfungsart vollziehen. Berücksichtigen Sie, wie in der Aufgabe gefordert, die Materialien A und D.

Lösungsvorschlag: Ein großer Vorteil der biologischen Bekämpfung der Rispen-Flockenblume durch die Bohrfliegenlarven ist die Wirtsspezifität der Fliege. So werden keine heimischen Pflanzen geschädigt. Daher eignen sich die Larven prinzipiell sehr gut für die Reduzierung der Rispen-Flockenblumen.
Der Aspekt, dass die Hirschmäuse eine neue Hauptnahrungsquelle in den Larven der Bohrfliegen gefunden haben bedeutet, dass die Bekämpfung der Rispen-Flockenblume dadurch ineffektiv wird. Ebenfalls nachteilig ist die Vergrößerung der Populationsdichte der Mäuse für den Menschen, da von den von Hirschmäusen übertragenen Hantaviren eine Gesundheitsgefährdung für den Menschen ausgeht. Deshalb werden die Bohrfliegen als biologische Bekämpfung langfristig nicht den gewünschten Effekt erzielen.

Eine alternative Bekämpfungsmöglichkeit wären in Europa heimische Feinde der Rispen-Flockenblumen, die ebenfalls wirtsspezifisch sind. Sofern diese keine Fressfeinde in Nordamerika haben, könnten sie effektiver wirken als die Bohrfliegenlarven.

Eine andere Möglichkeit ist die Aufbereitung des Bodens mit aktivkohlehaltigen Substanzen in stark befallenen Gebieten, um die heimischen Arten konkurrenzstärker gegenüber der Rispen-Flockenblume zu machen. So könnte die invasive Art zurückgedrängt werden. Chemische Bekämpfungsmittel könnten ebenfalls eine Möglichkeit darstellen. Diese müssten aber vor der Samenreife angewendet werden, da die Samen der Rispen-Flockenblume mehrere Jahre in der Erde überdauern können. Nachteil bei dieser Methode ist, dass auch heimische Arten durch die Chemie geschädigt werden können. Darum wäre die biologische oder auch ökologische Variante vorzuziehen.

Bildquellenverzeichnis

|Atelier tigercolor Tom Menzel, Klingberg: 168.1, 168.2, 168.3, 168.4, 168.5, 169.1, 169.2, 169.3, 169.4. |Feldermann, D., Münster: 141.1, 142.1. |Herzig, Wolfgang, Essen: 134.1. |Karnath, Brigitte, Wiesbaden: 40.1, 42.1, 44.1, 45.1, 47.1, 47.2, 53.3, 63.1, 67.1, 68.1, 73.1, 84.1, 89.1, 91.1, 96.1, 96.2, 97.1, 97.2, 97.3, 97.4, 98.1, 109.1, 109.2, 110.1, 110.2, 111.1, 113.1, 127.1, 127.2, 128.1, 133.1, 175.1, 175.2, 176.1, 177.1, 182.1, 205.1. |Mall, Karin, Berlin: 18.1, 19.1, 20.1, 20.2, 22.1, 23.1, 24.1, 24.2, 25.1, 25.2, 26.1, 27.1, 28.1, 29.1, 29.2, 30.1, 32.1, 34.1, 35.1, 35.2, 37.1, 39.1, 41.1, 49.1, 50.1, 51.1, 51.2, 53.1, 53.2, 54.1, 55.1, 60.1, 60.2, 61.1, 62.1, 68.2, 69.1, 70.1, 70.2, 78.1, 80.1, 81.1, 82.1, 83.1, 84.2, 84.3, 85.1, 87.1, 87.2, 88.1, 88.2, 90.1, 93.1, 102.1, 102.2, 102.3, 103.1, 116.1, 116.2, 117.1, 117.2, 121.1, 122.1, 123.1, 140.1, 143.2, 148.1, 149.1, 150.1, 150.2, 150.3, 156.1, 161.1, 162.1, 167.1, 169.5. |Max-Planck-Institut für Stoffwechselforschung, Köln: 135.1, 135.2. |Peter Wirtz Fotografie, Dormagen: Titel. |Picture-Alliance GmbH, Frankfurt a.M.: NHPA/photoshot 86.1. |Science Photo Library, München: Friedland, Dr. Robert 134.2. |Shutterstock.com, New York: belizar 161.3. |stock.adobe.com, Dublin: conserver 140.2; Edelmann, Andreas 161.2; hhelene 140.3; Schmutzler-Schaub 143.1.

Stichwortverzeichnis